U0035863

輕鬆學會
科學八字推理

找對學習方法，少走十年彎路

木 Wood

水 Water

火 Fire

EAZY LEARN
Scientific Bazi Inference

金 Metal

土 Earth

鄭文堡 —— 著

推薦序 (一)

　　當今芸芸老師之中，鄭老師著作的指引教導，和在臉書上所有與子平八字相關的貼文，字字珠璣，完全能把古聖先賢的子平八字學說，精髓轉化和應用到現今時空的五行八字上，其深厚的修養造詣，可見一斑。

　　雖然，我與文堡老師尚未有機緣實體相見，但在網路中神交已久，這全賴臉書作媒的撮合，科學確實能讓人們在某方面的距離拉近了，我們應該好好利用科學的優點來實惠自己。

　　今次能得到文堡老師的垂青，愧為《輕鬆學會科學八字推理》寫序，實感萬分榮幸之極。

　　子平八字學說，講述的是陰陽和五行相互之間的生剋制化之「理」，包含了現今科學裡的數學、物理、化學等學術在內。

　　文堡老師的著作命名以「科學」加在八字之前，然後再以「推理」續後，實屬一絕。

　　書中內容的一問一答、故事和分析等，完全合乎人性和科學，是一本物超所值，亦是實用的一本寶書。

香港鐵板神數大師

侯天同　致賀

2023 年 3 月

推薦序（二）

　　感恩社群媒體的時代，讓我有幸結識文堡老師這樣的良師益友。第一次邂逅的印象，是在臉書發現文堡老師有別於一般的寫作與觀點，玄學原本就是一門生澀難懂的學問，要能解釋通俗易懂，這絕非易事。然而，文堡老師運用了生活的話題，引述八字干支的深度涵義，並且條理分明，令人一看即懂。隨後，我馬上加入了關注，也陸續轉貼了他的佳文，讓更多的人認識文堡老師。

　　同為命理資深研究者的我，圈子中處處可見各式各樣的玄學老師，但多數依舊給我一種千篇一律的感覺，因此，關於權威的標準，我也有自己一套理解。

　　首先，命理不僅僅是算命，更多是研究命運，追隨關於各種生命的意義，並且也包含了為人處事的智慧。就如同你學了營養學，明知道一些食物對身體有害，自然會遠離規避。因此，一個深入精髓的研究者，必然也是如此。文堡老師是一位自律性極高的老師，有良好的運動習慣，也用心經營自己生活的關係，並且事業上也積極努力，並保持著恆心。我相信，這必是八字學術所帶給他的智慧。一個知行合一的命理師，必定能讓生活過得越來越好，因為他們懂得學以致用。反之，學問若是華而不實，並沒有改善自己的生活，那麼結果並不會陪你演戲，說明你並沒有學懂命理的核心精髓。

　　所謂的命理三高境界，即知命、改命、造命。任何熱愛研究命理

之人，都有一個共同點，那就是追問生命的意義，對生活各種事都有一萬個為什麼，為什麼老天爺這樣對我？為什麼我總是遇到小人？為什麼我越努力越窮？而術數就是一種智慧，把錯綜複雜的因果關係變成了公式，讓我們更全面的瞭解命運的結構。唯有透過知命，才能有改命和造命的結果。是故，一個有智慧的命理學者，必然是逍遙自在，並懂得將生活過成詩，因為自己必先自律自強，方能影響更多的人改變命運。

文堡老師的文章寫得行雲流水，他會根據不同的生活故事，以及經常遇到的生命現象，不斷的做出研究與觀察，並且詳細的解析出來。比如，在八字微言任督二脈〈不要等到徬徨，才想要抓緊浮木〉以及〈擁有很多機會，反而是一場危機〉的兩篇文章中，皆是一些我們生活經常會遭遇的問題。而且，他並非用單純的八字角度去解釋，也結合了現實的情況，讓讀者能夠活學活用，並瞭解八字並非硬梆梆的術語，而是與我們生活息息相關的故事情節。

另一個我給予高標準考核的點，即是坊間的老師理論，有否活用或一成不變，掛著傳統不可動搖的固執，將古書生搬硬套到命盤中。因為，術數畢竟是古代社會的產物，未必適合現代的文化背景。此外，隨著時代的變遷，也增加了更多的類象，諸如在古代只能騎馬，到了現代卻能搭飛機。如果不懂得變通，也會讓術數過時，畢竟它與其他學問一樣，需要與時俱進不斷的迭代。文堡老師自然做到了這一點，特別是他對五行八字的質感，超越了傳統八字的理解。

文堡老師的八字邏輯，有別於一般傳統八字的理論。比如「印剋食傷」，文堡老師也提醒要注意「食傷破印」的現象，這一點就耐人尋味，不瞭解的人會以為，這是錯用五行生剋嗎？且慢，詳細看下去，「印剋食傷」表現在輸入大於輸出，因學習過多導致不知變通，造成了死知識無法活用。「食傷破印」代表輸出大於輸入，付出越多，反而讓報酬率降低，導致整體的產出變成負值。

由以上的陳述，我們就能理解「過猶不及，物極必反」的自然法則，到底是誰剋誰？誰破誰？還需要考慮到五行力量。好比木剋土，如果木是牙籤，土是岩石，就會反受其剋，不是每一次都剋得動。但假如土過旺，也會變成反向約束剋木。理論看似簡單，但是，如果對干支的質感拿捏不透徹，也很難批斷一個人的運勢起伏與吉凶。況且，很少人會考慮到反向約束，此木非彼木，此土非彼土，這也是五行生剋為何會出現不同的化學效應之故。

文堡老師對五行八字的拿捏，已到了爐火純青的程度，他能明白干支的化學作用，是不是過頭了？或者少給了？將一把鹽丟進一杯水，與灑進一片湖，成效當然是截然不同，看似每個人都懂的邏輯，但真正要用術語去表達，就不是輕而易舉的事。

另外，文堡老師對傳統命學也有不同的看法，財旺一定是好事嗎？NO！因為財星會洩死食傷，這種與賓主交易常見的立場論，給太多，或者什麼東西都想要，也會洩死自己，這部分強調了量力而為的重要性。我引用文堡老師文中的一段話：「你可以努力，但不要費力；

專注做好一件事，夠好就好。」

　　從以上的例子，讓我有幸見識到更有趣的八字理論。文堡老師所提倡的是科學八字，不是字面上的干支，如同可以看明白零件的安置，更符合科學性的解釋，擺脫了迷信色彩的八字學問，以及鐵口直斷宿命論的形象，他成功脫穎而出，成就了時代性的革新者，這絕對是術數界的一大福音。

　　最終，做為熱愛術數的紫微導師，也秉持著「傳火於薪，前薪盡而火又傳於後薪」的精神，我更希望看到，有獨特觀點的術數者，因為任何學問都會被時代考驗，絕不能讓術數落伍於歷史，在歲月的長河中被淹沒。我也期盼這門學問，不僅僅是書面上的公式，更能帶給更多人生命的質變、更高的躍遷，達成「知命、改命、造命」的三高境界，在此衷心希望，每個人都能找到幸福和快樂的智慧。

　　祝福文堡老師，新書大賣！

馬來西亞紫微斗數國際導師

陳依婷 致賀

2023 年 3 月

推薦序（三）

　　在玄學的路上，是一條孤獨且寂寞的路，因為流派甚多，知音甚少，每個人的經歷、感想、研究方向都有所不同，所以如果想尋覓一位能讓自己功力更上層樓的明師，真的是難上加難。

　　而文堡老師正是一位難得一遇的明師，對於八字有著幾盡無限的熱情，對於生活十神的鑽研更是甚有所得，不論在功力或教學的成就上都無庸置疑，感恩老師願意把自己的心得分享出來，造福更多對於五行八字有所嚮往的人，敬祝新書大賣！

　　　　　　　　　　　　　　　　　台灣桃桃喜命理學院
　　　　　　　　　　　　　　　　　簡少年　致賀
　　　　　　　　　　　　　　　　　2023 年 6 月

學生讀者的回饋

感恩學生及網友的熱情推薦！

學生（銘銳）

感恩有如此熱心、不藏私的老師，從老師在授課的情境，即可知道老師真的想把所學的知識，盡可能無私的傳授給大家，這實在太難得了！大家若有跟其他五術界的老師接觸過，你們就會知道文堡老師是一位難得的能者、智者、善者。

學生（璧徽）

老師的專業教導和付出的時間用心，算來算去學生得到的學術智慧，早已遠超過金錢的價值，就是因為如此，所以才真心感恩老師！能遇見文堡老師是一件很幸運的事！

學生 (Zenmi)

回想起自己很急性，希望在一星期裡就上完八字課程，老師還勸說學習不能那麼心急，需要時間慢慢消化，過後就乖乖聽話，好好學習！本人認為文堡老師是我見過那麼多老師裡面，最無私、最用心教導學生的一位好老師。在這裡我衷心向文堡老師說一聲謝謝，感恩老師您的教導！我會加油的！

學生（玉利）

五行八字立論精闢，科學邏輯條理清晰，理論與實務兼備，是命

理界的奇葩大作，也是學習五行八字愛好者的首選及必備之書。

學生（薇薇安）

這本書能學到許多八字的批命心法，不同於市面上的八字書，能讓你知其然，並知其所以然。

讀者 (anita.cho99)：初學者的好幫手

文堡老師在這本書用淺顯易懂的文筆，教會愛好八字學的人基本觀念，很感謝文堡老師的無私！

讀者 (amisher9)：新概念新視野

學習八字通常都是照古書，但是老師經過動態的思考，整理出新邏輯，讓八字更能符合真實狀況，是嶄新的想法，能提供學八字者另一種思考角度！

讀者 (Mark tung)

一直在跟鄭老師的文章，終於可以看到老師的新著作了。內容非常精簡且容易讓人明白，我比較喜歡是有 Q&A，讓你知道這本書裡要注意什麼，謝謝！

讀者（暖暖）

這是一本與市面完全不同的八字理論，透過簡單的五行計算，便能知道當下的問題所在，因而能讓我們做出適當的應對。文堡老師用通俗易懂的語言，將生剋合洩的邏輯講得十分通透，透過學習讓我們

瞭解先天的本命 DNA，知曉我們與生俱來的性格。

讀者 (LOH)
一個字，棒！重新認識八字的開始！

讀者 (Howard)
格式美觀，內容清晰，非常好！

讀者 (en729)
從來很少遇過這麼多 QR code 的書冊，紙本文字的頁數內容勝過同類型著作，整體豐富指數加上內容原創、表達的親和度，滿滿份量，所有願望一次滿足的紮實感，挑戰讀者跟著打破固有觀念，解題一題又一題，果真是十年磨一劍，作者 23 年的實戰二部曲，後面還有新創作的電子書發表、以及電子書改版。

讀者 (喬 stitch)
作者誠意滿滿，講義製作精美，且內容紮實。

讀者 (宥銓)
能批到當事人的內心真實感受。

讀者 (yang123)
真實教學，實戰經驗累積，很受惠！

我用 47 年出版一本書

　　身而為人，你不會每天維持在巔峰，也有意志力薄弱、盪到谷底深淵的情緒。但無論命運如何糾結人心，能多走幾步就是一種小確幸。真的！就只是多走幾步。

　　你知道，什麼樣的人不怕死亡嗎？這個世界我來過、我奮鬥過、我拼搏過、我不後悔，我更不在乎結局！

　　大家好！這是我的第二本著作，感謝您購買上一本《科學八字輕鬆學》，也感恩您對文堡老師的信任與支持，相信大家讀過前一本作品，你一定學會了如何批自己的流年，對吧！

　　這本書歷時三年辛苦著作，每一天清晨時光，我皆一如往常連結內在的高我，用心、用腦敲打著鍵盤上每一個按鍵，集結內心靈魂，寫出個人心血之作。我能發誓，這本書從未找寫手代筆，抑或利用最先進的 AI ChatGPT 技術，抄襲一些沒情感、沒溫度的內容。對我來說，用心創作，才能談得上真材實料的學術。

　　回首前幾年，新冠肺炎肆虐全球，在人心惶惶的疫情世代，我帶著一顆感恩和歡喜心，決定寫出一本市面上從來沒人寫過的學術，新作《輕鬆學會科學八字推理》，與你坊間看到的「五行派」或「子平八字」截然不同，只能說看似很像，但學理卻是大相逕庭。這是一本

顛覆你全新思維的八字書籍，這套心法能禁得起考驗，靠的就是長期不斷的體悟和實證，我願意將自己累積二十多年的經驗，將這門八字的道術合而為一，無私傳承給有心學習的朋友，真心期盼讀者們學成後，不但能改變自己，亦能幫助身旁更多的人。

假如告訴你，我花了 47 年歲月出版一本書，你會相信嗎？

你一定會覺得很誇張，怎麼出一本書要花上 47 年呢？

這得由年幼時期談起，當時懵懵懂懂的我，對於漫畫書愛不釋手，在清純的 70 年代，最多的動漫就是老夫子、烏龍院、小叮噹（哆啦 A 夢），也許你會說我 LKK，沒錯！我就是成長於「青黃不接」的屁孩。

說來也許你不相信，小學時我曾繪了幾本《老夫子》，心血來潮拿到影印店複印，你會問我哪來的零用錢？當然是父母給的啊！隔天立馬拿到學校賣給同學，結果你知道嗎？一本訂價 10 元台幣的複印漫畫書，竟然有人跟我買！口袋裡沒錢的同學也跟我說：「文堡，借我回家看一天，明天還你。」

從那一刻起，我就有立志當漫畫家的願景，甚至希望能在書店看到自己的著作上架……

然而，好景不常，隨著升學之路兵敗如山倒，漸漸放棄當漫畫家的想法，但出書的願望，依然遺留在內心深處……

曾經是年幼夢寐以求的夢想，直到 2020 年聖誕節才完全實現，

不就是等了 47 年嗎？

　　曾經你以為的不可能，其實只要有心，都會變成可能；曾經你失去的東西，上天都會以另一種形式還你，曾經的我以為的不可能，很不可思議它竟然成為了可能。

回憶

　　高中入學聯招，因為數學考了 12 分，升學之路兵敗如山倒，連一所最爛的高中都榜上無名，然而出社會的第一份工作，我被資優數學補習班錄取，當了五年講師。

現實

　　我曾是一個很鐵齒的人，從來不相信算命、卜卦、風水，學生時代始終嗤之以鼻，家父曾把命書放在我的桌上，但我總認為是迷信之說，連一頁都未曾翻過，誰能料到最後卻當了命理師，而且一晃就是 23 年。

理想

　　小學雖然惡補過作文，但感覺自己的文筆很糟糕，資質很 low，始終認為出書是一條遙不可及的路。然而，幸運的在 2021 年出版人生第一本書，現在的我，依然感到自己在做夢。

　　理想雖很豐滿，但現實卻很骨感，當你處於人生低潮時，千萬別再天真的以為，你的命運永遠是如此，工作不會有變動，財運不可能

變亨通。因為，它總是在你滿懷希望抑或傷心欲絕之時，帶來不可預知的結果。

如果你現在正值低潮，也認同以上的觀點，那麼，接下來這幾句話，將是我送給你來自心靈的叩問。

我們常說：「花若盛開，蝴蝶自來。」

萬一蝴蝶不來呢？花還是一樣照開。所以，你根本無須在乎蝴蝶來不來，你只須在乎自己開不開。

所謂的食傷破印：「沒有作繭自縛，又何來化繭成蝶？」

你相信命運？還是篤信人定勝天？

有購買我上一本著作的讀者，您會發現我的文筆其實很平庸，沒有華麗的文藻詞彙，但內容通俗、簡潔易懂是我的風格，相信讀過《科學八字輕鬆學》必定能感同深受。

所謂的出書，除了必須與時俱進，也要能與眾不同！

相信你應該沒看過，一本書籍上市不到兩個月，就立馬釋出更新PDF，公開讓大家修正下載，我應該是全台灣第一個作者，這個邏輯思維很簡單，自己寫的書，有錯誤必須向讀者更正負責。

再者，一本書如果太過強調權威性，往往會帶給讀者更多的距離感，根據《馬斯洛需求金字塔》理論，即便是專業工具書，欲將專業寫得平易近人，通常需要有一點「功力」，而且作者必需要放下「身

段」。

　　一本專業書要讓大眾讀者接受，並認同你寫得好棒棒，一般而言可分為兩個層面來解釋。

　　第一種所謂「寫得好」，就是必須將你的專業無藏私的分享出來，別忘了讀者願意掏腰包買你的書，其實就是想學到「真訣」；第二種就是將文章寫得通俗流暢易懂，而不是故弄玄虛。

　　曾在網路上看到一句話，令我感同身受。

　　真正有實力的作家，他會採取「軟硬兼施」，讓他的讀者摸不著頭緒，不知道你到底該將專業如何做「歸類」。

　　你瞧，市面上真正的暢銷書，不都是抓住大眾的心理和口味，將專業知識包裝成簡單通俗，然後適時地運用頓點，留下一點小伏筆。對我來說，這些作家才是真正的市場高手。

　　當你沒有人脈、沒有資源、沒有背景，甚至是不知名的素人，很難得到出版社的認同。注意！我指的是過稿力，而非自費出書，在這個科技網路時代，實體書似乎已漸漸失去了優勢，取而代之的是電子書，抑或免費的網路文章。

　　師母：「這麼晚了，怎麼還在埋首苦幹寫作？」

　　文堡老師：「深怕明天的太陽無法喚醒我，只好利用熬夜來完成。」

我的處女作《科學八字輕鬆學》出版不到兩個月，家父因一場意外而當了天使。如果，我是說如果，庚子年為自己找藉口，苟且偷生延遲兩個月交稿，那麼，這將是一個無法彌補的結局。因為即使內容再豐富、文采多華麗、賣相有多好……這一切皆毫無意義了。

　　說實話，這本書不是用來「名留青史」，我不過是想完成年幼的夢想。更重要的是，寫這本書的主要目的，是送給我的啟蒙父親，很慶幸他已看完我的書，不論結果為何，我總為自己感到爭氣，沒讓家父留下任何遺憾。

　　堅持，從來不會是做了就會有結果，而是深信這樣做是對的，哪怕是沒有得到預期的成果，你一定會很感到失落，但起碼你曾經努力去做了，不會因為沒行動而感到後悔，不去嘗試，又怎知道自己無法開花結果？

　　我所以為的人生低谷：「許你一個美好未來，然後再將它砸個粉碎。」

　　當你的生活遭到困境，陷入空前絕後的低谷，一瞬間受到很大衝擊，誤以為往後的日子不過是如此了。但真的是這樣嗎？其實生活比你我想像來得更為方長，每當你覺得快被生活壓垮之時，請試著告訴自己：「不要看船了，改去看河吧！覺察到自己的負面情緒，馬上升起一個正面念頭，立馬將它覆蓋掉！」

　　網友：「面對不一定成功的事，你為何還要堅持？」

文堡老師：「面對機會只想著回報，難怪命運不好玩！」

你以為的收穫，可能是新的陷阱；你認為的錯過，也許是新的起點。那些所謂的「自慢達人」，不過是在可以放棄的節點上，選擇了繼續咬牙前進，至於未來到底會如何，你得要用力走下去，前途才能為你打開一盞明燈。

不堪一擊的食傷，受到印星鯨食鯨吞的糾纏，此時比劫就是你當下最好的良師益友。好的比劫得依靠平日的累積，你得不斷提供核心知識、發揮同理心、物以類聚才能創造價值。

未來十年，如果我仍存在這個世界，必會努力將畢生的心得著作成書，為往聖繼絕學，弘揚中華文化，期盼對後代子孫有所裨益，若能如期完成出版，此生已了無遺憾。

再次感謝您的支持與指教！

2023 年清明於高雄
鄭文堡

《文堡老師的叮嚀》學習八字在於瞭解自我，當你越清楚自己的本質，才能釐清生命旅途的疑問與足跡。因為心裡有空缺，才需要外在填補，不論填補的是情感還是財富，在於你吸引誰來到生命裡，所產生共振漣漪的思想與性格，才是決定命運的至大關鍵。

目 錄

前言1：

被外行人踢館，你到底弱在哪裡？

　　假如你是《科學八字輕鬆學》的老讀者，當你翻開這本書的時刻，就是我們的握手禮；如果你是新手讀者，那麼請允許我向你正式發出邀請函：「很高興認識你！讓我們一起踏上五行八字的神奇之旅！」

　　2023小年夜，有幸收到一位旅居德國的讀者回函，內文如下：

　　鄭老師您好！昨天，我把你的兩本電子書瀏覽了一遍。主要是看看框架，對書中的具體例題，內容雖沒有完全細讀，但文風能感受到你的真誠。就像你在書裡寫的，沒有華麗的詞藻，力求向讀者奉獻二十多年實務上的體驗。而且您總結的五行生、剋、合、洩的規則，皆是以科學邏輯為基礎，這對傳統命理體系是一大的突破。

　　當時，我有個靈感一閃而過，我在想你肯定還會繼續寫下去。身為像我這樣對命理有興趣的讀者，很可能不會投入太多時間去鑽研細則，然而，對一個普通讀者來說，我會期待接下來的書是哪個主題？我覺得我會期待更多的人生故事。比如你所累積的客戶故事。每個大運、流年、五行流通的變化，帶給他們生活的何種改變。以及如果他們聽取了你的建議，又該如何規避當下所面臨的危機和險境。抑或有些事情的發生，他們雖然無法迴避，但選擇坦然面對，結果也不至於太差。

這些故事可以是實際發生的事情，以及與他們大運流年和本命五行，相互作用結果的印證，我覺得這些故事會很有趣，我會再次期待與購買。

冒昧分享我的靈感，望海涵。

看完讀者的回函，說實話，當下的我內心無比的感動。沒錯！絕大多數的人都喜歡聽故事學八字，在本書中，你不但可以學到五行八字的學理，也能看到許多客戶的案例實證，以及更多自我挑戰練習。一本結合故事、實務、理論、心靈、成長、練習的實體書，盼能帶給讀者更多的學習體驗，還沒有開始之前，我想先跟大家分享一個重要的邏輯。

想像一下，你已是某個領域的專業人士，面對客戶願意付費來挑戰你的能力，此時，你願不願意收下戰帖呢？

我曾在辛丑年某次直播中提及這個問題，絕大多數的人都不願意接受，試問理由何在？

一方面礙於自尊形象，即便是收費服務，也不願意任人擺佈。另一方面，更不容許接受專業被他人挑戰，若要學習技法請另外付費。

23 年的開館經驗，很多客戶找上我並不是真的來問命，而是要考驗我的功力，也就是你們所熟悉的踢館。你會說他們的錢太多，為何沒事找事做。沒錯！一種米養萬種人，見多了就不足為奇。

以下對話是我一個真實的客戶……

客戶：「老師！不瞞您說，各大免費、付費網站的江湖術士，或者比較有聲望的老師，在過去十年來，我自己的命盤已經聽到、看到相當熟悉，大家賺的是辛苦錢，我不希望您的解說是照書講，或是COPY網站那些重複的東西，這是我無法接受的，您懂我的意思嗎？那些都只是皮毛而已。」

文堡老師：「我用的並非是傳統八字，而是五行八字。配上自己的長年心得，批命不會照著書上的理論而行，基本上你會找上我，相信我是一個實戰派，而非談理論的老師。」

客戶：「我要的是深入性的，比方說壬水生在秋金得令的戌月，月干透戊土、時干透辛金，搭配其他干支到底算戊土強還是辛金強？壬水本命強或弱？我的意思就是如此。老師別見怪，我是有話直說的人，不喜愛拐彎抹角。」

文堡老師：「深入性的內容，其實等於我在教你學術的東西，不過既然你都付費了，也算了那麼久的命，到時候再聽我的解說吧！」

客戶：「好吧！」

於是，他立馬貼出命盤。

文堡老師：「你知道我有驗盤的習慣，不是你給我八字我就會相信，必須先校正真太陽時。出生時間最好能給我幾點幾分，另外出生

地點也很重要,請一併提供。」

隨後,我錄了一段十七分鐘的解說錄音檔,當客戶聽完後,感受到與他所認知的八字系統大相逕庭,於是將我的錄音檔反覆聽了好幾次⋯⋯

他說:「感謝老師!每天我都在重複聽,警惕自己!」

OK!恭喜挑戰成功!除了將紅包入袋為安,更重要的是,幫助他人解決當下的問題,也得到了豐富的實戰經驗,這些東西的價值,早已遠遠超越了金錢。

當然了!我也碰過怎麼批都批不準的命,證明我也是凡夫俗子而非神算,當下直接將紅包退還給客戶。

再問一次!當機會挑戰來臨時,你願不願意接受呢?請注意,對方得付費給你,有些人可能看在錢的份上,勉為其難的收下戰帖。這樣的觀念是否正確?其實是見人見智,沒有統一的答案。但有種直覺告訴我,面對機會若只想著回報,好運絕對不會找上你。

我們換個思維吧!

一般人若要學習一門技能,除了付費,也必須找到有緣的老師,沒錯吧!付費學習乃為天經地義之事,但你能保證,付費後一定學得起來嗎?那倒未必!有時可能換來更多的沉沒成本。

現在,有人願意付費挑戰你的專業,我們姑且不論結果如何,首

先，你已經賺到了一筆學費了。哦！你會說哪來的學費？當然就是客戶支付給你的啊！再來就是批命的結果，能否打中客戶心中的痛點，協助他解決當下的疑惑。如果答案是肯定的，恭喜你挑戰成功！同時證明你的學術理論禁得起考驗。

假設結果不如人意呢？代表你的功力仍有待修正精進，雖然當下感到顏面盡失，但你其實並沒有損失，為什麼？我剛才說了，若想獲得一項專業技能，付費學習是最快的捷徑。不同的地方在於，客戶是付費給你，雖然當下被悽慘打臉，但同時也獲得了更多寶貴經驗。這些實務的體悟，可讓自己的功力不斷的修正提升。試問，你願不願意接受挑戰？

我有一個學生曾留下一席話，可謂字字珠璣……

願意嘗試被踢館，也願意承受踢館的結果。成長的過程本來多數就是痛苦的，瞭解自己的不足才能繼續前進。**算命服務表面上是在幫助客戶，事實上是在成長自己的智慧。**

我會，我懂，沒有被踢下來，我是否有自慢心？

我輸了很難過，但我輸在哪裡？

人生來世走一遭，不管做了多少事，最重要的莫過於自己活得明白。批命服務是一種解他人之惑，增長自我智慧的成長過程，而成長過程中如果只容許自己成功，不容許自己失敗，**那麼當下就是輸了，輸在自己輸不起。**

是故，接受踢館又有何不可？

每個人對理念的認知不同，不能一概而論。對我來說，這種挑戰無疑是最佳的磨鍊機會！何樂而不為？

現在，將角色換成是你，面對機會，你願不願意接受挑戰？

假如你願意，那麼從本書開始，我將帶領你一起顛覆並打破舊有的八字思維。你是否有思考過，假如你認為我的「學理」是對的，你壓根兒就不必買這本書，也用不著跟我學習，因為證明你是懂的；但是，假如你認為我不對的那個部分，是我有而你沒有，恰恰是你最需要跟我學習的。

記住這句話：「你所排斥的，就是你所需要的。」

《文堡老師的叮嚀》批命收取潤金乃為天經地義，寶貴經驗永遠大於金錢價值，人的一生不過短短幾個秋，在你有限的人生中，請勇敢地嘗試一件不可能的任務，未來的你，必定會感謝現在的自己。

前言 2

找對學習方法，少走十年彎路

所謂的陰陽五行，陽是老大這點是無庸置疑，但你以為陰就可以置之不理嗎？

我們先來看兩個天干組合，比較一下，這兩個八字有何不同？

你一定會說：「第一組運勢皆大歡喜，財官人脈一切亨通。」

但第二組呢？

學過「五行派」的讀者會這麼說：「甲木受傷啊！這哪有什麼難度！」

沒錯！他們會如此認為，是因為將陰的丁火「不屑一顧」，丁火滾開站一邊去！這個八字有沒有你都無所謂，簡直是無三小路用。

真的是這樣嗎？以「五行派」的理論不能說沒有錯，因為他們看的是陽跟陽之間的作用，無視陰的存在，所以你會斷他丁火大運破財，可是問題是，這個八字生下來的DNA不就已經破財了嗎？況且還有戊土偏印助拳呢！

如果我告訴你，丁火會讓甲木財星死得更難看，你會相信嗎？哦！你鐵定不信！因為財星本來就受傷了不是嗎？所以你斷他破財的邏輯是千真萬確。然而，你卻不知道，因為丁火的出現，破財的情況更為「雪上加霜」，你天真以為丁火是一個「超級卒仔」嗎？告訴你吧！它可是造成破財極大的元凶呢！

第一組因丙火的出現，財星從平凡走向了天堂。

第二組因丁火的攪局，財星更掉入十八層地獄。

對印過旺或者身弱食傷強的人來說，沒見到證據打死都不會相信的，但我覺得這些人所謂的不認同，不是針對八字學術的質疑，而是需要更多的實戰經驗，然後且戰且走！

還有，這裡純綷探討天干，假如地支的財星亨通或者身強，你也不能一口咬定命主破財。

再說一遍！這不過是討論天干五行的排列，請不要再質詢我，為何不排出地支同論的邏輯……

23年來，除了從客戶身上累積實戰經驗外，近幾年亦成功印證了五行八字的心法，版本早已超越2021年的《科學八字輕鬆學》，2023

年出版的《輕鬆學會科學八字推理》，這將是五行八字最新的強化版本，相信你在市面上找不到這一本八字書籍。

我曾說過，一本好書頁數其實不用多，電子書與實體書最大的不同之處，在於頁數的量。一本優質的好書，即使只有 200 頁，假若全都是精華乾貨，能讓你瞬間學以致用並開悟，相信也能打敗看似厚厚有料但內容無料的工具書。畢竟，這些全是文堡老師的「寒窗苦心」之作。

五行八字是一門生活科學，既然講求科學，絕對不能故步自封，必須勇於創新而非流於套命，經年累月，我仍不斷思考修正並 Update，從生活去體悟並發掘更多的十神類象。

假如，你願意接受嶄新的觀念，並且喜愛推理思考，相信我，您一定會愛上它。同時，我也要提醒您，五行八字看似簡單易懂，但要精通上手絕非易事，唯有透過更多的實戰練習，方能在這門學術力求突破。

八字，猶如數學之邏輯，一道問題有許多種解法，千變萬化且條條道路通羅馬，只要方向和答案正確，客戶能夠認同您，無論用什麼學理推論，均可被大眾接受。

換句話說，無論您師承何派，只要願意下苦工，媳婦終將熬成婆。小嬰兒如果沒有跌倒過，就永遠學不會走路；如果沒被客戶打槍說不準，就永遠學不會批命。

寫這本書的目的，並非要您當江湖神算，而是想透過古人的智慧，訓練您的邏輯推理能力，並找到正確的學習方法，除了少走十幾年彎路，亦能幫助芸芸眾生解惑，有朝一日，功德必能圓滿。

這本書你可以學到什麼

　　相信您讀過《科學八字輕鬆學》處女作後，對於五行八字的基本觀念，有了一定程度的瞭解。接下來在《輕鬆學會科學八字推理》續作，我將開啟五行八字的大門，帶你體驗動靜態生洩的思維及心法，並學會如何快速批斷大運之整體運勢，期望幫助讀者快速建立生剋合洩之基本功，同時找到自己大運的優勢，抑或從劣勢中抓取合適的用神，從而知己知彼，百戰百勝！

　　本書一共涵蓋七大單元，前面的兩大章節，文堡老師將從最基礎的本命干支，帶領您瞭解五行計算規則，從全陽全陰、二陽二陰、三陽一陰到一陽三陰，透過鉅細靡遺的解說，讓讀者搞懂何謂陰陽五行流通，相信您學會之後，再搭配第三單元的〈本命篇自我挑戰〉，幫助您快速打好五行八字的根基。

　　第四單元開始，我將教授本命與大運的生剋合洩流通，龍頭被合的悲劇、全陽全陰案例分析，以及迷惘多數人的一連順生魔咒，一旦你學完本單元，必能踏上五行八字的神奇之旅。

　　第五單元的大運進階力量計算，可謂精彩絕倫，八字書籍史上絕無僅有，絕對能打破您對傳統八字的認知，如此形容一點也不為過。

除了學術理論以外，亦公開許多實證案例，這些命例皆是經過文堡老師印證後，才能談上資格收錄出版，提供給八字愛好者學習。

第六單元〈八字微言任督二脈〉，延續了前作的風格，你將習得精彩的十神類象組合，還有更多的客戶故事和批命技法，21篇內容可謂道術兼備。你更不可錯過第七單元的〈大運篇自我挑戰〉，這是文堡老師精心為讀者準備的佛心佳餚，十道不藏私的乾貨心法，保證令您拍案叫絕！

當你細細咀嚼讀完本書，才能真正體會什麼叫物超所值，這些「掏心掏肺」的學理案例，早已超越了 2,000 美元價值。

現在，你只須花一本書的錢，即可全部擁有，我只想誠心誠意推薦給您，不買這本書，您可能會後悔莫及，因為……

我百分之百相信我自己，我百分之百相信我的產品，我百分之百相信我的學術，能夠幫助那些曾經學了十幾二十年，對八字仍存在一知半解，以及感到恐懼想放棄的朋友，當你瞭解一門學術背後的原理與規律，箇中的智慧才能真正生發為你所用。

最後，期望本書能對五術愛好者有所裨益，文堡老師再次誠摯地祝福您：「事事順心，永保安康，開卷有益！」

《文堡老師的叮嚀》命運，是過去的用詞，現在叫定命，個人命運只是如浮沉漂浮，定命，則是確定的結果，有定命，個人的努力可以加快定命的完成，也可以延遲，這就是時間的意義。

序章

為何要學習五行計算

我正在寫一本沒人寫過的書，你一定會覺得我在臭屁唬爛，市面上的八字書琳瑯滿目，憑什麼說這本書沒人寫過……

一門學術能否禁得起考驗，需要透過時間來印證。這些邏輯規則並非憑空想像，而是從實證中引導出理論，而非先假設理論再導出實證，一門學術的「因」能增強「果」，當「果」得到增強後又反過來增強「因」，此時「因」和「果」即能無限循環，最後構成強力的迴路。而我，只想透過科學邏輯的演繹，讓學生學會精準的推理，並透過實證幫助更多的人，這樣的學術系統即能自動擴張，然後持續的成長。

學了多年八字，我發現五行生剋並沒有如此簡單，不是我將它複雜化，而是自古以來，五行生剋早已存在邏輯演繹的規則，打個比方來說：

時	日	月	年
午	未	子	午

按照坊間「五行派」的批法，會優先將午未合圈起來，然後暫時當成消失不見，最後子水剋午火，斷午火重剋。

35

真的是這樣嗎？

其實，這樣的論法只能對一半，因為合是不能當消失的，這個八字只告訴了你一件事：「水和火打架，只會呈現兩敗俱傷。」

為什麼水無法直接滅火？子水不是當令之氣嗎？為何會搞到兩敗俱傷呢？當你購買本書開始，相信答案可以讓你茅塞頓開。

經驗用了 20 年，不如 20 年累積的經驗

一位香港學生在 LINE 與我的對話……

學生：「五行計算班實在是令我獲益良多，因為以往都是專注看被剋或被生的那個五行，沒有留意到原來此消彼長，也會影響到其他的五行。例如傷官剋官只會論官不好，但忽略了傷官也會出現問題。」

文堡老師：「沒錯！若只在乎被剋而忽略剋他人，這其實是很膚淺的批法，因為只能看到八字的最外層，更多內層的互動關係，很多人並未看清、看透。」

學生：「是的！現在看八字，我都會留意每個五行的力量，讓論命變得更立體、更全面。」

文堡老師：「運用全方向的思維，配合故事的邏輯，批算八字才能真正活絡。」

學生：「以前學傳統子平，一直都沒有留意，原來五行力量就是

八字的精粹。聽之前的老師說，官殺過旺要用食傷制殺或印星來扶身，火太旺須用水來調候，原來五行八字講的就是這個道理。」

文堡老師：「古書上講的身弱食傷為忌，或者身強食傷為用，如果你能熟練五行計算，並掌握主導神應用的心法，即可體悟子平八字的天機竅門，透過身強身弱找出命主當下的問題點，實際上與五行八字所講的主導神不謀而合。」

學生：「學了這套五行計算及主導神，漸漸打通子平八字盲點的任督二脈，傳統五行八字確實不容易學，我現在還掌握得不太好，尤其在計算方面，需要持續不斷練習。」

文堡老師：「熟練五行計算須花上一點時間，等你駕輕就熟之後，再回去將你所學的理論結合，假以時日對八字就會更清晰了。而非把合當消失，以合剋定吉凶這麼簡單，你必須先搞懂干支陰陽，再進階論十神。」

學生：「老師說得沒錯！五行計算就好比做一道數學的邏輯推理。另外，五人實戰班對我的學習真的幫助很大，因為班上那幾位同學很聰明，反應很快，而且勇於追著老師發問，我心中很多的疑問，都從他們的發問中得到解答了，真的要感謝老師和這幾位同學。」

文堡老師：「能把學生教懂、教會是我的職責，同時我也希望你們繳了學費，能得到最大的價值與收穫。結業後仍要透過不斷的批命練習，才會更進步喔！」

學生：「是的！老師這套八字理論，確實清晰了很多，以往跟的老師都是用《滴天髓》那些古書理論教，不能說不好，只是對我來說比較抽象和難掌握，而且未有提及陰陽的重要性，都是以十神論命為主。最後，謝謝老師一直以來的指導和無私分享心法。」

文堡老師：「不客氣！加油！希望能看到你更多的成長。」

學習五行八字，須將基本的「生剋合洩」搞懂之後，方能代入十神通曉人生的類象，這些類象可說是包羅萬象學無止境，若只懂得五行生剋，卻對十神一竅不通，你無法批出命主內心真正的痛點。

本節最後，附上影片連結，歡迎掃描以下的 QR 碼觀看。

科學八字輕鬆學 第 261 堂課：顛覆你的五行八字

《文堡老師的叮嚀》唯有通曉五行力量強弱，方能透過十神瞭解命主當下問題點，進而協助命主找到生活之用神。簡單來說，當你學會了五行力量計算，即可解開子平八字何謂「身弱食傷為忌」的多年疑惑。

八字充電坊 1：《五行八字與五行派哪裡不同》

　　我們先說好，無論你是師承哪個門派，只要能解得出來批得準，幫助到自己的客戶，正是所謂的條條道路通羅馬，功德必能圓滿。

　　曾看過我文章及影片的朋友，都會清楚明白我的學理是「傳統五行八字」，這與坊間的「五行派」截然不同，只能說有些觀念看似很像，事實上卻是大相逕庭。但「傳統五行八字」和「五行派」仍存有相同的特點：「不看刑、沖、破、穿、三合、三會、干支互生互剋、通根、合化、地支藏干……」

　　不同的地方在於，「傳統五行八字」包含了生、剋、合、洩，五行力量計算、橋的理論、合的強弱、日主當下身強身弱、主導神、十神組合類象、動靜態破洞、進位規則、流年流月陰陽進氣、拆合實戰。

　　網友：「我是在未時牛年出生的女生，我近來無事業，不曉得從事哪方面的工作較好？偏財印多的人會如何？對未來仍然摸不清，請老師指點！」

　　文堡老師：「偏印多之人，容易胡思亂想、天馬行空、舉棋不定，喜走捷徑、貪圖方便，這樣的人必須調整好情緒步伐，培養行事遠見。偏印若為主導神，亦可從發言觀察一個人是否有耐心，比如說粗心打錯字，或因修辭草率，讓性格更顯得獨一無二。」

　　這是多數人學習八字的方式，他們透過提問然後習得知識，但學

問不能只靠光問不練，曾購買《科學八字輕鬆學》的讀者，提到我所使用的八字系統與坊間有何不同，回答這個問題以前，我們先來瞭解一下，「傳統五行八字」與坊間的「五行派」最主要的差別，相信讀過我的處女作，對文堡老師的系統有一定程度的瞭解。

首先，我將幾個相異的重點抓出來。

第一：學理不同

我所使用的是「傳統五行八字」，而非「傳統子平八字」，也不是坊間你所看到的「五行派」八字。

第二：邏輯不同

坊間的「五行派」只看合生剋，「傳統五行八字」則是觀看合生剋洩，別小看這個洩，魔鬼往往藏在不起眼的細節裡。換句話說，不懂洩，人世間很多天機將被屏障蒙蔽。

記住此則批命心法：「洩是因，剋是果。」

一個聰明的拳擊手，不會一直使出吃奶的力氣主動攻擊，而是選擇以退為進，等待對手消耗大量的體力，之後再看準時機，一拳將對方摺倒。

同樣都是講五行生剋，雖然批命的邏輯不同，但是有些結果卻是一致，這又該怎麼說呢？

很簡單，我來舉個例子：己土日主，大運走乙木。

時	日主	月	年	大運
丙	己	己	庚	乙

(1) 「五行派」觀點：本命丙火直接剋庚金(無視陰己土存在)，大運乙木合走受傷的庚金，此時要論斷庚金變強或變好。

(2) 「傳統五行八字」觀點：本命丙火監視庚金，庚金無傷且只能得到己土的力量；大運乙木合走庚金，此時庚金不再受到丙火關注，即可獲得丙火加己土的所有力量而變強。

然而，以下這個八字，批命結果卻是大相逕庭。

當大運走到甲木，以下選項何者正確？

時	日主	月	年	大運
辛	丁	壬	己	甲

1 日主受傷加重

2 日主受傷不變

3 日主受傷減輕

4 壬水可以剋死丁火

這個天干看似簡單，其實裡面暗藏了玄機，你若不小心一定會批錯，若以市面上「五行派」的論法，他們會批成甲己合，辛金生壬水剋丁火，斷丁火仍然受傷。沒錯！丁火的確是處在危機四伏，但以我個人的觀點來看，日主丁火其實已經脫困了一大半。

　　此話何說？首先你得明白，本命的 DNA 怎麼跑？己土生辛金，辛金生壬水，壬水再剋日主丁火沒錯吧？你會說日主受剋好可怕，有什麼好怕的？N 年後仍是一條「好漢」。

　　我們從兩個角度來邏輯分析此八字……

　　第一，甲木合走己土後，本命的龍頭早已失去作用，辛金及壬水少了來源，丁火絕對能夠好過一點，對吧！

　　第二，甲木的媽媽是誰？當然是壬水囉！既然甲木是壬水生下來的，難道壬水不用「坐月子」嗎？你以為壬水還是當初強而有力的壬水？其實它早已「一洩千里」，那有什麼閒工夫再去滅丁火？

　　是故，日主在這個大運會快樂似神仙嗎？表面上看似風光明媚，其實一點也不順遂，為什麼呢？你是否有思考過，單單一個甲木進來，居然會讓本命的五行全弱，沒錯！而且是弱不禁風，雖說甲木伸出援手，助了日主丁火一臂之力，但這棵「參天大樹」對命主來說，根本是無三小路用，脫困又如何？一朵紅花少了綠葉來陪襯，你認為還有什麼值得慶幸？

　　解說完畢！現在你應該知道答案為何了。如果你選的不是 (3)，

那麼請將以上的內容再思索消化一下吧！

五行生剋，沒有你想像的那麼容易，但也沒有如此的困難。

第三：身強身弱

坊間的「五行派」不看強弱，「傳統五行八字」必須觀看身強身弱，但觀念與「子平八字」的強弱有所不同，我們看的是「當下」與本命之比對，而「子平八字」絕大多數看的是本命身強身弱。「傳統五行八字」依據五行生剋合洩力量規則，經由計算得知，**動靜態當下的強弱與痛點**，接著再找出對命主有利的用神，藉以對症下藥。

第四：主導用神

這是「傳統五行八字」鮮為人知的心法，批命絕對不只講單純的「日主受剋」、「合剋定吉凶」、「破財」、「破官」這些淺規則，當你想幫助命主解決當下的難題，就必須透過主導神找到內心不欲人知的痛點。

這個痛點不一定得掀開見光，只要彼此「心照不宣」點到即可，再進一步針對問題對症下藥。說穿了，批命不是只有批得準如此簡單，你必須以「同理心」，解決客戶深藏在心裡的疑惑。

我所以為的「釐清當下」，才是學習算命的最高準則，切勿本末倒置執意當神算。因為真正的大師，除了算得準還必須懂得解。

五行八字需要看強弱嗎

這個問題見人見智，我只能說請大家多去實證。

依個人淺見，以及透過無數客戶的印證，這套淺顯易懂的理論非常準確，然而很多人卻是嗤之以鼻不屑一顧，令我百思不得其解。

再說一次，五行八字所談的身強身弱，並非從本命抓取固定用神或強弱，那是傳統子平八字的邏輯，五行八字看的是「當下」強弱，然後與「本命」做出力量之比對，而非從本命底牌套用其一生。

也許，你能批得準破財、失業、日主受剋……

但客戶真正的問題是什麼？什麼樣的性格行為，造成失業破財？事出有果必有其因，你能推敲出命主此刻的剛需嗎？

若能瞭解十神涵義，即可得知命主的性格；通曉當下的強弱，才能洞悉命主心裡的痛點，從而協助解決困惑。

除了天秤的強弱理論，仍須結合先天之性格。畢竟人的一生，有些人是六親無緣，但朋友極好；有些是六親極好，但自身不足。

身弱＋日主受剋

日主受剋之人，先天存在內向、沉默、保守之情況，若再加上八字無印星比劫，可論斷命主若是正向，代表自我約束強、獨立、獨斷、獨行、喜靜。若為負面則為孤僻、不善於與人交際。

八字點竅

命主的日常行為若能忍辱負重、虛心學習，也能在艱苦的過程中取得成就。

身強 + 日主受剋

性格保守、內向、穩重。若用印星撐起八字，貴人則會出現，運勢有如神助。若是負面較為懶散，非才能之輩。用比劫撐起八字，生活中雖出現同輩相助，但也容易出現競爭對手。有比劫之人，魄力及意志力極佳，故可突圍而出。若是負面則比較心強，為人自私自大，以自我為中心。

本節最後附上影片連結，歡迎點擊以下連結觀看。

科學八字輕鬆學 第 253 堂課：坊間五行八字的區別

《文堡老師的叮嚀》學習八字可以很簡單也可以很難，一切取決於學習方法與實戰經驗，不論你師承哪一派，只要批得準，幫助客戶解決當下的問題，就如同算一道數學題，只要你能解得出來，學理皆可條條道路通羅馬，學會知己知彼，才能坦然面對人生關卡。

第一單元

本命生剋合洩基礎

我在處女作《科學八字輕鬆學》曾提及「合」不能當消失不看，進入進階心法之前，我們再來複習一次吧！

首先，我們先來搞懂一件事，什麼是生？什麼是洩？這個邏輯如果沒有茅塞頓開，購買這本書就毫無意義了！

1-0 搞懂動靜態生洩

為什麼不把這個當作規則 1 呢？因為它是「五行八字」最原始的起點，你也可以將它當成是前傳。為了讓大家便於記憶，我製作了一個簡單的圖表，你只需要記得以下口訣：

靜態 (本命) 生動態 (大運流年) 稱為洩

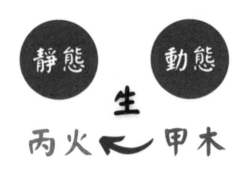

動態（大運流年）生靜態（本命）才是生

快速記憶法：「左邊到右邊為洩，右邊到左邊為生。」

沒錯！就是如此的簡單！先將這招學起來吧！後面你一定會派上用場。哦！不是「一定」，而是「必然」。

1-1 合不能當消失

合的最大誤解是什麼

話說多年以前，開始接觸五行八字的那段歲月，有個「不成文」的理論邏輯：「看到合就當成消失吧！」

老實說，這可是五行八字的雛型，一旦你接觸的命盤越多，透過更深入的練習，你會發現這個邏輯很難令人折服。比如大運的印合走本命唯一的財，除了財年之外，也代表著這十年的財運也會很弱，對嗎？

當然不是！你得理解人與八字的互動，每一天都會有所微調，肯

花心思動腦筋去思考的人，最後必能找到真正的答案。當你想創造更為進化的五行八字，卻依然嘗試用熟悉的傳統觀念套用，運氣好的話能「match」到幾個案例，但絕不會是全部，因為用這種方式學八字，只是強行把不同的體制混為一談罷了。

當一個十神在八字裡搗蛋，若能將這個討厭的十神捆起來，當然就是好事。這裡指的捆起來即是合。對我來說，合就是變弱的意思，比如比劫合財，財被比劫拿走了，財自然是弱了，此時命主失財，心裡自然會感到不爽，而且和比劫的關係也好不到哪去，因為比劫一樣是弱了。

合，可呈現人一生中不同的命運維度，不論是本命合抑或動態靜態的合，其結果卻是大相逕庭，你能夠解釋出子合丑與丑合子，兩者間不同的意象嗎？偷偷告訴你，若能救起被傷害的合，也許能從此脫胎換骨；假若不幸碰到搶劫的合，那可是「命懸一線」啊！

合，也是一座命運寶箱，將你最珍貴的東西珍藏起來，因為被收起了，缺點是不能被好好利用，然而優點卻是被「保護」得很好呢！當你還天真的以為，箱內的寶物早已無三小路用的時候，其實它早已偷偷地發酵起來了，只要你能洞悉合的互動與含意，就足以解釋命主當下的行為思想與起心動念。

再說一次！傳統五行八字，只觀看簡單的雙合與暗合，沒有所謂的三合與半合。千萬別將合當成簡單的消失，它的力量之強大、意義也非同凡響。否則，它絕對禁不起歷史長河的洗滌和考驗。

好啦！言歸正傳！說了這麼多五四三，我一定要透過實證，才能讓更多人認同，並且心服口服，這也是你購買本書最大的心願：「絕對不能鎩羽而歸。」

請看以下這一個天干組合：

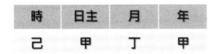

首先，甲木日主須跳過不看，年干的甲木和時干的己土不能合，乃因中間隔了月干丁火，若丁火受傷或消失，甲己則合，請記得是「立馬合」。

很多人誤以為陽甲木可以剋陰己土，購買本書的開始，文堡老師要重新修正此觀念，只要有丁火這個「橋樑」在，甲木剋不死己土，然而甲木會關注著己土，實務上我們稱之為「軟監視」，本命的五行流通為甲木生丁火、丁火生己土、甲木監視己土。己土只能得丁火原始的力量，卻得不到甲木的力量，這是什麼意思呢？

我們將陽五行設為 2 分，陰五行設為 1 分。甲木生丁火，丁火得到甲木的 2 分力量，加上自己的 1 分，故丁火在本命共有 3 分之力，然而己土卻得不到全部的 3 分，只能得到丁火的 1 分，為什麼？前面談過，因為甲木監視著己土，甲木的 2 分無法過給己土，只能得到丁火的1分，丁火生己土，己土在本命共有2分力量，而且己土不會受傷。

至於何時會出問題呢？簡單！大運或流年來壬水，丁壬一合，己

土就會倒霉，因為主要的「橋樑」丁火斷了，此時甲木就會合己土，己土的力量只剩下 0.5 分，與本命比對，足足少了 1.5 分，故己土須論斷為弱。

你可能會這樣問文堡老師：「那甲木和丁火呢？」

甲木合己土，甲木力量頓時也減了一半，只剩下 1 分；丁火失去甲木的源頭又被壬水綁架……你說！丁火會好到哪裡去？

本節心法

(1) 己土不會受甲木剋傷。

(2) 己土只能得丁火力量。

(3) 甲木仍然會監視己土。

口訣：甲木生丁火生己土，甲木剋己土，己土雖被甲木監視，但不會受傷。

五行力量計算

甲木 (2 分)：有丁火橋在，甲木剋不死己土。

丁火 (3 分)：甲木力量只能過給丁火。

己土 (2 分)：只能得到丁火 1 分力量。

《文堡老師的叮嚀》大運流年若出現壬水，會迫使本命所有的五行全弱，但千萬別當成消失看待。所謂的變弱與消失，與生洩的觀念如出一轍，但卻是截然不同的邏輯哦！

八字充電坊 2：《用神，可以救命也可能致命》

我們的意志力、思維、想法，會隨著每一天的心情有所起伏，我的處女作《科學八字輕鬆學》曾經提及，用神不會是一生一世，今天賺錢不代表明天不會賠錢。

你家裡有年邁的長輩嗎？如果有的話，請留意是否有持續服用「阿斯匹靈」。

尤其是行動不便的老人，通常到一定的年紀，雙腳走路的功能將逐漸退化，末梢血液循環也會不良，有些長者為了讓行動更自如，會到大醫院尋求醫師診治，醫生一般都會開立一種叫做「抗凝血劑」的藥物，也就是俗稱的「阿斯匹靈」。

阿斯匹靈 (Aspirin) 是一種水楊酸鹽及非類固醇消炎藥，作用是阻斷體內的某些自然物質，以減少疼痛和腫脹。阿斯匹靈可用於降低發燒，以及緩解輕度到中度的疼痛，如肌肉痛、牙痛、一般感冒、頭痛和關節炎 (Arthritis)。

重點來了！長期服用阿斯匹靈，每個人的副作用皆不同，不過它最大的功能，在於可以改善末梢血液循環功能，讓老人家的雙腳行動更健全，血液循環更順暢，但有一個很大的禁忌，就是絕對絕對不能跌倒！

我們都知道老人家最怕跌倒受傷，假如長期服用阿斯匹靈，更得

小心謹慎，尤其絕對不能撞到頭部，因為抗凝血劑的作用，無法立即止血（請注意是好幾天而不是幾小時），假如因撞擊頭部導致顱內出血，很可能將喪失大腦功能，最後昏迷變為植物人。

家父就是長期服用抗凝血劑，走路及行動非常自如，但卻不小心摔倒撞到頭，因失去了凝血功能而去當了天使，不然他的身體其實很健朗。

這是發生在我親人身上的真實故事，藥物可以救命，但也可能致命，分享小小心得提供大家學習參考。

是故，即使對一般人的良藥，放到其他人身上，可能就會變成致命的毒藥。很多人喜歡著墨在本命的八字抓喜用神，然後用相同的藥，當成一輩子的用神，這是一件很可怕的事，你的八字先天缺火，不代表火就是你的用神，當心把忌神錯當用神。

藥物都有致命副作用了，用神又怎麼可能一生一世？

記住這段話：「有時候丙火會讓你上天堂，丁火卻讓你下地獄，吃藥如同八字的用神，必須根據你當下的情況做調整，而非固定的一生一世。」

傳統八字學中，十神有所謂的六吉星四凶星，六個吉星即是正官、正印、食神、比肩、正財、偏財。四個凶星是七殺、梟神、傷官、劫財，但應用在科技社會真的是如此嗎？

這是一般人學習八字的盲點，以為古書就是真理，一見七殺就認

為會發凶，傷官就會為禍百端，劫財就一定奪財等等，事實上與你想像的完全不同，真正的情況，得依據你的八字排列組合而定。

進一步說，古書還有順用與逆用之分，裡面也有五行生剋方式的理論，這些學理是當時當官的知識份子所寫，命理知識在他們的揮筆之下，可謂妙筆生花、學問淵博，造成現代人皆以名詞來解釋吉凶，所謂盡信書不如無書，八字也必須在科技社會，順應時代潮流改變，誰說「傷官見官」一定「為禍百端」？

中華民族以儒家思想治國，講究的是盛世賢臣，服從道德的崇文社會，這些吉星正好有其溫和、文靜之氣，所以古人會將它視為吉神，四凶神則恰恰相反，有其剛韌不屈、不畏懼、開拓進取、造反創業的精神，滲透一股叛逆之氣，這些即是所謂的凶神。

無論從古書還是其他途徑學習八字，請大家務必牢記，對於十神須以客觀的角度做出分析，它們其實並無吉凶之分，而是得根據自己當下的八字，判斷是否真的需要。再說一次！是「當下」而不是「本命」，假如需要就是好事，不需要就是壞事，你自以為是的用神，有天可能成為你的忌神。

批算流年，還是得依八字是否需要而定，而不是生搬硬套吉星、凶星的名詞，來解釋八字的禍福。當然了，一個人先天的性格，仍然可從本命的十神推斷而出，而且準確度高達八成呢！

本節最後，附上影片連結，歡迎掃描以下的 QR 碼觀看。

科學八字輕鬆學直播秀（第83集）：如何找到你的生活用神

《文堡老師的叮嚀》若想找出自己的流年用神，方法很簡單，但也需要有一點毅力，它就像寫日誌一樣，請記錄每天的運程好壞以及喜怒哀樂，多一點對生活的觀察，待時機成熟，即可找到屬於你自己的用神。

1-2 相合五行仍有力量

「合」的力量究竟該怎麼算？當消失了話真的就是霧裡看花了。你得瞭解，「合」只是力量的此消彼長罷了，千萬別作繭自縛！

時	日	月	年
巳	子	丑	戌

再說一遍！很多人都將子丑合當成消失不看，這可是錯誤的觀念。別忘了！本命若存在一個陽的戌土，那麼丑土的力量則會「夫唱婦隨」，將隨著戌土一起「聞歌起舞」。是故，此時你瞭解土的力量，是由戌土加上丑土組合而成。換句話說，本命地支土的力量總分為 3.5 分（巳火 1 ＋戌土 2 ＋丑土 0.5），然而土能夠剋得到子水嗎？它是否會奄奄一息呢？答案是 NO！子水已被丑土緊緊的抱住，戌土不得其

門而入，所以子水的力量在本命是安全的 1 分。

　　至於巳火呢？簡單！它代表的是五行的龍頭，擁有最清純原始的 1 分之力。可是你會問：「老師！巳火不洩給本命戌土了嗎？為何力量仍是 1 分呢？」

　　文堡老師：「我們生下來的八字，是上天賦予我們的底牌，也是與生俱來的 DNA，在本命裡，洩的邏輯並不存在，你要用原始的角度，去觀看生命的最初體。」

　　一言以蔽之，地支請想像成「土旺水弱」，但一輩子皆是如此嗎？當然不是！一個大運流年，即可改變原先的 DNA 力量。

　　於是你將發現，「不完美」的人生際遇，為何總是出現在你我的命運旅途。

邏輯思考

(一) 子丑合真的會消失嗎？

答：子丑合並不能當消失，力量仍然存在。

(二) 戌土可以剋到子水嗎？

答：戌土剋不到子水，本命合不能隨便打開。

(三) 請算出每個五行的力量。

水 (1 分)：子水被合，2 分變成 1 分。

火 (1 分)：為本命的龍頭，生戌土不可論洩。

土 (3.5 分)：丑土被合，1 分變 0.5 分，巳生戌，戌土 3 分，加上丑共 3.5 分。

《文堡老師的叮嚀》千萬別再執著，本命順生與生俱來的完美無缺，你得瞭解得分越高的八字，人生的路更難走得順遂。

八字充電坊 3：《算命要準，唯有成象》

人生的道路上，相信大家難免會碰到披荊斬棘的路，當你碰到跨不去的難關，都有其應對衰運的方法，有些人會選擇享受美食、出國旅遊、運動健身、閱讀學習、打打遊戲……

當你走到人生十字路口，實在無法抉擇下一步該如何走，有些人會選擇找命理師批算運勢。如果我告訴你，這個節點跑來算命的人，準確度可以高達近百分之百，你會相信嗎？

記得我曾說過同八字不同命，對吧？為何人在深陷迷茫之時，算出來的命會特別準呢？很簡單！因為他的運勢在當下已經「成象」了！

什麼意思？有看沒有懂？

請聽我娓娓道來……

你應該有到廟裡求神問卜，或者為自己卜卦的經驗，對吧！是否感覺到當下特別的靈驗？斷出來的事讓你感到嘖嘖稱奇呢？

曾經，有個課程十分吸引我，但學費實在不便宜，擔心自己是否花了冤枉錢，當下用梅花易數為自己卜了卦，發現干支的食傷很弱，全都被比劫牽著走。於是，我放棄了報名……

我們再換個場景，假如你現在過得很順遂，心裡沒有任何罣礙，有個懂八字的朋友想幫你批算運勢，你覺得自己會相信嗎？我會斬釘截鐵地告訴你，沒有需求的算命，當下幾乎是不會準的，如果會準，只是瞎貓正好碰上死耗子。

為何當事者會覺得不準或者不相信呢？這不難理解，因為你內心沒有疑問，命盤裡的五行就不會「成象」，可是你會這樣吐槽文堡老師：「八字不是走到日主受剋的月份，憑什麼你說沒事？」

我剛才不是說了，同八字並不會同命，你不能將算命的結果，統一當成宿命規則來看待，日主受剋更多時候是一種責任榮譽，因為長官會特別關注你，這種肩頭上的壓力，反而會形成一種無形的助力。

沒有剛需抑或將命運當好好玩的人，你批他運勢不好，只會被他打槍！

「心中有疑問，萬物才能成象，批出來的運勢才能精確。」

換句話說，千萬不要為了印證自己的學術，沒事去幫沒有需求的朋友算命。相信我，你有99%的機率會踢到鐵板，內心沒有疑惑的人，命盤裡非但不會「成象」，反而會將生活過成詩。

話說回來，那到底誰會相信算命呢？窮人或富人嗎？這個答案沒有一定的標準，因為這得因人而異，另一個重點，得看你碰到什麼樣的老師。

曾經，我也是一個很鐵齒的人，繼承父業之後，才讓我驚覺老祖宗的智慧是如此的奧妙。那到底該不該相信算命？有一天若你碰到關卡，徘徊在人生十字路口，可藉由命盤瞭解當下的運勢，到底該衝還是該守，知道下一步該怎麼做。

假如你現在日子過得很愜意，根本用不著去算命，一切順勢而為即可。無論碰到好運還是壞運，擁有正向的樂觀思維，是人生必備的技能，你說對吧！

本節最後，附上影片連結，歡迎掃描以下的 QR 碼觀看。

科學八字輕鬆學直播秀（第 98 集）：八字算不準是必然

《文堡老師的叮嚀》無論求神或問卜，問事者內心須有真正的疑問，天地方能生太極與此共鳴。一個人心中若無極隨興而之，最終仍會失之交臂，無應驗之事。心中有疑問，萬物才能成象，當下批出來的運勢方能精準，假若只是好奇問個好玩，瞎貓只會碰上死耗子。

1-3 合到完的八字怎麼看

地支若出現「雙合」該如何是好？五行之間真的不存在力量嗎？假如你是這樣看八字，你將批不到命主先天的性格。

時	日	月	年
巳	申	戌	卯

學生：「請問老師，這個八字本命出現兩個合，如果不能將合當作消失，這樣的八字該怎麼批呢？」

文堡老師：「說難不難，說簡單不簡單，不難的地方就是直接計算每個五行的力量；比較棘手的是，你必須搞懂每個十神組合的涵義。」

學生：「力量的計算我懂，巳申合中，巳火 0.5 分，申金 1 分；卯戌合中，卯木 0.5 分，戌土 1 分，但我不會解釋兩者合的涵義。」

文堡老師：「首先，你必須學會五行力量的計算方法，熟練一段時間後，再將十神的涵義代入解釋其類象，許多問題即可應刃而解。」

學生：「瞭解！老師可否舉個日主說明一下呢？」

文堡老師：「我們假設日主為戊土，則申金就代表命主的食神，巳火為偏印，戌土為比肩，卯木為正官，然後你必須知道食神合偏印，以及比肩合正官的類象為何？這些合的類象，可反映命主出生時的思想與性格，比如說偏印合食神，年幼時期雖能得到長輩的庇蔭與約束，

然而實際上卻很難控制命主的思想與行動，因為季秋申金的力量不容小覷，食神比起偏印略勝一籌，代表聰穎伶俐、好強冷靜、察言觀色、獨立自主，須留意眼睛及消化系統的保養。」

學生：「經老師這麼解釋，我終於明白本命合的涵義了，若是當成消失，就會完全批不出所以然。」

文堡老師：「沒錯！合即是力量的此消彼長，通曉十神的道理，並多點實務的經驗，慢慢就會抓住批命的核心。」

學生：「瞭解！感謝老師！」

邏輯思考

(一) 請計算出每個五行的力量。

火 (0.5 分)：巳火被合，1 分變 0.5 分。

金 (1 分)：申金被合，2 分變成 1 分。

土 (1 分)：戌土被合，2 分變成 1 分。

木 (0.5 分)：卯木被合，1 分變 0.5 分。

(二) 偏印合食神先天有什麼性格？

答：喜愛幻想學習，待人真誠但較冷靜。

(三) 比肩合正官先天有什麼性格？

答：與人合作按照規則行事，不易變通。

OK！我們再來看另一個案例。

時	日	月	年
辰	辰	酉	酉

這個地支合怎麼看？你得瞭解月支的酉金與日支的辰土會優先作用，合完之後因中間出現空缺，最後導致年支的酉金與時支的辰土再度合完，所以我們便可得知，將兩個五行各自的總合分別除以 2，最後得到辰土有 2 分力量，酉金有 1 分力量。

如何？是不是很簡單呢？假如此命是丙火日主，那麼這兩組的辰酉合，意謂的是「食神合正財」，本命若出現這樣的組合，會有什麼樣的人格特質呢？這也難不倒我，代表心裡計畫著如何賺錢，男命的話會比較疼老婆，因為食神與正財被保護得很好，可說是「堅不可摧」，除非大運流年來「拆合」或「生洩」，否則一般的情況下，這種本命合其實很安全呢！

本節心法

辰酉合完，土和金仍有力量。

《文堡老師的叮嚀》本命的「合」，比起相剋或順生還要來得穩定，因為不易隨著動態改變本身的力量，除非走到歲運生洩或者流月來破壞，才有可能產生巨變。

八字充電坊4：《日主受剋已經過氣了》

我常說，書是死的，人是活的，很多時候，你必須實際面對客戶，才能獲得書中得不到的體悟。

買過我實體書的讀者，應該都讀過「日主受剋」的章節吧！

讓我們再回顧一次，本命若出現日主受剋，你是否擔心一生的命運如此乖違，又或者擔心妳的男人心懷不軌？

我只能說：「妳想太多囉！」

身為女人的妳必須謹記，若過於信任或驕縱，一旦妳的男人碰上日主脫困，有很大的機率出現亂來，遭到背叛而深受傷害。千萬別將妳的男人寵壞了，出軌並不是如妳想得如此單純，很多時候問題可能出在自己身上，而妳卻渾然不知。

是故，本命日主受剋一點都不可怕，也根本不足為懼，尤其當日主脫困之時，可讓一個「素人」瞬間爆紅、爆紫，亦可能無法無天，做出平常不敢做或做不到的事。(玩過俠盜獵車手嗎？)

你一定對日主受剋並不陌生，老實說，這個「梗」早已過時了。

相信大家皆可認同，並非每次的日主受剋都會應事，若有貴人及朋友的保護下，日主受剋可謂形同虛設，誰說一定有事！

批命時不能一見到日主受剋，便直斷他人命運坎坷，因為日主受剋只是其中一個環境因子。

事實上，絕大多數日主受剋的八字，往往都是社會的中流砥柱，抑或成功人士。

日主受剋有分為正官剋合，以及七殺直攻，你認為哪一種殺傷力較強大呢？

我們假設本命印比弱，亦無食傷來剋制官殺。以正官來說，以前的我很認同一剋一合的傷害力最大。其實不然，雖然陽剋合陰令人無法爭脫，但起碼它不會立即出事，所以當你看到陰日主受正官剋合之人，性格多半保守、內向、守規矩，但七殺可就大相逕庭。

沒錯！七殺剋日主之人，亦是保守正直不多言，但內心充斥抱負野心，假如後天環境不好，未來可能出現暴戾之氣，其殺傷力亦是不容小覷，壞人直接拿刀捅你，想躲都躲不掉。

我曾做過統計，七殺與正官的面相可說是南轅北轍。

日主受剋不過是出生的先天 DNA 罷了，最令人擔憂的是，原本幸福好命之人，遭受到突如其來的打擊，才是真正令人措手不及。

當你碰到日主受剋，若有印星或比劫的支持，對運勢影響並不大。另一個考慮的就是食傷星，假設八字裡有很多官殺，也許經歷長時間的日主受剋，為何仍自我感覺良好呢？很簡單！因為食傷星被保護得很好。

學生求問

(1)女命七殺剋日主可論桃花多嗎？為何碰到的好叔叔反而不少？

(2)女命日主受剋，不是伴侶容易多給壓力嗎？怎可論桃花好呢？

老師解說

(1)七殺剋日主的女命，可別小看桃花的威力，若在歲運出現就得提防怪叔叔；若有印星來通關則會是好叔叔。

(2)沒錯！七殺出現在日主身旁，女命桃花多是必然之事，不然怎麼稱為七殺。並請搞懂「好桃花」與「桃花好」的文字遊戲，好桃花代表可為妳帶來幸福感，桃花好不代表一定能碰到好姻緣。

有天當你感到壓力破表快要窒息，絕不能將問題全推給日主受剋。因為只要八字一弱，不必等到日主受剋，即可讓命主產生焦躁不安、胡思亂想，安全感全無。

此時，請善用長輩、朋友的資源，他們將是你最好的貴人，也是絕佳的避風港。

網友提問

問題1：「沒錯！我太太就是這樣的八字，請問您如何能分析得如此仔細？」

文堡老師：「從客戶身上獲得的實務經驗，並觸摸到官殺背後的

規律。」

問題 2：「如果是天干的日主剋大運或流年呢？比如庚日主走甲大運是否會回剋？」

文堡老師：「日主不會主動與大運流年起作用哦！庚金剋不到甲木。」

問題 3：「假如是陰日人，大運與本命日柱天地合，您怎麼看？若命主印旺比劫旺的條件下，該論吉還是論凶呢？」

文堡老師：「這得看合的是忌神還是用神，須視當下的排列組合與五行流通而定，沒有一定的標準答案。」

現在，我們來看一下這個女命，這是經過實證的八字。

時	元女	月	年
戊	壬	丙	戊
申	辰	辰	辰

62	52	42	32	22	12	2
己	庚	辛	壬	癸	甲	乙
酉	戌	亥	子	丑	寅	卯

出生後 0 年 11 個月又 1 天 17 小時
每逢甲己之年驚蟄後 3 日交脫

文堡老師解說

你批的沒錯！這是標準日主受剋的八字，但只侷限在出生時是如此的情況，隨著大運流年不斷的變動，運勢將會呈現很大的變化，婚姻雖然走得並不順遂，但大運一交癸丑，天干癸水合走戊土，生活和工作壓力頓時減輕很多。所謂命運的好壞，必須依據大運流年的排列組合，全方位去判斷才會更精確，別忘了！一個陰陽的變化，人生隨時都可能呼風喚雨。

先天的日主受剋，永遠只會是名詞而非動詞，認真來說，這個八字地支申金扮演舉足輕重的角色，假如受傷的話，工作婚姻將會深陷不可預知的危機，天干最佳的用神為甲木食神，再來才是印星。故身材豐腴更有利於工作及感情運。命主經營美甲行業，正好符合天干甲木的用神，這幾年事業如日中天、生意門庭若市、姻緣美滿幸福。

地支若走食傷卻是大忌神，印星的功能亦是無三小路用，只會洩死更多的官殺，你只須瞭解它是來亂的。事實上，命主是個天生麗質的大美女，也是很多男人夢寐以求的對象。遺憾的是，命主於癸丑大運丙申年離婚，但卻在戊戌年找到新的歸宿，這又該怎麼看？請大家動動腦，不難。

請不要懷疑：「我所以為的先天不及格爛八字，有朝一日必能成為脫胎換骨的明日之星。」

日主受剋的誤解

「日主受剋」總是被濫用為解釋不到的壞運藉口，事實上真的是如此嗎？

有人說我長時間日主受剋，運勢差到極點，但實際上官運非常好。官殺剋日主，其實只是代表官關注日主而已。但到底是官欣賞你，委以重任以致出現壓力，抑或官在故意刁難威嚇你？就得視當時八字的強弱而定了。當日主強旺，官就掌握在自己手裡，自然能開創一番事業；但日主一旦弱不禁風，便是無助而受剋了。

你以為的好運總是特別衰

八字官殺多或近乎全官殺，大家一定感到十分恐懼，其實這是一種極大的誤解，實際上須考慮許多因素才能下判斷。官殺多代表日主能活在壓力下，也是一個善於精通管理的好人才，但真正出現倒霉運，反而會在印星和比劫的流年。例如庚辛金日主，遇上庚辛或戊己年，就得小心防範。

你會說老師在唬爛！流年不是官印順生嗎？應該要升官發大財才對啊？怎麼會有問題呢？

這也是多數人學八字的誤解，以為官印相生便會好事連連，文堡老師可以肯定的告訴你，流年本身就是一枚不定時炸藥，有如暴風雨前的寧靜，當問題一觸即發時，往往令人措手不及，甚至一命嗚呼。

五行八字與子平八字最大的差異，在於使用物理學而非化學的概念，而且重視氣與合的變化。要知道八字的強弱與用神，將隨著時間而不停轉動，以前能提升你能量的五行，此刻可能讓你跌入萬丈深淵，從此萬劫不復。是故，學習五行八字的學生，自然會善用計算五行力量，從而判斷現階段命主的強弱。

　　再次重申！我講的強弱，指的是當下物理變化後的結果，而非本命靜態的環境強弱，那是子平八字的化學理念，切勿混為一談。

　　當你的八字強且印也好的時間，將對自己的行為思想做出反省修正，然而這可是後知後覺的事了。因為當我們處在腦袋不靈光的運勢下，根本無從覺察自己哪裡出現問題，此刻正需要朋友來勸諫並加油打氣，這正是利用比劫來提升的另一種方式。但是忠言仍舊會逆耳，並非人人皆能邂逅直言不諱的知己。

　　重點來了！那該怎麼做，才能幫助到自己呢？

　　如果你能熟練計算五行力量的變化，自然能隨時提醒並約束自我，也能客觀明白八字當下的問題點，到底是食傷弱造成判斷錯誤？印星受到資訊影響而感到忐忑不安？比劫弱出現人際關係不好？財星重剋思想偏激、性格火爆？抑或官星弱過於強勢躁進？若能善用八字，絕對能提升品德兼修，並增強對萬事的包容力。

　　一個無論多麼富有、地位多麼崇高的人，心態上若不知足，對我而言人品仍然是不及格。

本節最後，附上影片連結，歡迎掃描以下的 QR 碼觀看。

科學八字推理 第 248 堂課：日主受剋的迷思

《文堡老師的叮嚀》想像一下，那些領軍上陣殺敵的將軍，所背負的並不是「日主受剋」，而是一種「責任榮譽」。

1-4 五行順生力量計算

很多人會將日主加入命局來論，比方說甲木日主，動態來一己土，就批成甲己合，這可是錯誤的觀念！你得瞭解，日主只有在被傷害的時間，才能拿出來討論。而且，還必須視當下的情況判斷日主的強弱，才能「鐵口直斷」。

時	日主	月	年
己	丙	壬	庚

學生：「依您之前所教的觀念，陽跟陽優先作用，那麼請教老師，這個八字丙火日主是否有受剋呢？」

文堡老師：「沒錯！陽與陽會優先作用，但是否能剋到日主，必須由另一個五行來決定。」

學生：「什麼意思，不懂？以前總認為陽生陽會直接剋陽，現在時干出現一個陰己土，是否該不予理會呢？」

文堡老師：「不知你是否記得，我在《科學八字推理1基礎心法》電子書有提及此觀念，但那是屬於簡單快速的批命法則，在進階心法中，我要 Update 新的東西。」

學生：「嗯嗯！請老師解說。」

文堡老師：「首先，我要教授一個橋的知識，什麼是橋呢？你有聽過通關嗎？假如將時干的己土改為甲木，那麼日主是否還會受剋？」

學生：「當然不會啊！庚金生壬水生甲木，甲木再生日主丙火，這樣的八字很順不是嗎？」

文堡老師：「Yes！如果一個八字出現全陽或者全陽，不論是相生或相剋，我相信你一定能快速找出五行流通。但假設我將甲木改成乙木呢？請問日主還會受傷嗎？」

時	日主	月	年
乙	丙	壬	庚

學生：「這個……好像也會受傷吧？」

文堡老師：「一般人都會將丙火當作受傷，現在我要修正此觀念，還記得剛才我提到橋的理論嗎？如果甲木是代表通關丙火的「大橋」，那麼乙木就是「小橋」了。」

學生：「哇！原來如此，意思是說，有乙木在，即使它是陰的時干，壬水一樣剋不到日主，對嗎？」

文堡老師：「正解！有乙木小橋在，壬水是殺不死丙火的，若要我說，這個八字要批成庚金生壬水，壬水生乙木，乙木生丙火日主，然而，你得在後頭加個「但書」，那就是壬水仍會監視並關注著丙火。它在提醒你皮得隨時巴緊一點，只要乙木的小橋被「沖垮」，隨時都可以把你 KO！」

學生：「經老師這麼一說，我完全能理解「橋」的概念了。也就是說，如果丙火有「保護神」，不論是陰或陽，都可以當作橋來通關對嗎？」

文堡老師：「這個回答其實只對一半，你還必須考慮陰陽的排列組合。」

學生：「排列組合？老師這又是什麼意思呢？」

文堡老師：「你瞧！如果我們回到第一個案例，將天干的乙木改回己土，那麼這個八字就是名副其實的日主受剋囉！」

學生：「己土不也是橋嗎？為何老師會說日主受傷？」

文堡老師：「己土並不是丙火日主的橋。所謂的橋，指的就是日主的「印星」，己土充其量只能說是「傷官星」，陰己土可抵擋不了陽壬水的力量沖擊。所以，庚金生壬水可直接剋殺丙火。」

學生：「Bingo！原來橋的觀念如此簡單易懂，這樣解說我就完

全明白了！」

文堡老師：「別高興太早！五行若隨時換一個字，變化可是很大的。假如我將己土換成戊土，請問丙火還會受傷嗎？」

時	日主	月	年
戊	丙	壬	庚

學生：「不會！因為戊土為陽，它是日主的「保護神」，壬水絕對傷不了丙火，除非大運來一個癸水、或用甲木殺死戊土、或者讓戊土的氣洩光，丙火才會徹底的完蛋。」

文堡老師：「Very good！完全正確！當你理解基本的概念，之後計算五行力量就好辦事了！」

學生：「好的，感覺這些東西好有趣，又合乎科學邏輯，我要繼續研究下去！」

文堡老師：「OK！現在我們開始來學習，本命裡每個五行最原始的分數力量。」

邏輯思考

（一）日主丙火是否有受傷？

答：日主丙火不會參與本命的「生剋合洩」，在本命不談日主受剋，因為這只是先天的 DNA。

（二）請計算出每個五行的力量。

答：本命若是相生關係，直接以五行流通來計算原始的力量。

首先看第一個案例，日主必須跳過不看，己土為天干的龍頭，故五行流通為「己土生庚金，庚金生壬水」，所以己土為 1 分，庚金為 3 分，壬水為 5 分。

第二個案例，五行流通為「庚金生壬水，壬水生乙木」，所以庚金是龍頭為 2 分，壬水為 4 分，乙木為 5 分。

第三個案例，五行流通為「戊土生庚金，庚金生壬水」，故戊土是龍頭為 2 分，庚金為 4 分，壬水為 6 分。

（三）此女先天有什麼樣的性格？

答：行事衝動、性急坐不住、貪財有野心，喜愛讓別人見識到厲害的一面。

如何？是不是很容易呢？但這樣的八字卻存在很大問題，因為壬水的分數太高了，過高的力量，可禁不起大運流年一絲的「風吹草動」，關於這個問題，後面的章節我還會再詳細解說，不急，先將基礎打穩吧！

本節心法

(1) 日主丙火不會參與生剋合洩。

(2) 順生直接計算每個五行力量。

(3) 學會觀察並且理解橋的概念。

《文堡老師的叮嚀》五行的變化多端，猶如人一生的命運漣漪，你必須搞懂本命每個五行力量的 DNA，才能在大運流年中，比對出命主運勢的吉凶悔吝。

八字充電坊 5：《算命界的牛鬼蛇神》

　　人生不如意，十之八九都是自找的，不然「久旱逢甘霖，他鄉遇故知，洞房花燭夜，金榜題名時」，就不會顯得那麼彌足珍貴了。

　　請問癸卯年，你最大的收穫是什麼呢？

　　也許你事業飛黃騰達，財運亨通；但或許你遭受失業及心理的創傷……

　　事實上，風水輪流轉，我們都在享受不完美的人生。

　　提筆寫這篇文章，心中感慨萬千，20 年的經驗，看到人性最深層的一面，五術界充斥了不少牛鬼蛇神，若要說黑暗一點也不為過。

　　你算過命嗎？不論是西洋塔羅星座，抑或中國的八字紫微，相信你一定有過這樣的體驗。

　　老師說我命中缺火，所以需要補火 (火是我的用神)，或者是生於炎夏，火炎土燥，需要水來灌溉才能調候五行，於是他說你最近財運很背，工作不順，要你買他的商品，然後老師賺了錢，你卻破了財。

　　多數人會尋求命理師解決問題，通常都是最近很衰、很背，否則

不會閒閒沒事跑去問事，即使去問了你也不會太認真，老師講的破財跟我一點也沒關係，因為我正值好運；或者本來沒事，經過老師恐嚇式的解說，當場嚇得魂飛魄散，夜夜心神不寧，比較敏感的人，甚至一輩子留下不可抹滅的陰影。

一個客戶，在他不順的時候找了一位名師，當他將老師批的命盤拿給我看時，你可知我內心有多大的 OS ！一張八字命盤居然只有本命，沒有大運流年，然後跟客戶說，這個命很糟糕，一生財運及事業運很難有起色。

橫批：命局火太旺，故火為忌神，水為用神。

豎批：走火運會倒大楣，走水運才能出頭天。

結果呢？客戶卻在水月（癸未月）發生車禍，水不是喜用神嗎？怎會發生車禍？這種粗製濫造的批命實在是糟透了！客戶問有何解決方法？老師說此命已定，要解的話必須透過祭改……

Oh My God ！不學無術的最後下場，就是外行人對五術產生極深誤解，甚而嗤之以鼻。

真正的算命，必須針對客戶的問題，說出內心的痛點，進而協助解決而非宿命論。解決的方法因人而異，有些人必須給予當頭棒喝，有些人則須安慰、鼓勵，一切都得視人的性格而定，沒有絕對的標準答案。同樣的方法可能是一帖良藥，但也可能是一帖毒藥。

所以，你得找對良師益友。

當你的人生走到懸崖，一定會有勒馬的方法。壞運雖然隱藏著過去，但也昭示幸福的未來，誰沒被命運欺負過，你我皆曾歷經滄桑，但千萬不可有霉相。

如何慎選命理師

相信你一定在電視媒體看過，一些記者採訪命理師關於民間習俗的新聞，舉凡鬼月禁忌、請神送神、地母經預言、摸骨看相、通靈……其實我要跟大家說，這些東西都不是命理學。

中國的五術分門別類，包含山、醫、命、卜、相。

山：地理、陰陽宅風水

醫：中醫學、黃帝內經

命：八字學、紫微斗數

卜：易經卜卦、奇門遁甲

相：面相、手相、姓名學

若以到大醫院看病做比喻，你得找對醫生看對科，腸胃問題得找腸胃科醫生，眼睛問題得找眼科醫生。你不能因為腸胃問題，然後跑去問眼科醫生，對吧！

五術界亦是如出一轍，想從八字瞭解運程，你得去找精通八字的老師，而不是去找卜卦、摸骨，也許他們對八字略懂一二，但論專業似乎仍有一段差距。

另外，相信你也聽過通靈算命。說到通靈，在台灣最有名氣的人

物，莫過於嘉義民雄的柳相士，號稱「青暝仙」，他可是台灣算命界的傳奇！

「青暝仙」最大特色是解說全程錄音，結束後會讓客人帶走錄音帶，據說如果算到一半關掉錄音機，代表客人只能活到該年(你敢算嗎？)。潤金新台幣五佰元，預約最久得排上三個月。這類的算命其實就是通靈，你可能無須提供生辰八字，只要坐下來和老師面對面，即能將你的過去斷得神準，柳相士從年幼即有通靈的本能。

說個小故事給你聽……

踏入命理業 23 年來，我碰過不可思議的事可謂不計其數。記得有一年，店裡來了一個看似修行的「和尚」，在談話的過程中，發現他的頭部總是側著一旁，似乎在用耳朵聆聽一些訊息，隨後從他口中所講述的事，當下讓我起雞皮疙瘩，因為他把我過去的人生經歷，講得毫無保留。我只能說世間很多的事，無法用科學常理去解釋，寧可敬鬼神，千萬別太鐵齒。

OK！現在回過頭來說，為何八字不等於通靈呢？理由很簡單，因為八字是根據易經原理，依照天干地支及五行生剋，推斷人的性格和命運，具有邏輯分析的思維，我倒覺得它才是正宗的命理學。

然而通靈卻沒有學理可言，通靈的意思就是有通才會靈，只要站在通靈老師面前，他即能透過「心電感應」，傳達你過去種種的一切。

何謂心電感應？

我們每個人身上都有靈體，通靈老師會將你斷得神準，通常能透過你體內的另一個靈，和祂進行「隔空的對話」，然後轉述你的過去和未來。

相信你一定看過《第六感生死戀》，雖說是一部虛構的電影，影片裡講述靈媒的傳達，一般人很少具備這樣的體質，所以通常不會被人採信。但在現實生活中，陰陽共存其實是存在的，尤其是摸骨通靈的老師，會讓你感到嘖嘖稱奇，甚至感到恐懼不安。

然而，怎樣的事情會讓你感到害怕呢？昨天已發生的事，你還會再感到害怕嗎？頂多緊張一點而已。當你碰到眼前正在發生的事，只能選擇面對，也來不及害怕。唯有對未來的事會感到恐懼，因為不知是禍還是福。

假若有天你心血來潮，找了一位通靈的命理師，幫你批算未來的運勢，建議你要有心理準備，本來不可預知的事，後來卻知道了，反而更容易將自己深陷在惶恐之中。

最後，我們回到本文主題，該如何慎選命理師呢？很簡單！品德是所有一切的根本，一個眼裡只有利益，只為追求神算展現自己的功力，卻沒有救濟度人的同理心，即使有再高深的學術，也是枉然。

對於未知，人嚇人，可是會嚇死人的。

《文堡老師的叮嚀》我出門遇貴人，你出門遇小人，可怕的是，我們遇上的是同一個人。找到良師一世順心，找到庸師一世苦命，沒事千萬別亂算命，人生難免會有霉運，但千萬不可有霉相。

1-5 五行相剋力量計算

在上堂課中，我們已學會如何計算順生的八字，你熟悉了嗎？這堂課我們要來談談相剋的觀念，批算五行交戰的八字，絕不能只看最後被「KO」的五行哦！

學生：「本命順生以及日主不參與生剋，這些概念我已經搞懂了，接下來就是相剋的問題，也是我經常混淆的地方。」

文堡老師：「本命順生不論是陰或陽，只要按照累加的方式計算即可，其實沒有難度，比較棘手的是相剋五行，尤其當陰陽又『魚目混珠』之時，最令學生感到頭痛。」

學生：「老師說的沒錯！以下面這個天干為例，以前認知是辛金必定受傷，所以只會將重點放在辛金重剋這件事，因為陰無法擋陽，我這樣的思維邏輯對嗎？」

時	日主	月	年
丙	庚	癸	辛

文堡老師：「沒錯！丙與辛因為中間隔了癸水，合的條件並不成立，且丙辛之間並無「土橋」來通關，所以辛金只有任憑挨打的份。但是很多人學習八字，只會關注辛金受傷這件事，卻忽略了其他五行在本命最初的力量。」

學生：「本命最初的力量？這又是什麼意思呢？」

文堡老師：「你瞧！辛金的確是受到丙火的傷害，你可以斷此人先天的氣管不佳，或者人際關係較弱，但聚焦在辛金受傷這件事是遠遠不夠的，你也必須知道其他兩個五行最原始的力量。」

學生：「我瞭解老師的意思了！每個人在出生時，都擁有一個最純真的五行「DNA」，所以必須先得知它原本的力量。」

文堡老師：「正解！瞭解每個五行出生的力量，才能在大運流年做出比對，得到當下五行真正的強弱。是故，你必須優先計算本命所有五行的分數。」

學生：「好的，我來試著算算看，陽丙火為2分，癸水辛金各為1分，所以丙剋辛之後，丙火及癸水各剩下1分，這樣正確嗎？」

文堡老師：「基本上這樣的算法只能對一半，因為這只是針對辛金的力量而論，並沒有考慮其他兩個五行原始的分數，別忘了我剛才說過的DNA，千萬別忽略了！」

學生：「喔！那……請問老師該如何算出其他兩個五行的力量呢？」

文堡老師：「簡單！如果碰到一個「互相廝殺」的八字，首先必須將每個五行分開來計算。以這個天干為例，要算出丙火的力量，必須優先得知辛金與癸水的作用，辛金生癸水共得2分，這2分就能直接跟同樣2分的丙火打架，最後得到丙火先天的DNA為0分。」

學生：「明白了！如果要算癸水的DNA，也必須先瞭解丙火與辛金的作用，對嗎？」

文堡老師：「Yes！癸水的部分，就讓你練習一下。」

學生：「我想想看……丙火剋辛金，2分減去1分，丙火仍殘留1分力量，剩下的1分可跟癸水作用……啊！我懂了，1分丙火與1分的癸水打架後，癸水的DNA是0分，老師！這樣對嗎？」

文堡老師：「完全正確！這下子你就全通了，所以在本命中，不論是丙火、癸水還是辛金，它們最原始的DNA皆是0。換句話說，三個五行的力量均勢均力敵，不分你我，也沒有所謂丙火一定「扣倒」辛金的問題，因為彼此都兩敗俱傷，你可論斷命主的皮膚呼吸系統不佳；但我也能批成先天的視力不好，邏輯上都可以說得通，你說對不對？」

學生：「這點我可以認同！優先得知五行先天的DNA，再與動態互動之後，做出最終的比對，即可通曉命主當下的問題點了。」

文堡老師：「聰明！OK！現在我要變魔術囉！請仔細看好，如果我將年干的辛金改成庚金，請問本命的五行DNA力量各為多少？」

時	日主	月	年
丙	庚	癸	庚

學生：「先算丙火，庚金生癸水剋丙火，得知丙火為-1分；再算癸水，丙火剋庚金後，兩者力量抵銷，所以癸水維持在1分不變；最後算庚金，1分癸水剋2分丙火，剩下1分的丙火再與2分庚金作用，得知庚金為1分。」

文堡老師：「Bingo！答對了！這樣一來，你已經學會如何計算

本命 DNA 的力量了。」

學生：「現在我完全懂了，原來不能只看被剋的五行，還須瞭解每個五行在本命裡最初的力量。」

文堡老師：「工欲善其事，必先利其器，先將基礎打穩，後面還有更精彩的呢！」

學生：「好的，我會努力將本命力量計算熟練，謝謝老師的指導！」

邏輯思考

（一）日主庚金是否有受傷？

答：有年干辛金當日主的替死鬼，庚金日主不會受傷，也不會參與其他的生剋合洩。

（二）請計算出每個五行的力量。

答：此題為相剋關係，必須將每個五行分開計算最原始的 DNA。故辛金 0 分，丙火 0 分，癸水 0 分。

（三）辛金生癸水剋丙火正確嗎？

答：正確！本命若有相剋必須以生剋計算力量，丙火在本命裡是沒氣的。

本節心法

(1) 日主庚金不能列入計分，即便是受傷亦同。

(2) 五行若是相剋關係，必須分別算出其力量。

本節最後，附上影片連結，歡迎掃描以下的 QR 碼觀看。

科學八字輕鬆學直播秀（第 93 集）：陰陽五行的基礎流通

《文堡老師的叮嚀》批算本命八字，絕不能只看「果」而不看「因」，因為五行有時可以「倒果為因」，尤其出生即交戰的八字，更要仔細算出力量，然後再代入十神解釋先天之性格。

八字充電坊 6：《學習八字的五大 NG》

學習任何東西，除了興趣之外，還得用對方法，相信你一定能認同，對吧！

我在《科學八字輕鬆學》一書曾提到，無論你的想法為何，想認真學好八字，就必須透過實戰才能真正體悟這門學術，因為八字不是紙上談兵，只停留在古書的理論將會寸步難行，很多人學了八字談理論都很強，但一經實戰卻是一塌糊塗。

真正的批八字是「不問而批」，在朋友不問你任何事的情況下，將命盤的重點說出來。透過一對一實戰，每隔一段時間就會領悟出新的東西，這是書本無法學到的經驗，實戰批命才是學會八字的正確方

式，持續不斷的觀察才能瞭解自己的不足，換句話說身邊的人才是你的真正「老師」，書不過是引薦入門。

很多八字的經典書籍我幾乎都不碰了，因為面對的是現代人而非古人，不能用古老的眼光來看待現今社會，所以不要問我那些看似深奧的學術理論，老實說，我不懂也不想懂！

此篇文章要跟大家分享學習八字的五大 NG 行為：

1. 買書本自學

2. 看影片學習

3. 不懂十神類象

4. 只批名人及自己的八字

5. 執著在喜用神

第一跟第二為什麼學不好八字呢？不是說看書、看影片學不到東西，而是一個案例，沒有先思考就看老師解說，這就好比一道數學題，你馬上看解題技巧，沒有經過大腦邏輯分析思考，下回碰到一個排列不同的八字，腦袋瓜就會立馬卡關。

正確的學習方式應該是如此，當你拿到一個命盤必須先思考作答，然後再對照老師的解說，是否與你批的吻合，接著再從錯誤中修正，時間一久，你的功力自然會更上層樓。

第三項，很多人喜歡學習批命技法，但說實話，我即使把所有的技法全部傳授，但假如你對十神類象一竅不通，你仍然批不出所以然，無法講出命主真正的疑惑及性格想法，對方就會感覺你只是半桶水。

第四項，是一個很大的誤解，只批名人以及自己的八字，往往都有先入為主、落得自圓其說、然後事後諸葛，雖說可以知己知彼，但想要學好這門學術，絕不能只執著在自己或名人的八字。

第五項最雞肋，很多人喜歡找一生的用神，我曾說過用神永遠不會固定，因為大運流年的排列組合不同，上一個辛年也許讓你飛黃騰達，但下一個辛年可能讓你陷入萬劫不復！

八字的使用條件皆有其限制，這些心法必須透過實戰才能領悟，隨著批命的水準不斷提升，有了自身經驗就能更深入去探索命理，紙上談兵並沒有對錯，但假如把八字侷限在理論上打轉，這門學術很難有所突破。

文末，附上直播影片的連結，提供讀者進階學習，歡迎掃描以下的 QR 碼觀看。

科學八字輕鬆學直播秀（第 89 集）：怎麼看女命的老公不愛小孩

怎麼看女命的老公不愛小孩

《文堡老師的叮嚀》學習任何事物，如果光說不練，最終只會裹足不前、原地踏步。

第二單元

本命力量基礎計算

上一單元中，我曾提及「合不能當消失」的概念，本單元開始，我們再來說清楚講明白，什麼是橋？準備好上課了嗎？Let's go！

2-1 搞懂橋的生洩

我曾說過若搞不定五行生剋，休想批出一手好命，現在我更要說，搞不懂「橋」，千萬不要幫人批命，這比起亂生亂剋還要來得嚴重！

2-1-1 橋的基本觀念

到底什麼是橋？請觀察以下兩個案例。

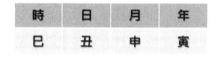

時	日	月	年
巳	丑	申	寅

我在第一本電子書《科學八字推理1基礎心法》曾說過，陽代表魔王，陰代表雜魚，魔王打架，雜魚根本無從插手，這個觀念乃因陽跟陽之間缺少了「和事佬」，所謂的「和事佬」指的就是有否通關的

「橋」，假如沒有的話，申金剋殺寅木是理所當然的事。

現在，我將時支的巳火改成亥水，如下：

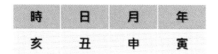

時	日	月	年
亥	丑	申	寅

你有否發現有什麼不一樣了？在這個排列組合中，你認為寅木還會被申金打嗎？當然不會！為什麼？因為有了亥水小橋當了它們之間的「和事佬」，看到這裡，你可能會一頭霧水，陰怎麼能夠通陽呢？

首先，你得搞懂什麼是橋，申金剋寅木，對受傷的寅木來說，如果有陽子水來通關，此乃皆大歡喜，這個邏輯我相信你們都懂。但為何陰亥水可以當橋呢？因為對受傷的寅木來說，不論是子水或亥水，都可以當成寅木的「印星」，什麼是印星？代表能得貴人之助化解壓力不順之事，即便是陰亥水也能成立。

所以，這個地支的五行流通為何？我來考考各位！

(1) 丑土生申金，申金生亥水，亥水生寅木，但申金仍「關注」著寅木。

(2) 申金直接剋殺寅木，亥水無法通關，斷寅木重剋。

(3) 申金生亥水，亥水生寅木，寅木剋丑土，論丑土受傷。

此問題答案為 (1)，剛才說過，只要有亥水的「印橋」，寅木就不會受傷，但申金仍會「監視」寅木的一舉一動，所以 (2) 是錯誤的觀念。至於 (3) 為何不能選？有兩個原因，第一是陽與陽會優先作用；

第二是丑土有申金這個強力的保護神，寅木是傷不了丑土的。換句話說，假如你是用「陽必定剋陽」來看五行流通的話，趕緊修正一下囉！

2-1-2 合的橋怎麼看

關於合的橋怎麼看？一般來說有分兩種，第一種是印橋，第二種是比劫橋，請看以下兩個案例：

時	日	月	年
申	申	寅	亥

寅亥合沒有消失，申金的力量可以生給亥水嗎？當然可以，對亥水來說，雖然是被寅木合了，但申金可是亥水的「印星」，故亥水能得到申金的力量。可是你會問我，申金殺得死寅木嗎？當然不行，一對如火如荼熱戀中的男女，你只能從旁「勸和不勸離」。

時	日	月	年
申	子	寅	亥

這個地支同樣是寅亥合，對寅木來說，子水是它的「印橋」沒錯吧！但亥水呢？子水就是它的「比劫橋」了，所以，寅木可得到子水的力量，亥水能得到申金的力量。

瞭解以上橋的規則之後，接下來我們就可以計算本命的 DNA 分數了。

本節心法

(1) 斯斯感冒藥有兩種

(2) 合的橋也是有兩種

(3) 謹記印橋和比劫橋

《文堡老師的叮嚀》再說一次！把合當成消失是不智之舉，要知道合彼此仍存在力量，在本命中，可以接受他人的幫助，但無法生助他人，也不會被拆開解合，切勿等閒視之。

八字充電坊 7：《命理師，小心你的冤親債主》

你曾找過老師一對一算過命嗎？我指的是實際面對面，而非遠距離的線上視訊。

為什麼有些人相信算命呢？原因很多，絕大多數的人都是遭遇瓶頸，在人生十字路口無法抉擇，在親朋好友間找不到答案、走投無路的情況下，命理師通常才是「壓倒駱駝的最後一根稻草」。

另一種人是純粹來考試，或者說讓命理師難堪，也就是踢館。

當然，有些人從不相信算命，始終嗤之以鼻，認為算命是迷信，人定勝天，相信好運是靠自己的雙手而來。

我之所以從事命理行業，因為我相信它是一門邏輯科學，但最近兩年，不知為何，只要有客戶上門，隨時都可以從他們身上感應到「背

後靈」，請別誤會！我並沒有通靈的體質，我仍然要強調科學，你知道過去我是一個很鐵齒的人，但人世間有很多不可思議，真的無法用常理去解釋。

一個客戶進來，如果當下讓我感到雞皮疙瘩，通常這個客戶背後，都會跟隨一個「靈體」，這個靈有好壞之分，祂可能是家中的祖先神明、你的已故親人，又或者冤親債主……

客戶有求於你，通常都是在六神無主的狀態下，如果當下的批命狀況非常糟糕，無法看出客戶的問題點，或者說不出個所以然，通常不是你的「功力」出了問題哦！而是受到「背後靈」的阻擋干擾，這種情況下命理師通常無法插手，因為此人的「因果」很重，冤親債主不希望你講太多。

假如你硬是雞婆，「赴湯蹈火」幫命主點破，命理師會有一段時間很衰、很不順，輕一點的狀況，會讓你感到疲倦、拉肚子、小車禍、守不住錢；嚴重的話會突然發高燒，一個星期發燒難退躺在醫院。

這種情況比較少見，然而職業生涯我自己曾碰過，所以這行業仍舊存在不小的「風險」。

如果「背後靈」是家裡的祖先神明，這種情況就會有所不同，祂希望透過你的指點，告訴命主如何面對人生難題，拉人一把將會是功德一件。面對這樣的客戶，身體仍會感應雞皮疙瘩，但卻不會感到不舒服，而且可以將命盤看得更仔細、更清楚，通常會有八成以上的準確度，換句話說，客戶主導了命理師一個好的磁場。

我有一位好友命理師，遇到的情形是卡陰的命主，來算命時坐不住，感覺自己的佛光照過去，讓命主身後的靈難以承受，只是在當下未說，而是等事後才私下說。

批命生涯中，曾碰過陷入低谷的客戶，經常在我解說命盤時，都很難將話聽進去，也難以幫助其難。也許，這與附在身上的靈體有其不解之怨吧！

身處在科技時代，我仍然要強調「科學」，為何命理師到後來出現悽慘落魄，甚至搞到身敗名裂，原因皆是其來有自。

套用一句話：「可憐之人，必有可恨之處。」

以上，為文堡老師面對客戶多年的體悟心得，當一個專業命理師，不僅要飽讀詩書、博學多聞，更要懂得人性心理，學會保護自己，並累積更多的功德福澤，幫助深陷低谷的普羅眾生。

本節最後，附上影片連結，歡迎掃描以下的 QR 碼觀看。

科學八字輕鬆學直播秀（第 78 集）：算命的背後靈

《文堡老師的叮嚀》做這一行要心存善念，助人為樂，但某些情況也要學會保護自己，別懷疑！對一個命理師來說，算命，是一個有「因果」風險的職業。

2-2 全陽全陰計算

　　本節中，我將分別用天干和地支的案例解說，全陽或全陰的八字，對你們而言有如一盤美味的小菜，你說對吧！我們要開始上課囉！

　　全陽或全陰且順生的八字，我相信難不倒你們，本節是簡單基礎的單元，若你覺得太容易，就先跳過吧！

2-2-1 全陽的五行計算

例1：天干五行相生

時	日主	月	年
甲	丙	壬	庚

日主為丙火，複習一下，請問這個八字有否日主受剋？

　　答「Yes」的讀者可要打屁股了！丙火有甲木保護神的印星在，怎麼可能會受剋呢？

　　現在，我們將陽當成2分、陰當成1分，為何要這樣假設？還記得我在《科學八字輕鬆學》曾提到，陽與陰是夫唱婦隨的關係嗎？用這樣的方式來計算五行的力量，更能明白清楚動靜態經過「比對」後的結果，你才能分辨出哪個五行強，哪個五行弱，最後找出「主導神」，瞭解命主當下的想法與運勢，進一步協助他們釐清當下的問題。

OK！現在我們來計算本命DNA的力量分數。

首先，你得瞭解本命天干的五行流通，第一步就是找出龍頭，簡單！不就是庚金嗎？庚金生壬水，壬水生甲木，所以整體五行力量是加乘的效果。剛才說過，以陽五行當成2分來算，庚金是龍頭為2；壬水被庚金所生，壬水為4分；甲木被壬水所生，甲木為6分，最後甲木再生給日主丙火為8分，天干的日主很強旺，對吧！

例2：天干五行相剋

時	日主	月	年
甲	丙	壬	戊

五行流通為壬水生甲木，甲木剋戊土，本命戊土受傷，壬水是龍頭為2分，甲木被壬水所生為4分，但最後跑去剋戊土，力量必須再減去戊土的2分，故甲木仍然是2分不變。至於戊土呢？只有被挨打的份，壬水2分加上甲木2分共4分剋死2分戊土，得知戊土為-2分。

很簡單吧！我再用兩個地支的例子說明。

例3：地支五行相生

時	日	月	年
寅	戌	子	午

這個地支怎麼批呢？同樣的步驟先找出龍頭，我們可以輕易找到龍頭就是子水，五行流通為子水生寅木，寅木生午火，午火再生戌土。

所以子水為 2 分，寅木 4 分，午火 6 分，戌土 8 分。

你也許會認為這樣的八字擁有一世的好命，其實它可是災難的開始啊！看似一氣順生的好八字，除非歲運來加分，否則進步空間不大，這部分文堡老師先留個伏筆，在第四單元的大運篇，我將讓你「醍醐灌頂」，瞭解這種「順生」的八字，反而更容易陷入萬劫不復。是故，除了累積能力之外，運勢其實也很重要，切勿在本命上打轉哦！

例 4：地支五行相剋

時	日	月	年
申	戌	申	寅

由於地支沒有日主，直接計算每個五行的力量即可。

五行流通為戌土生申金剋寅木，龍頭為戌土 2 分，戌土生兩個申金為 6 分，6 分申金再剋 2 分寅木，故申金為 4 分，寅木為 -4 分。比起寅申沖還要可怕的是，在戌土「助拳」的情況下，寅木受傷可謂雪上加霜，然而一生會是如此的坎坷嗎？不！這種八字反而有利未來的運勢發展呢！

此題必須留意的是，申金與寅木必為正負相對的分數。

2-2-2 全陰的五行計算

全陽的相生與相剋，相信你應該融會貫通了！現在，我們以同樣的觀念心法，繼續將全陰的力量計算搞懂，請接著往下學習。

例 5：天干五行相生

時	日主	月	年
癸	丁	乙	辛

丁火為日主，五行流通為辛金生癸水，癸水生乙木，乙木生日主丁火。以辛金當龍頭 1 分，依序為癸水 2 分，乙木 3 分，日主丁火的力量可忽略不計。

例 6：天干五行相剋

時	日主	月	年
丁	乙	癸	己

乙木為日主，五行流通為丁火生己土，己土剋癸水，乙木日主相安無事。以丁火當龍頭 1 分，生助己土 2 分，2 分己土再去剋 1 分癸水，故己土剩下 1 分，癸水為 -1 分。

例 7：地支五行相生

時	日	月	年
卯	丑	巳	亥

這是一氣順生的排列組合，五行流通為亥水生卯木，卯木生巳火，巳火生丑土，以亥水當龍頭為 1，依序將每個五行累加即可，故得卯木 2 分，巳火 3 分，丑土 4 分。你有否發現，丑土擁有 4 分的力量很旺對吧？偷偷告訴你，本命的分數越高，危機四伏的風險越大，

這不是好命的八字嗎？為何會如此呢？不急！這裡先賣個關子，在大運篇的單元中，我將有更詳盡的解說。

例8：地支五行相剋

時	日	月	年
卯	丑	亥	丑

學生：「請問老師，這個地支有兩個丑土，該如何計算其力量呢？」

文堡老師：「不難！一樣先找出五行之間的流通，你看出來了嗎？」

學生：「這我知道，亥水生卯木剋丑土。」

文堡老師：「OK！龍頭是哪個五行呢？」

學生：「亥水！」

文堡老師：「很好，現在將亥水當1分起算，卯木得亥水之助為2分，但卯木必須去打兩個丑土，請問丑土為幾分？」

學生：「2減去2，等於0，對嗎？」

文堡老師：「沒錯！但這只是針對丑土的力量來看，在本命中，你不能只看相剋之後的結果，必須算出每個五行最原始的DNA。」

學生：「老師的意思是，知道丑土的分數，也要瞭解亥水及卯木的力量，對嗎？」

文堡老師：「是的！我們運用邏輯思考，你覺得卯木幾分呢？」

學生：「2 分的卯木剋 2 分的丑土，應該是 0 分。」

文堡老師：「正解！那亥水呢？」

學生：「我想一下……它是龍頭，所以是 1 分。」

文堡老師：「嗯嗯！1 分可是錯誤的答案哦！這也是很多人容易犯錯之處。」

學生：「這裡我就有點迷糊了，還請老師開釋……」

文堡老師：「你可以用兩種方式來思考。第一種直接將每個五行分開來計算，一個丑土剋一個亥水，另一個卯木剋丑土，所以五行的力量均為零。」

學生：「這個我懂，全部自相殘殺後皆為 0 分，那第二種呢？」

文堡老師：「你瞧！卯木不是為亥水所生嗎？假如用一個卯木去打兩個丑土，鐵定是打不倒丑土的，卯木為了要 KO 丑土，是不是一定要借助亥水的力量呢？」

學生：「經老師這麼解說，我大致上懂了！因為卯木 1 分根本無力打倒 2 分的丑土，所以不夠扣的 1 分就必須從亥水取之，這樣正確嗎？」

文堡老師：「答對！這就是相剋的邏輯，必須分別算出每個五行

的原始力量。」

學生：「原來如此！這樣我就通了，不能單單計算最後被剋的五行，而是必須計算每個五行的力量分數，謝謝老師！」

文堡老師：「不客氣！再多做一點練習，下一節我們要進入陰陽混合、更複雜的計算課程。」

學生：「好期待啊！這樣一來，我就可以搞懂什麼是真正的五行生剋了……」

本節心法

(1) 先找出本命的龍頭
(2) 再排出五行的流通
(3) 將陽當成兩分計算
(4) 將陰當成一分計算
(5) 相生直接累加算出力量
(6) 相剋須將五行拆開計算

《文堡老師的叮嚀》日主若有保護神在，不論全陽或全陰，皆不會造成壓力受傷，即使受剋了又如何？這樣的八字反而有提升的空間呢！因為「用神」可謂多到不勝枚舉，還記得嗎？比起剋，我更害怕合。

八字充電坊 8：《你不該批名人八字的兩個理由》

很多人學習八字，皆喜歡研究古今中外的名人八字，剛學八字的我也不例外。現在我要斬釘截鐵的說，若欲考驗你的八字功力，只須丟出一個陌生的八字，即可測出你的批命實力。

網友：「文堡老師打擾了！看了您出版的書後，我找了幾個明星的八字來練習，其中有已故巨星梅艷芳的八字，看到她的離世日期是 2003 年 12 月 30 日，我自己分析總結的話，日主出干了，卻還有殘存的甲木貴人幫扶，照理說應該不會離世，是否我解讀錯誤了呢？可否請您指點迷津？」

文堡老師：「假如已經看過我的書，你可以發現我是不批名人八字的，第一個理由是當事人的時辰，出生時間到底是對還是錯，我們其實無從得知，只有本人最清楚，你覺得網路上流傳的八字可信度有多少？」

網友：「感謝老師的指點，我就覺得好像怪怪的，論斷出來跟在書上做練習題的時候完全不同。」

文堡老師：「當然不同！第二個理由是，你批的這個邏輯，基本上也是有待商榷，因為我們在看一個人的過世時間，生病往生與意外去世的看法可謂截然不同，況且你還批到流日、流時呢！如果想讓自己的批命功力更進步，根本不需要批名人的八字，而是要找你身旁的親友，或者未曾謀面的陌生人，學習八字才會更活絡。」

網友：「感謝老師指出了我的錯誤方向，不然我繼續研究下去就玩完了。因疫情失業有段時間，等我找到新工作，我就來參加您的八字課程，等我哦！老師也加油！天天寫文章這個毅力實在令人佩服。」

文堡老師：「不客氣，也祝你學習愉快，找到穩定的工作。」

若要我說，就算今世有緣與這些名人閒話家常，我也不會「信手拈來」，主動去批他們的八字，更不會白目到去問他們的出生時間，因為我覺得人都必須保有自己的隱私，這也是一種相互尊重，沒事千萬別展現神算！

以下的五種人敬而遠之，這是我算命的鐵則。

(一) 不相信命運的鐵齒者

(二) 希望樣樣準的宿命者

(三) 超過八十歲的年長者

(四) 想不勞而獲的貪心者

(五) 認為算命是魔鬼行為的信徒者

《文堡老師的叮嚀》不知道要再叮嚀什麼，謹記不要再批名人八字，你的功力不會進步。

2-3 一陽兩陰計算

計算五行力量時，僅有天干能列舉一陽二陰來探討，地支因為有四個字，絕對不能只假設為一陽兩陰，學術必須力求精確，絕對不能草率馬虎。

一陽二陰通常只能用來計算天干的五行力量，日主必須跳過不計。

2-3-1 天干順生計算

例1：

時	日主	月	年
癸	丙	乙	甲

癸水生甲乙木。癸水為龍頭 1 分，甲乙木共為 4 分。

例2：

時	日主	月	年
癸	丙	丁	甲

癸水生甲木，甲木生丁火。癸水為龍頭 1 分，甲木為 3 分，丁火為 4 分。

例3：

時	日主	月	年
癸	丙	辛	甲

辛金生癸水，癸水生甲木。辛金為龍頭 1 分，癸水為 2 分，甲木為 4 分。

例 4：

時	日主	月	年
癸	丙	癸	甲

兩個癸水生甲木。癸水為龍頭共 2 分，甲木為 4 分。

例 5：

時	日主	月	年
癸	丙	乙	丙

癸水生乙木，乙木生丙火。癸水為龍頭 1 分，乙木為 2 分，丙火為 4 分。

例 6：

時	日主	月	年
癸	丙	辛	戊

此題須留意橋的觀念，千萬別批成戊土剋癸水，或者戊癸合，這些都是錯誤的思維。正確的五行流通為戊生辛金，辛金生癸水，戊土

監視著癸水，癸水只能得到辛金的 1 分力量，但得不到戊土生給辛金的額外 2 分力量。故戊土為龍頭 2 分，辛金為 3 分，癸水為 2 分。

例 7：

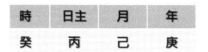

己土生庚金，庚金生癸水。己土為龍頭 1 分，庚金為 3 分，癸水為 4 分。

例 8：

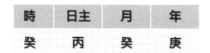

庚辛金生癸水，庚辛金為龍頭共有 3 分，癸水為 4 分。

例 9：

時	日主	月	年
癸	丙	癸	庚

庚金生兩癸水，庚金為龍頭 2 分，癸水共有 4 分。

例 10：

時	日主	月	年
癸	丙	乙	壬

壬癸水生乙木，壬癸水為龍頭共有 3 分，乙木為 4 分。

例 11：

時	日主	月	年
癸	丙	辛	壬

辛金生壬癸水，辛金為龍頭 1 分，壬癸水共有 4 分。

例 12：

時	日主	月	年
癸	丙	癸	壬

天干全部皆為水，共總分為 4 分。注意！這雖然是一個日主受剋的八字，但不可減去剋日主丙火的 2 分，計算天干合生剋的力量，本命日主必須跳過不計分。

2-3-2 天干相剋計算

例 1：

時	日主	月	年
癸	丙	丁	丙

一個癸水欲打丙丁火，以寡敵眾顯得有點自不量力，癸水 1 分剋 3 分火，鐵定無法招架，故癸水為 -2 分，火的總和為 2 分。

例 2：

時	日主	月	年
癸	丙	己	丙

五行流通為丙火生己土，己土剋癸水，丙火為龍頭 2 分，己土被丙火所生變為 3 分，但須減去剋癸水的 1 分力量，故最終己土為 2 分，癸水為 -2 分。

例 3：

時	日主	月	年
癸	丙	癸	丙

兩個癸水打一個丙火，意即 2 分癸水總和剋 2 分丙火，呈現兩敗俱傷，故力量皆為 0 分。

例 4：

時	日主	月	年
癸	丙	乙	戊

在《寧與高手爭高下，不與傻瓜論短長》這本書中，有兩段話打開了我的任督二脈……

「你可以什麼都聽，但不要什麼都信；你可以隨心所欲，但不要隨波逐流。」

「你的內心再強大一點，就不會聽風是雨；知道的事再多一點，就不會人云亦云。切記切記！腦子是日用品，別把它當成裝飾品。」

以上這個天干組合，你的思維邏輯為何呢？

看過「五行派」批命技法的讀者，一定會對我以下提出的邏輯打槍……

許多人會將這個天干直接批成戊土剋癸水，沒錯！但此邏輯只針對癸水的力量來討論。我曾說過，本命裡的每一個五行 DNA，都必須鉅細靡遺算出原始的力量，不能只單看五行流通最終的結果。是故，我們必須將每個五行分開來計算。

首先看癸水，戊土打癸水之前，乙木已先傷了戊土 1 分力量，剩下 1 分的戊土再去剋癸水，故癸水為 0 分。

再看乙木，要算出乙木的分數，必須搞懂戊土與癸水之間的作用，你說會戊癸合嗎？當然不能！中間隔了一個乙木試問要如何合？你必須先用 2 分戊土減去 1 分癸水，剩下 1 分的戊土再去跟乙木打架，那麼乙木剩下幾分呢？當然就是 0 分囉！

最後看戊土，癸水生乙木共 2 分，然後剋了 2 分戊土，所以戊土也是 0 分。

行筆至此，不知你有否發現，天干的三個五行在本命都是 0 分，大家皆是「平起平坐」，沒有哪一個五行最強，也沒有癸水必定被戊

土修理這件事。你得記住,本命的 DNA,不過是莊家發給你的一張先天「底牌」,你只能將這些「底牌」套入十神中,用以解釋命主外表給人第一印象的「性格觸覺」,但絕不能動輒宿命鐵口直斷,說三道四此人命中註定。要知道,大運流年足以讓一個人徹底改頭換面。

正解:「五行的力量皆為 0 分,沒有誰強誰弱。」

例 5:

時	日主	月	年
癸	丙	丁	戊

這也是一個五行互剋的八字,跟案例 4 的邏輯思維如出一轍,必須將每個五行拆開個別計算,怎麼算呢?請你先自行練習一次,再看以下的解說哦!

癸水 (-2)

丁火生戊土,戊土剋癸水,計算癸水的力量為 1-(2+1)=-2。

丁火 (1)

欲計算丁火的力量,須優先得知戊土與癸水的作用,戊土剋癸水後,戊土還有 1 分對吧!你會問丁火不是會洩戊土,要不要減去 1 分呢?當然不用!在本命裡只有生,洩的觀念並不存在,故丁火仍是龍頭 1 分不變。

戊土 (2)

與丁火相同，欲計算戊土的力量，必須得知丁火與癸水的作用，癸水剋丁火，兩者自相殘殺皆為 0 分，留下戊土 2 分。我們也可以這樣計算，丁火 1 分加上戊土 2 分，然後再減去剋癸水的 1 分，最後戊土仍然是 2 分不變。

例 6：

時	日主	月	年
癸	丙	己	戊

這個天干簡直是輕而易舉，只要不將戊癸當合即可，2 分戊土加上 1 分己土，剋掉 1 分癸水，得到土的總分為 2 分，癸水為 -2 分。

例 7：

時	日主	月	年
癸	丙	丁	庚

五行流通為庚金生癸水，癸水剋丁火。龍頭庚金為 2 分，癸水得到庚金之助為 3 分，再減去剋丁火的 1 分，最終得癸水 2 分，丁火為 -2 分。

例 8：

時	日主	月	年
癸	丙	己	壬

一個己土欲打壬癸水，1分土打3分水，可謂自取滅亡，故土為-2分，水為2分，夠簡單了吧！

2-3-3 天干合的計算

例1：

時	日主	月	年
癸	丙	辛	丙

本命丙辛合，癸水無法拆合，丙火不可能受傷，辛金也不會洩癸水，請記得本命不談洩，故丙火1分，辛金0.5分，癸水1分。

例2：

時	日主	月	年
癸	丙	己	甲

本命甲己合，被合住的己土剋不到癸水，然而甲木因為有癸水的「印橋」，可以將力量加進來，所以癸水為1分，甲木為2分(甲木被合的1分加上癸水生助的1分)，己土為0.5分。

例3：

時	日主	月	年
癸	丙	癸	戊

本命戊癸合，記住！年干戊土只能合月干的癸水，時干的癸水要視為多出，故戊土的力量為 1 分，至於癸水呢？答案是 1.5 分，為什麼不是 0.5 分呢？因為對月干的癸水來說，時干的癸水就是它的「比劫橋」，別忘了要將這 1 分加進去哦！

例 4：

時	日主	月	年
癸	丙	乙	庚

本命乙庚合，庚金不會洩癸水而減分，對乙木來說，時干的癸水就是它的「印橋」，所以癸水為 1 分，乙木為 1.5 分，庚金為 1 分。

例 5：

時	日主	月	年
癸	丙	丁	壬

本命丁壬合，癸水無法剋死被壬水合住的丁火，但對壬水而言，癸水可是它的「比劫橋」，欲計算水的總分，必須將癸水的力量加進來，故水的總力量為 2 分 (1 分壬水加上 1 分癸水)，丁火為 0.5 分。

另外提醒讀者，丁火雖然不會受傷，但因水的力量已過旺，在論斷命主的先天性格時，必須批成水旺火弱，也就是官殺強比劫弱，意謂給人的第一印象較為保守、交友不多、行事獨來獨往，這是你們再熟悉不過的「日主受剋」，然而實際情況真的是如此嗎？NO！你還得搭配地支的實象來看，命主的性格才能真正「表露無遺」，別忘了！

天干為虛，地支為實。

2-3-4　一陽二陰牛刀小試

想學好八字，先學會思考！請觀察下面的天干八字，你覺得戊土日主有受傷嗎？

時	日主	月	年
乙	戊	甲	己

文堡老師解說

通常在計算本命五行的力量，日主必須跳過不看，然而什麼情況之下才會去看呢？

答案是日主受傷的時候，或許你會一臉狐疑，乙木不是剋不動戊土嗎？這個八字應該沒有日主受剋才對。

真的是這樣嗎？其實你仔細去思考，我曾說過合不等於消失，你得瞭解乙木可將甲木帶出來一同計算，但乙木剋不死己土，乙木的力量加上甲木總共有 2 分，這 2 分足以讓日主戊土受傷，故此題為 YES ！

接下來你可能會吐槽文堡老師：「老師！依照您的邏輯，己土不也可將戊土帶出來嗎？這樣日主不就得以脫困了？」

我的回答：「一個被關在牢籠裡的人，怎麼還有本事與人打架，

況且日主是一個被動又自私的懶人，泥菩薩過江早就自身難保！」

如何？是不是覺得很有趣？本命日主受剋不過是個名詞而不是動詞，這樣的人性格通常內向靦腆、正襟危坐，然而自律性強是他們天性的特質，千萬不要再被日主受剋嚇死了！

本節心法

(1) 先找出本命的龍頭

(2) 再排出五行的流通

(3) 將陽當成兩分計算

(4) 將陰當成一分計算

(5) 最後累加算出總分

《文堡老師的叮嚀》切記！陽為主導時，陰若出現通關橋，則另一個陰五行即能相安無事。

八字充電坊 9：《吃對了，你才能走運》

話說 20 年前，我曾批過一個車貸業務，客戶來到我的店前，他去過陳怡魁博士的服務處，算完八字，陳老師立刻教他如何用食物改運，結果他照做後效果非常好，大讚老師的功力超強，那時候的我仍是菜鳥，對客戶提到用食物改運這件事，當下感到嘖嘖稱奇。

你相信吃對食物能改變命運嗎？

沒錯！陳老師運用八字找出命主當下的用神，根據五行能量建議客戶如何飲食，用食物幫助客戶改變運勢。

　　關於這一點，個人倒是十分認同，因為吃什麼像什麼真的不含糊，長期吃油炸或垃圾食物的人，臉上呈現的氣色通常較為暗沉，皮膚易長痘長瘡、性格衝動脾氣差，相較之下比一般人來得多。假如有機會的話，你可以觀察醫生與病人的面相，即可證明所言不虛。

　　談到氣色，不得先來談一下氣場，除了吃進去的食物會影響氣色之外，心理素質的情緒反應，亦會影響一個人的氣場能量。以下這則文章，源自FB社團的一位好友，我稍作了修改並加入了一點心得，請讀者參考之。

　　我們每個人身上都有自己獨特的氣場，這就是所謂的能量場。我所認識的靈媒曾跟我說，他們能看見人散發而出的顏色，比如有些人看起來是藍色光，有些人是彩色光，但有些人卻是沒有顏色，甚至是暗淡無光，所謂的好氣場，指的是人的面相是否呈現光澤亮麗。

　　所以，不管你有多著急、多煩惱、多暴躁，都要維持好自己的氣場，絕不能輕易墮入負面情緒，保持內心的平和與寧靜，得益的將會是自己。

　　人的一生運勢，本來就有高低起伏，如果走到壞運，不見得會是壞事。記住這句話，**當你的人生走到谷底了，再怎麼走都會是往上**，更何況運勢仍要結合大環境來看。反觀，人也會有身處好運的流年，

運勢來的時候，想擋都擋不住，你吹的牛都能實現。

　　人生所有的挫折，無論對自己或生活，都是一種無聲的考驗與歷練。**一件事到底是好事還是壞事，和這件事本身無關**，而是跟你對這件事的看法有關，若能經常以正面的角度來看待一件壞事，你的靈性會不斷滋長，情緒也會沉穩更多，喜悅之心自然能呈現於面相，為你帶來更多的福運。

　　接下來，我想與讀者分享，如何應用食物五行保護靈魂之窗，我曾經寫過一篇〈眼科生意只會越來越好〉的部落格。隨著科技日新月異，現代人手機不離身，也為小孩視力惡化問題感到憂心忡忡，電腦、手機長時間使用，因眼壓易升高造成眼睛的疲勞。我們知道眼睛在五行屬火，以中醫來講可以屬木，在醫學方面以綠色來保護眼睛，所以眼科醫生一般會建議多看綠色植物，營養專家會建議多攝取綠色食物，包括番薯葉、菠菜、綠色花椰菜、葉黃素等等來護眼。

　　眼科醫生的建議，在八字中是否真的有道理呢？假如以身體器官來分類，眼睛的五行應屬火，綠色植物屬木，這樣一來就是木生火，這是以木來補火，我覺得是相當不錯的取運方法，不過這是針對八字需要木的人，才能有顯著的效果。假如八字需要木的人不妨一試，說不定有意想不到的效果哦！

　　我們從八字的角度分析，並不是所有人都可用同一種方式，對於不喜木火其他五行的人，這種方式可能無效或者效果不理想，有護眼意願的朋友，可透過網路搜索一下其他護眼的方式，例如多吃深海魚

或魚肝油的方式，對八字需要水的人效果較佳。

另外，缺乏維生素 A 的人，平常可透過喝牛奶改善眼睛疲勞，也適用在八字需要金的人飲用，假如選擇把牛奶放冰箱冷藏再飲用，這樣的話更能補金，因為冰在五行裡也是屬金。

媒體曾報導我們食用的紫色番薯，它富含花青素，可以增加眼睛感光物質的生成，改善高度用眼者引起的眼睛疲勞，這其實就是土的食物，用神需要土的人不妨一試。

市面上，有很多關於眼睛保養的方式和對應的食物，有興趣的朋友可花點時間上網查詢，可以找到與自己相對應的五行食物，說不定對你有「改運」之效呢！無論食用何種食物，最重要的是多接近大自然，少接觸 3C 產品，減少視力惡化的機會。

記住這句話：「吃進去的食物，決定了你的面相和氣色。」

《文堡老師的叮嚀》睡前不看手機，避免藍光刺激，造成失眠困擾。

2-4 兩陽一陰計算

本單元繼續來探討兩陽一陰的力量計算，這部分對新手簡直易如反掌，只要勤於演練，即可駕輕就熟。

兩陽一陰的流通，只能用來計算天干的排列組合，地支須具備完

整的四個五行才能論斷流通，天干日主一樣是跳過不計。

2-4-1 天干順生計算

例1：

時	日主	月	年
癸	己	甲	庚

如果你的八字有陽財星和陽食傷，當大運流年碰上陽或陰的比劫，也會有很好的助力。若你的八字是陽財和陰食傷的組合，會出現什麼樣的情況？比如我是辛金日主，本命有癸水和甲木，當流年遇上陽庚金，你一定會想說庚金來剋死我的甲木，然後破大財，接著開始感到不安，真的是這樣嗎？

事實上並非如此，沒錯！陽金要破陽木，陰水是救不了，甲木不能全身而退，財星總是要被剋。但是別忘了庚金也能生癸水，況且癸水也是甲木的源頭，換句話說它是可以生甲木的。即使在庚→癸→甲這個關係上，甲木看似有受損，但可別忘了，同個時間庚金也讓整體運勢提升了。

甲木雖然受傷，但整體來說還有癸水來救，假如癸水被收買，才能真正論斷為破財。這種情況就好比你買賣股票，每次交易要付一點手續費，財是必定破沒錯，但小財不出，大財又怎能入呢？有付出才會有收穫，你說對吧！

現在，我們回到例1，此題再度考驗你對「橋」的基本概念，千萬別認為庚金必定剋死甲木，這可是錯誤的邏輯思維。正確的五行流通為庚金生癸水，癸水生甲木，但庚金仍然會關注著甲木，你必須知道甲木只能獲得癸水1分的力量，但無法得到庚金生給癸水的額外2分力量。故庚金為龍頭2分，癸水為3分，甲木為3分。

　　庚金(2分)：有癸水橋剋不死甲木。

　　甲木(3分)：只能得到癸水1分力量。

　　癸水(3分)：庚金力量可以過給癸水。

　　口訣：「庚金生癸水生甲生，庚金剋甲木，甲木被庚金監視，不可論斷受傷。」

　　你答對了嗎？千萬別亂生亂剋哦！

例2：

時	日主	月	年
庚	丁	己	壬

　　五行流通為己土生庚金，庚金生壬水剋丁火，本命日主受剋代表個性任勞任怨，己土為龍頭1分，庚金為3分，壬水為龍尾5分。請注意！壬水剋日主丁火，壬水並不會減分，乃因日主不參與力量之生洩。

例3：

時	日主	月	年
丙	丁	戊	辛

五行流通為丙火生戊土，戊土生辛金，你會問丙火打得到辛金嗎？當然不行！辛金有戊土當保鑣，辛金的力量只會更強大。是故，丙火為龍頭2分，戊土4分，辛金5分。

例4：

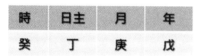

時	日主	月	年
癸	丁	庚	戊

　　五行流通為戊土生庚金，庚金生癸水，千萬別將戊癸合起來了！戊土為龍頭2分，庚金為4分，癸水為5分。

例5：

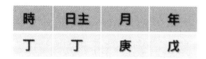

時	日主	月	年
癸	丁	甲	丙

　　五行流通為癸水生甲木，甲木生丙火，癸水為龍頭1分，甲木為3分，丙火為5分。

例6：

時	日主	月	年
丁	丁	庚	戊

　　五行流通為丁火生戊土，戊土生庚金，丁火為龍頭1分，庚金為3分，戊土為5分。

例 7：

時	日主	月	年
丙	丙	己	庚

與例 1 同理，丙火生己土，己土生庚金，丙火關注庚金，丙火為龍頭 2 分，己土 3 分，庚金只能得到己土的 1 分力量，故為 3 分。

丙火 (2 分)：有己土橋剋不死庚金。

己土 (3 分)：丙火可以過給己土力量。

庚金 (3 分)：只能得到己土 1 分力量。

口訣：「丙火生己土生庚金，丙火剋庚金，庚金被丙火監視，不可論斷受剋。」

例 8：

時	日主	月	年
壬	丙	辛	庚

庚辛金生壬水，庚辛金為龍頭共有 3 分，壬水為 5 分。

例 9：

時	日主	月	年
壬	丙	辛	甲

五行流通為辛金生壬水，壬水生甲木，辛金為龍頭 1 分，壬水為

3分，甲木為5分。

例10：

時	日主	月	年
乙	丙	壬	壬

兩個壬水生一個乙木，乙木氣勢凌人，龍頭為壬水4分，乙木共有5分。

例11：

時	日主	月	年
丁	丙	甲	壬

五行流通為壬水生甲木，甲木生丁火，注意丁壬隔柱不能合，丁火因有甲木保護神在，壬水殺不死丁火。故壬水為龍頭2分，甲木為4分，丁火有5分。

例12：

時	日主	月	年
丁	丙	丙	丙

天干全部皆為火，丙火4分加上丁火1分，總分為5分，此題相當輕而易舉。

2-4-2 天干相剋計算

例1：

時	日主	月	年
甲	丙	辛	甲

一個辛金欲打倒兩個甲木，可謂自不量力，1分減去4分，辛金為-3分，甲木為3分。

例2：

時	日主	月	年
壬	丙	丙	丁

一個壬水欲打丙丁火，代表以寡敵眾，壬水2分剋3分火，壬水註定為弱，故壬水為-1分，火的總和為1分。

例3：

時	日主	月	年
壬	丙	己	丙

此例為相剋的八字，必須算出五行個別的力量。

壬水(-1)
丙火生己土，己土剋壬水，計算壬水的力量為2-(2+1)=-1。
己土(1)

欲計算己土的力量,必須先得知丙火與壬水之間的作用,壬水剋丙火後,兩者的力量皆為 0 分,對己土來說根本沒有影響對吧!你也可以直接計算,1 分己土得到 2 分丙火,再減去 2 分的壬水,己土仍然是 1 分持平。

丙火 (1 分)

欲計算丙火的力量,必先得知己土與壬水之間的作用,己土剋壬水,壬水還餘 1 分之力,然後再去剋 2 分丙火,故丙火剩下 1 分。我們也可以換個角度思考,己土剋壬水不夠扣的 1 分,勢必得從丙火的身上索取,此邏輯是否讓你茅塞頓開了呢?

例 4:

時	日主	月	年
癸	丙	庚	丙

此例亦為相剋的八字,必須算出五行個別的力量。

癸水 (1 分)

丙火剋庚金皆為 0 分,癸水沒事仍是一分;或者用庚金生癸水剋丙火,得出癸水的力量依然不變。

庚金 (1 分)

欲計算庚金的力量,須先得知丙火與癸水之間的作用,癸水剋丙火,丙火還有 1 分的力量,再和 2 分的庚金作用,最後庚金仍有 1 分。

丙火 (-1 分)

欲計算丙火的力量，必先得知庚金與癸水的關係，因為庚金能生癸水，所以 2 分庚金加上 1 分癸水，減去 2 分丙火，得到丙火為 -1 分。

例 5：

時	日主	月	年
甲	丙	乙	戊

此題十分簡單，2 分甲木加上 1 分乙木，剋死 2 分戊土，故木的力量為 1 分，土的力量為 -1 分，注意丙火日主須跳過，不可當成通關之橋。

例 6：

時	日主	月	年
癸	丙	丙	戊

戊癸能合嗎？中間隔了月干丙火遙隔不合，五行流通為丙火生戊土，戊土剋癸水，丙火為龍頭 2 分不變，戊土得到丙火兩分之助再剋一分癸水，故戊土為 3 分，癸水重剋為 -3 分，比肩生食神剋正官，外表性格好強有膽識，乃因受到比肩的「啟發」。換句話說，有膽量是因為有朋友當他的「靠山」。

例 7：

時	日主	月	年
癸	丙	甲	戊

此例亦為相剋的八字，必須算出五行個別的力量。

癸水 (1 分)

甲木剋戊土，癸水沒事仍為 1 分；或者用癸水生甲木剋戊土，得出癸水的力量依然不變。

甲木 (1 分)

欲計算甲木的力量，須先得知戊土與癸水之間的作用，戊土剋癸水，戊土仍有 1 分力量，再和 2 分的甲木作用，最後甲木仍有 1 分。

戊土 (-1 分)

欲計算戊土的力量，必先得知癸水與甲木的關係，因為癸水可生甲木，所以 1 分癸水加上 2 分甲木，減去 2 分戊土，得到戊土為 -1 分。

例 8：

時	日主	月	年
癸	丙	壬	戊

此題也是輕而易舉，2 分戊土「自不力量」去打 3 分壬癸水，得到土為 -1 分，水為 1 分，官殺強過於食神，此人外表乖巧、行事守規矩，但思路易陷入循環不知變通。

例 9：

時	日主	月	年
辛	丙	壬	丙

此例為相剋的八字，必須算出五行個別的力量。

辛金 (1 分)

壬水剋丙火，辛金仍為 1 分沒事；或者用辛金生壬水剋丙火，得到辛金的力量依然不變。

壬水 (1 分)

欲計算壬水的力量，須先得知丙火與辛金的作用，丙火剋辛金，丙火仍有 1 分之力，再跟 2 分的壬水作用，最後壬水仍有 1 分。

丙火 (-1 分)

欲計算丙火的力量，必先得知辛金與壬水的關係，因辛金可生壬水，故 1 分辛金加上 2 分壬水，減去 2 分丙火，得到丙火為 -1 分。

例 10：

時	日主	月	年
癸	丙	壬	壬

此題簡直是易如反掌，直接計算所有水的總分即可，本命的水共有 5 分，我們知道日主必定重剋對吧！但會減少水的力量嗎？答案是不會！我曾說過，日主受剋只是名詞而非動詞，我們只能說有這種組合的人，比較保守聽話、務實守紀律，但性格較為膽小。

2-4-3 天干合的計算

例1:

時	日主	月	年
癸	丙	戊	丙

本命戊癸合,癸水為 0.5 分,戊土為 1 分對嗎?錯!別忘了丙火的 2 分可以過給戊土,千萬別將合當成消失不看。

另外,子平八字的看法會將戊癸合拆開,意即戊土有了丙火當靠山,就沒必要再入贅癸水,所以會批成戊土壓制癸水。但依五行八字的學理,本命的合則是自成一格,若欲拆合只能從動態打開,故戊土的力量有 3 分,我們可以說此命先天給人的感覺,不喜歡受他人約束,且容易受到朋友言行的影響。換句話說,膽識、智慧、能力皆源自於朋友的啟發。

例2:

時	日主	月	年
壬	丙	己	甲

本命甲己合,甲木與己土的力量各要減半,另外被合住的己土不能剋壬水,但壬水的力量卻可生給甲木,故壬水為 2 分,甲木為 3 分,己土為 0.5 分。這個八字很多人會論斷丙火受剋,其實本命的日主受剋,通常只用來論斷性格,不代表命主一生會多災多難哦!

例 3：

時	日主	月	年
戊	丙	癸	戊

　本命兩戊合一癸，此現象稱為「爭合」，代表癸水三心兩意，但
實際上只會出現一組合，也就是年和月優先合，若欲計分的話，戊土
總共為 3 分，癸水為 0.5 分。注意！時干的戊土可帶出年干的戊土，
其力量須一併計算。

　例 4：

時	日主	月	年
壬	丙	乙	庚

　本命乙庚合，壬水為 2 分，庚金為 1 分，乙木為 0.5 分。看上去
似乎是正確答案，事實上乙木的部分是錯誤的，為什麼？對乙木來說，
壬水可是它的「印橋」，所以必須將壬水的 2 分力量，加到乙木身上
才是正確的邏輯，故乙木在本命有 2.5 分哦！

　例 5：

時	日主	月	年
丙	丙	丁	壬

　本命丁壬合，壬水為 1 分，丁火為 0.5 分，丙火為 2 分，請注意

壬水剋不到丙火，計算火的力量必須將丙和丁一起計算。換句話說，丙火是丁火的「比劫橋」，所以火的總力量為 2.5 分，在這個八字中，我們可以得知火的力量大於水，意即比劫強官弱，這樣的人外表重朋友勝於守規矩，也喜歡一起與人合作共事的感覺。

本節心法

(1) 天干兩陽一陰：陽與陽優先作用。

(2) 陰五行可當兩陽之間衝突的橋樑。

(3) 被監視的五行無法得到陽的力量。

(4) 被合的五行可得到印橋及比劫橋。

(5) 本命五行只有相生沒有洩的邏輯。

《文堡老師的叮嚀》行筆至此，相信這些簡單的五行生剋，對那些學了十年、八年的老鳥，或許會感到有一點無聊，沒錯！但對初學者來說，這些都是五行八字重要的心法，坊間的書上你絕對找不到，唯有將生剋合洩及力量計算搞懂，才能真正打通「傳統五行八字」的任督二脈。

八字充電坊 10：《算命，最忌談這件事》

人一生的命運，會隨著時間、空間、性格而變，即使同個時間出生，因為環境背景與起跑點不同，造就了截然不同的命，別以為不好的八字，一輩子便無法翻身了，如果真是如此，那麼相同八字

不同命的人，又該如何解釋？

　　幾個月前，我在 Message 收到一個網友的留言。

　　網友：「老師您好，我是透過一個老師介紹而來。」

　　文堡老師：「你好，有什麼能為你服務的嗎？」

　　網友：「有沒有跟某個大師一樣算法，能夠精準預測未來呢？比如我想知道我的正緣，與短暫交往的異性緣，在何年何月一定會出現？」

　　文堡老師：「用八字的話可以看得到，如果是想批算可能會發生的事，用易經卜卦會比八字來得更精準。」

　　網友：「精準到跟某位大師一模一樣嗎？說自己何時歸西，時間到就回去了？」

　　文堡老師：「基本上八字不是宿命論，我不會去幫客戶算會活到幾歲這種讓人產生陰影的事。任何學術都不可能百分百，如果你要的是神算，請另尋名師。」

　　我曾經說過，算命是釐清當下，而非執意當神算，斷一個人能活到幾歲，這不是在幫客戶解決問題，在我看來除了是「恐嚇」，其他什麼都不是。

　　再問你一次：「你認為相同八字會有相同的命運？」

　　如果有兩個相同八字的人，一個是富二代，另一個是庶民百姓，

他們會有同樣的命運嗎？假如不可能，為什麼你仍不願努力給自己機會？總是找藉口放棄，順便唉聲嘆氣？

有一天，你找了大師算命，他告訴你這一生何其不幸，然後一聽是爛命就垂頭喪志。說句難聽話，如果連自己都放棄，上帝也不願意幫你。選擇放棄或改變命運，一切端看個人的意願，因為八字並不宿命，如何發揮優點改變缺點，有朝一日必能時來運轉。

八字沒有好壞之分，要知道相同八字的人很多，千萬勿認為自己八字很差，與你同八字的人也一樣糟糕，八字沒有那麼神通廣大，假如這樣的話，應該都要發生相同的命運不是嗎？

事實上你找不到兩個一模一樣的人、事、物，雙胞胎不就是同一個八字，但為何命運卻是截然不同？該如何透過身處的環境改變命運？同樣的八字組合有非常多的解釋，我們要瞭解八字的優勢跟劣勢，然後往優勢去發揮、發展，讓自己有出頭之日，再從五行去取用神，配合十神規範自己的行為，同樣的八字組合，就會有不同的發展。

比如食傷是你的優勢，但卻跑去從官，那麼一碰到官的時刻，官運、事業、工作就會不好。但與你相同八字的人，剛好順應了八字優勢，非但不會帶來工作煩惱，賺錢可能還比你輕鬆，同樣的八字也會有不一樣的結局。

有一首國外小詩〈每個人都有自己的時區〉，讓我瞬間醍醐灌頂，瞭解過強的印星為何需要食傷來控制……

紐約時間比加州時間早了三小時，

但加州時間並沒有慢，

有人 22 歲就畢了業，但等了 5 年才找到好的工作。

有人 25 歲當就上了 CEO，卻在 50 歲去世。

也有人 50 歲才當上 CEO，然後活到 90 歲。

歐巴馬 55 歲就退休，川普 70 歲才當上總統。

世上每個人都有自己的時區，

身邊有些人看似走在你前面，

也有些人看似走在你後面，

但每個人在時區裡都有自己的步程，

不用嫉妒或嘲笑他們，

他們都在自己的時區裡，你何嘗不是！

生命就是在等待正確的行動時機。

所以，放輕鬆，你並沒有落後，也沒有領先。

在命運為你安排屬於自己的時區裡，一切都會很準時。

　　當我讀完這首詩，思緒立馬茅塞頓開！我們也許不應該用現在來衡量未來，而是用現在來改變未來。很多人都說，你現在的處境取決於你十年前在做什麼，那我的未來就應該取決於現在做什麼。

　　焦慮和恐慌無法改變命運，只會不斷增添煩惱和恐懼，行動才是消除恐懼的最佳方法。換句話說，焦慮讓我們感到恐慌，這是「印剋食傷」的表現。然而我始終相信，只要在生活中認真對待自己，全力以赴，別在乎是否成功，未來就不會辜負我們，透過「財星」對目標

的努力堅持，即可破解「食傷」的無力感，也能讓過強的「印星」得以控制胡思亂想。

學生：「如果一個八字重點論斷有五種現象，但老師說過，可能只會出現一到兩種可能，那麼自己是否可以主動選擇，傷害較小的意象去執行呢？」

文堡老師：「人無法控制過去，也無法預測未來，能控制的只有此時此刻的心念、語言和行為。過去和未來都不存在，只有當下此刻才是真實的。所以修造命運的專注點，就只有當下，除此之外別無他途。」

學生：「認同！如果人總是悼念過去，就會被內疚和後悔，牢牢套在想改變的思維中無法解脫；如果，人總是擔心將來，這種擔心就會把不想發生的事物，吸引到現實之中。」

文堡老師：「所言甚是！這即是宇宙吸引力法則，正確的心態是不管命好或運壞，只要專注並調整好當下的思想、語言和行為，運勢就會在不知不覺中往好的方向發展。」

有些人總喜歡說順其自然，但真正的順其自然是竭盡全力後的坦然面對，而不是兩手一攤的不作為。

不用羨慕別人比我們走得更快、更遠，因為每個人都走在自己的時區裡，現在開始做的事，就是餘生最早的事，做好現在的事，靜待生命中最好的時機，當下永遠都是你最年輕的一刻。

《文堡老師的叮嚀》命主的日常行為若能忍辱負重、虛心學習，也能在艱苦的過程中取得自我成就。八字無好壞之分，只有怎麼選擇、怎麼去面對，一天到晚只顧自怨自艾，你的好運只會不斷被摧殘。

2-5 兩陽兩陰計算

本單元接續探討兩陽兩陰力量的計算心法，從本節開始難度將慢慢提升，讀者請務必搞懂並熟練陰陽生剋的流通，便於計算五行力量方能得心應手。一言以蔽之：「請蹲好練功的馬步。」

兩陽兩陰的五行力量計算，只能適用於地支的排列組合，因本命的天干只包含三個五行，日主必須跳過不看，故本單元的案例皆以地支為主。

2-5-1 地支順生計算

例1：

時	日	月	年
亥	酉	戌	午

本命地支的五行流通為午火生戌土，戌土生酉金，酉金生亥水。在這個八字裡有兩個陽、兩個陰，陽跟陽會優先作用，可是你會問，

西金會被午火所傷嗎？當然不會！因為有陽的戌土在，但對亥水來說，戌土能打倒亥水嗎？

正確答案是不會受傷，即使酉金是陰五行，仍然具有通關的作用，不過要加上一個但書，即是戌土仍會監視著亥水。換句話說，亥水只能得到酉金的 1 分力量，而無法得到戌土的 2 分之力，這是橋的通關規則。

午火 (2 分)：為龍頭起點，注意本命不談洩。

戌土 (4 分)：得到午火的 2 分力量，再加上自己 2 分共 4 分。

酉金 (5 分)：得到戌土的 4 分力量，再加上自己 1 分共 5 分。

亥水 (2 分)：由於受到陽戌土關注，故只能得到酉金 1 分力量，再加上自己 1 分共 2 分。

口訣：「午火生戌土，戌土生酉金，酉金生亥水，但戌土關注亥水，不可論斷亥水受傷。」

例 2：

時	日	月	年
辰	子	卯	酉

五行流通為辰土生酉金，酉金生子水，子水生卯木，為什麼不能批成辰土剋子水呢？陽跟陽不是先作用嗎？你可別忘了還有酉金這座「小橋」，它可以通辰土與子水的衝突。然而酉金傷得了卯木嗎？當然不行！有陽子水在，酉金怎麼可能會受傷？是故，你要以順生的角

度來觀看這個地支。

　　辰土 (2分)：為本命龍頭不論洩。

　　酉金 (3分)：能得到辰土的力量。

　　子水 (3分)：只能得到酉金之力。

　　卯木 (4分)：能得到子水的力量。

牛刀小試

例3：

時	日	月	年
申	午	亥	丑

　　請讀者思考，這個地支的申金會受傷嗎？

　　答：申金有丑土橋在，故不會受傷，直接以五行順生來看。

　　午火生丑土，丑土生申金，申金生亥水，但午火仍會監視申金。

　　午火 (2分)：為本命龍頭不論洩。

　　丑土 (3分)：能得到午火的力量。

　　申金 (3分)：只能得到丑土力量。

　　亥水 (4分)：能得到申金的力量。

2-5-2 地支相剋計算

例 1：

時	日	月	年
申	午	亥	卯

這個組合與「申午亥丑」有何不同？不過是將年支丑土改成卯木而已，會有很大的差別嗎？YES！差別可大囉！

首先，我來考你一個五行流通的問題，你覺得下面哪個選項正確呢？

(A) 亥水生卯木，卯木生午火，午火剋申金。

(B) 申金生亥水，亥水生卯木，卯木生午火。

正確答案是(A)，申金必定受傷。

為什麼答案不是(B)呢？所謂的貪生忘剋，不是生到不能生才能論剋嗎？

會這樣問的人，代表你對陰陽觀念仍存在一知半解，因為「貪生忘剋」只適用在全陽或全陰的五行流通，碰到陰陽混雜的八字，必須以陽為主導，再看陰是否能當成小橋來通關。

我們發現午火欲剋申金，中間並沒有陰土的橋，所以申金會直接遭到午火的挨打，亥水為陰，理所當然救不了申金，故須以亥水當龍頭。

例2：

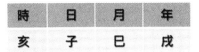

時	日	月	年
亥	子	巳	戌

此例為相剋的八字，火生土剋水，必須算出五行個別的力量。

水的力量 (0分)
巳火生戌土，戌土剋亥子水，計算水的力量為 1+2-3=0

土的力量 (0分)
欲計算土的力量，必須先得知水與火之間的作用，水火激戰後，水剩下兩分力量，仍必須再跟戌土打架，故土最後仍為零分。

火的力量 (0分)

欲計算火的力量，必先得知土與水之間的作用，土剋水後，水還有1分之力，接著再與巳火作用，故巳火為0分。你也能換位思考，戌土剋亥子，水不夠扣的1分，必須從巳火身上索取，這個邏輯相信你一定可以接受。

牛刀小試

例3：

時	日	月	年
亥	午	丑	午

請算出每個五行的力量。

答：這是一個簡單的題目，五行流通為火生土剋水，只須算出個別的力量即可。

午火 (4 分)：為本命龍頭不論洩，亦不會受到亥水的傷害。

丑土 (4 分)：得到午火 4 分，再加上自己 1 分共 5 分，但剋亥水必須減去 1 分。

亥水 (-4 分)：亥水 1 分自不量力去打兩個午火加丑土 5 分，結果受重傷為 -4 分，請讀者注意，土與水的力量永遠是正負相對。

2-5-3 地支合的計算

例 1：

時	日	月	年
申	巳	午	酉

巳申合，巳火 0.5 分、申金 1 分，午火雖剋酉金，但金的總體力量必須將申金和酉金一起相加，因酉金可將被合住的申金帶出來 (別忘了比劫橋)，計算五行力量必須以 2.5 分的火剋去 2 分的金，得到本命火為 0.5 分，金為 -0.5 分，故須論斷火強金弱。

例 2：

時	日	月	年
子	丑	酉	子

本命子丑合，酉金生子水，年支的子水，可將時支的子水一同帶出計算力量，酉金為龍頭1分，子水為4分(1+2+1)，丑土為0.5分不變。

你可能會問：「丑土可將力量過給酉金嗎？」

當然不行！被子水抱得緊緊的丑土，不能隨便「捨生取義」，將自己的力量過給其他人哦！

例3：

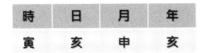

本命寅亥合，日支亥水0.5分、寅木1分，申金生年支亥水，對日支的亥水而言，它可得到月支申金及年支亥水的力量，故龍頭為申金2分，亥水為3.5分(2+1+0.5)，至於寅木的力量為何？仍舊是1分嗎？NO！別忘了寅木有年支的「亥水橋」支持，意即能獲得亥水的全部力量，3.5分加上1分，故寅木在本命有4.5分。

假若將年支亥水改成申金，如下：

時	日	月	年
寅	亥	申	申

本命寅亥合，寅木因沒有其他水橋(日支的亥水不算)，寅木在本命只能算1分，你不能批成申金生亥水，然後亥水再生寅木，這是錯誤的思維，亥水因有申金橋力量必然增加，但寅木的力量仍維持不

變，也千萬不要跟我吐槽，申金會剋死寅木令人啼笑皆非的邏輯。別忘了！你無法強制拆開一對正在「談情說愛」的戀偶，永遠也不！

本節心法

(1) 地支兩陽兩陰有相生、相剋與合。

(2) 相生八字直接計算每個五行力量。

(3) 相剋八字必須個別算出五行力量。

(4) 相合的五行留意可否得到印比橋。

(5) 若有橋可將本命的五行帶出計算。

《文堡老師的叮嚀》對印過旺或者身弱食傷強的人來說，沒見到證據打死都不會相信的。所謂的不認同，並非對五行八字學術的質疑，而是需要更多的實戰經驗，然後且戰且走。若你很用心投入練習，大約三到四個月，就能將五行力量計算徹底融會貫通。

八字充電坊 11：《財官印順生，其實很糟糕》

學習八字的路上，相信你一定和我一樣，一見到官印相生格局的排列組合，會先入為主的認為，這是一個無憂無慮、氣宇非凡的好八字，沒錯吧！古書上都是這麼寫不是嗎？於是，很多人都會依據古人的思維照本宣科。然而，經過20多年來的經歷與體悟，事實上根本不是這麼回事，這中間的誤解，其實還蠻大的。

為何我會吐槽並大膽打破傳統觀念呢？很簡單！我曾經說過，我

靠的就是長期不斷的客戶實證所累積下來的心得。23 年以來，我批過近萬個八字案例，尤其當女命出現正官生正印的人，大多會在走「食神」的大運流年出現問題，也許是婚姻，也可能是身體健康，抑或是小孩來擾亂你的精神生活，讓你當下感到焦慮、沒有安全感。

這又該如何解釋呢？

你還記得我曾在一篇文章寫道：

財星代表勤奮心

官星代表戒律心

印星代表仁慈心

勤奮＋戒律＋仁慈，先天具備這樣命格的人，容易成為社會的中流砥柱。但假設有一天，財、官、印這三顆星，其中一顆在命中有所缺失，其人的思想和行為，也將會有所改變，此時必須靠後天加倍努力補救。

為什麼我會這樣說呢？因為這種排列組合少一個都不行……

當財星一弱，官印亦隨弱之，人會為了理想失去安全感。

當官星一弱，財星會破印星，人會為了利益而違背良心。

當印星一弱，財官生不到印，人會為了打拼而忽略健康。

看到重點了嗎？你們學習八字，看的是本命先天的好八字，但我看到的卻是歲運所帶來的無情衝擊，我所以為的命好不如運好，就好比你開著一輛賓士豪車，結果走在一條崎嶇不平的山路。試問，此時的你會開得安心嗎？是否擔心你的愛車突然拋錨損壞，或者一不小心

跌落山谷深淵呢？

　　沒錯！命好不如運好的邏輯，就是先天的好八字，代表手上握著一張滿分的考卷，但你得在未來的人生旅途保持在滿分或者更高分，若不幸在某個大運流年走衰運，只要退步了五分，當事人就會感到諸事不順，為什麼？道理不難懂，八字都弱了還談什麼好運。

　　是故，當你下回看到一個官印俱全的好八字，千萬別高興得太早，人生的路上有很多事正要考驗著你呢！

　　反觀，若你拿到一張「滿江紅」的不及格爛八字，也用不著氣餒，即使開著一台破舊的老爺車，你可能會走在一條很平順的道路而披荊斬棘，為什麼？因為不及格的爛八字，才有更大的提升空間，不是嗎？出生時只有50分，在某個大運進步5分，你覺得會是好運還是爛運呢？

　　所謂「財官印」一連順生的好八字，始終藏著我們未知的魔咒，也因為世事無常的變化，讓我們憎恨許多的不完美，但我覺得這才是真實的美麗人生。

　　當人們喜愛你做的事(財星)，你便會開始產生了自信，於是，你的自律(官星)也會油然而生。是故，財生官的人，會有一種享受被持續喜歡或關注的感覺，從而產生更大的信念(印星)，然後生發成功的喜悅(財＋官＋印)。換言之，自己無需任何人來督促，即會主動積極將一件事做到極致。

　　相信此篇文章，能夠喚醒並顛覆你對「財官印」順生的認知，同時也能幫助你改變先入為主的傳統觀念。

《文堡老師的叮嚀》其實，不單是財官印一氣順生，本命裡有官生印生比劫的人，也可能是佛陀轉世為覺醒的眾生，若碰到干支表裡如一的排列組合，千萬不要傷害致良知的修道者，否則，你可能會遭受天譴！

2-6 三陽一陰計算

從本單元開始，我將教授讀者最易混淆的五行流通，全陽或全陰的八字，相信大家都能得心應手。但若碰到「三陽一陰」或者「一陽三陰」的排列組合，多數人的腦袋就會出現當機！不過請別擔心，學完這個章節你就能茅塞頓開了。

本節同樣以地支的順生、相剋、相合來探討五行的流通、還有力量的計算。你一定會問為什麼不討論天干呢？因為本命的天干只會有三個字，不適用在三陽一陰的計算邏輯，你還記得日主須跳過不看，對吧！

2-6-1 地支順生計算

例1：

時	日	月	年
申	子	辰	卯

當你碰到本命三陽一陰的八字，絕對不能用「貪生忘剋」邏輯去看待，因為陽與陽之間的關係會優先作用，換句話說你得觀察申子辰這三個五行的流通，申子辰三合水嗎？非也！五行八字不談子平八字的三合，只看彼此的生剋流通。

　　是故，辰土生申金，申金生子水，水的力量很強，但這與三合水的道理不是如出一轍嗎？沒錯！這不過是「嗆私」而已，別想太多。你瞧！巳酉丑三合金，與五行八字的金旺理念亦不謀而合，但亥卯未的三合木，在我來看可是未土重剋。

　　現在你瞭解陽的五行優先作用，況且它還是順生，此時，你一定還會問文堡老師：「老師！那卯木擺在那裡是在看心酸？它不是被申金關注了嗎？」

　　哦！關注？關你個頭啦！（抱歉！我很少說粗話）卯木有子水的保鏢在，怎麼還會被監視呢？卯木可是命局裡最「幸福」的五行，它不但能得到陽所有的力量加持，而且還「坐享其成」呢！

解析

　　辰土（2分）：為本命龍頭不論洩。

　　申金（4分）：能得到辰土的力量。

　　子水（6分）：能得到辰土和申金力量。

　　卯木（7分）：能得到辰土、申金、子水的力量，財星很旺，為人很理性、實際。

口訣：「順生的三陽一陰，陰五行為本命最強力量。」

例2：

時	日	月	年
亥	辰	寅	申

學生：「老師！請教一下，這個八字陽跟陽優先作用，辰土生申金剋寅木，寅木一定會受傷對嗎？」

文堡老師：「非也！你忘了有亥水橋通關這件事。」

學生：「對吼！申金與寅木之間有亥水橋，寅木不會受傷，但申金仍然會監視著寅木。」

文堡老師：「沒錯！別以為亥水無三小路用，也別認為寅木可得到申金過給亥水的所有力量。」

學生：「嗯嗯！這個我瞭解，寅木實際上只能獲得亥水之力。」

文堡老師：「OK！請你排出這個八字的五行流通。」

學生：「這難不倒我！辰土生申金，申金生亥水，亥水生寅木，然後申金仍監視著寅木。」

文堡老師：「太棒了！現在我們來計算本命的五行力量分數。」

學生：「辰土2分，申金4分，亥水5分，寅木3分。」

文堡老師：「完全正確，三陽一陰優先看陽的作用，但假若中間

出現陰五行的橋，則要論吉不論凶。」

學生：「我完全搞懂了，謝謝老師！」

解析

辰土(2分)：本命龍頭不論洩。

申金(4分)：得到辰土的2分。

亥水(5分)：得到辰土加申金共4分。

寅木(3分)：由於被申金關注，故只能獲得亥水的1分。

牛刀小試

例3：

時	日	月	年
申	午	寅	丑

問題：請問地支的申金會受傷嗎？

答：本命流通為寅木生午火，午火生丑土，丑土生申金，午火監視申金。申金因為有丑土橋，故不會受傷，直接以順生來計算力量即可。

寅木(2分)：為本命龍頭不論洩。

午火(4分)：得到寅木2分力量。

丑土(5分)：得到寅木加午火的4分力量。

申金(3分)：被午火監視，只能得到丑土的 1 分力量。

2-6-2 地支相剋計算

例 1：

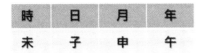

時	日	月	年
未	子	申	午

本小節開始進入相剋的排列組合，文堡老師再次考驗你「五行流通」的功力，請回答下面哪個選項正確？

(A) 未土生申金，申金生子水，子水剋午火。

(B) 午火生未土，未土生申金，申金生子水。

你的答案為哪一個呢？多數人都會選 (B)。

為什麼會選擇 (B) 呢？因為在你們的認知中，貪生忘剋才是正確的五行流通。

真的是這樣嗎？如果你的答案是肯定的，那真的很抱歉！代表你的腦袋已被坊間的視頻「洗」得太徹底了，其實洗腦並不可怕，最可怕的是，這些老師又祭出「別出心裁」的手腕讓你完全混淆。

沒錯！五行流通的確必須建立在「貪生忘剋」的基礎鏈上，但碰上三陽一陰或一陽三陰的組合，此規則就會完完全全失效。

為何此路不通呢？還記得我曾說過陽為老大、陰為小弟的邏輯思

維嗎？

三個陽大人排在一塊兒，必定會優先打架或者互助，申金生子水剋午火，午火註定會倒霉。可是你會說陰未土不看嗎？不是不看，而是未土不是子水和午火的橋，理所當然救不了奄奄一息的午火，既然無法扮演「救火」的角色，那它一定得跑去當整個生剋鏈的「龍頭」。換句話說，午火就是本命的龍尾，也是最後的犧牲者，你看！這有多慘啊！

是故，正確答案是(A)，你答對了嗎？

行筆至此，你一定又會好奇地問：「既然如此，那什麼時候火才不會受傷呢？」

簡單！將出生時從未時提前至卯時即大功告成。別忘了！卯木可是子水與午火的「小橋」呢！你……還在怕什麼？

解析

未土(1分)：為本命龍頭不論洩。

申金(3分)：得到未土1分力量。

子水(3分)：得到申金3分加上自己2分，然後扣掉剋午火2分剩下的力量。

午火(-3分)：被三個惡霸欺負到懷疑人生，直接寫出與子水相對的分數即可。

例2：

時	日	月	年
亥	子	午	辰

　這個八字相對容易多了，火生土剋水，直接計算出每個五行的力量即可。

　火 (1 分)：2 分辰土剋 3 分水，剩下的 1 分水剋午火，最終火的力量為 1 分。

　土 (1 分)：得午火的 2 分力量再剋 3 分水。

　水 (-1 分)：水的 3 分力量剋午火，剩下 1 分水被辰土剋，最後結果為 -1 分。

牛刀小試

　例 3：

時	日	月	年
辰	巳	寅	申

　請計算每個五行的力量。

　學生：「請教老師，不知是否與《科學八字輕鬆學》有所不同，以往有陽先論陽，後來只要有橋，陽可以不剋陽，只是有陰的橋也可以不受剋，只可以接受陰的 1 分，不能承接陽加陰共 3 分的力量，再麻煩請老師 Update 一下。」

　文堡老師：「沒錯！只要有橋，被監視的陰無法承接陽所給的力

量。」

學生：「以此例來說，辰巳寅申，有陽先論陽，寅木是先受剋，最後才論陰，巳火可放在龍頭，但之前用橋的通關論，巳火可當成寅木與辰土之間的橋，可論為寅生巳生辰再生申金，辰土只可接受巳火的 1 分，不能接受到寅木的 2 分。」

文堡老師：「申金與寅木中間並沒亥水橋，申金一定可以打到寅木，陰巳火即可當成龍頭來看，巳火生辰土，辰土生申金剋寅木，巳火 1 分，辰土 3 分，申金 3 分，寅木 -3 分。」

學生：「我現在有點亂，不知哪一個才是 Update 的版本。」

文堡老師：「這是最終的 Update 版本。」

學生：「瞭解！那麼辰土是龍頭，亥水做為申金與寅木的橋；同樣辰巳寅申；為什麼寅木不能當龍頭生巳火，巳火生辰火再生申金呢？」

文堡老師：「若是思考為寅木生巳火，巳火生辰土，辰土生申金，這可是錯誤的流通，三陽一陰的排列組合，須優先觀察陽與陽之間的生剋關係，不能以貪生忘剋來看待五行的流通，我在這個邏輯做了更新。」

學生：「這麼說我就明白了，但我還需要惡補一下，謝謝老師！」

解析

巳火 (1 分)：為本命龍頭不論洩，亦不會被寅木所生，因寅木早

已自身難保。

辰土(3分)：得到巳火龍頭1分，再加上自己2分共3分。

申金(3分)：得到辰土3分，再加上自己2分共5分，接著剋寅木必須扣掉2分，最後的力量為3分。

寅木(-3分)：申金與寅木的力量必為正負相對，申金是3分，那麼寅木一定是-3分。

2-6-3 地支合的計算

例1：

時	日	月	年
寅	子	寅	亥

寅亥合，子水生寅木，時支寅木可將被合住的月支寅木力量一同帶出，同樣的子水亦可將亥水帶出一起計算，故此題水的力量為2.5分(子2分＋亥0.5分)，木的力量為5.5分(水2.5＋寅3)。

例2：

時	日	月	年
辰	申	巳	申

本命有出現巳申爭合，那麼巳火應該要合哪一個申金呢？答案是年支的申金，請牢記本命爭合的規則順序：

1. 年合月

151

2. 月合日

3. 日合時

你可以將巳火比喻為一個待嫁的女人，面對兩個男人出現三心二兩意的抉擇，但最終也只能選擇嫁給其中一人，即便如此，她的內心依然存在對另一個無緣的男人不捨的眷戀。

於是，這樣的邏輯就十分清楚了！

巳火 (0.5 分)：被年支申金合住，力量須減半。

辰土 (2 分)：為本命的龍頭，生申金不可論洩。

申金 (5 分)：日支申金得到辰土 2 分，再加上自己的 2 分，同時不要忘了，巳申合的年支申金，因為有日支申金的「比劫橋」，必須將其 1 分力量帶出計算，故申金的總力量為 5 分。

你看到了嗎？如果一開始將巳申合當成消失，這個「遊戲」就玩完了！

牛刀小試

例 3：

時	日	月	年
辰	酉	午	申

請計算本命每個五行的力量。

本命辰酉合，午火剋申金？NO！別忘了申金可將酉金的 0.5 分

力量帶出，此時會形成 2 分火剋 2.5 分金，得知本命的火為 -0.5 分，金為 +0.5 分，辰土為 1 分。

然而，辰土能夠獲得午火的力量嗎？當然不行！只要是 0 分以下的五行，不能當成橋帶入合來計算。

本節心法

(1) 三陽一陰須優先觀察陽與陽間的生剋關係。

(2) 陽若出現相剋無橋，則以陰五行當作龍頭。

(3) 陽若出現相剋有橋，則陰五行可做為通關。

(4) 陽若出現一氣順生，則陰五行的力量最強。

(5) 天干出現爭合的順序必為年合月，月合時。

八字高手吐槽時間 1

讀者：「老師！請問為什麼您會升級橋的觀念？這不是古人所稱的通關嗎？這部份跟之前您教的陽剋陽、陰剋陰的觀念差很多耶！後面的問題有點不禮貌，請見諒！還有就是以前您用舊觀念，後來改用新觀念算命，到底哪個才對？您是否也覺得舊觀念對嗎？現在，我的腦中存在兩套系統，不知道該用哪一套？還是兩套都對？」

文堡老師：「舊觀念時對時錯，新觀念提升許多論命的準確度，學習這條路上本來就是去蕪存菁，如果你還是要保持在舊觀念上，你的八字功力就不會進步。既然有心購買我的書學習，請以最新這一套

系統為主。」

《文堡老師的叮嚀》學完了本單元，相信你已經搞懂三陽一陰的生剋流通與規則了。現在，請拿出自己的命盤做一次練習吧！唯有熟能生巧，才不會出現亂生亂剋，批命功力亦能更上層樓。下一章節，我們要開始探討三陰一陽，你準備好了嗎？

八字充電坊 12：《男人，小心另一半反噬你》

你知道嗎？為什麼一個男人娶進一個看似小鳥依人的女人，婚後不出幾年，妻子突然變強勢，壓著老公打？這……到底是怎麼回事？

問你一句話，你真的瞭解「比劫剋財」嗎？

本命比劫過旺關注財星的人，眼睛多半長在額頭上，看上不看下，如果配上身弱的話，可能就會失去理性亂來了，只在乎最後結果，但卻一事無成，尤其以偏財最為明顯，正財反而較有底限。

但是，你以為比劫永遠剋財嗎？NO！你得瞭解，本命出現的比劫剋財，不過是代表這個男人擁有「駕馭」另一半的能力而已，要知道，一個大運流年進來，隨時都可能出現大逆轉，什麼意思呢？

簡單！就是我曾說過的「財剋比劫」嘛！你也許會認為我在唬爛，沒錯！你們學了這多年的八字，可從來沒見過什麼是「財破比劫」，但這可是千真萬確的事。在你們所認知的八字學理，傷官見官

永遠代表著不好的一面，但我要跟你說，我們身處在一個二元對立的世界，當你看到一件壞事的時候，它必然存在著另一件好事，當你說傷官見官為禍百端，我立馬可以回答平擺事端。

記住這句話：「男人的胸懷是被委屈給撐大的。」

永遠都要以倒立的文化來看待這個世界，才能看清事物的本末和原理。

OK！我們回到本文主題，為何會出現財剋比劫呢？因為你的DNA受到大運流年的「篡改」，造成財與比劫力量出現了不平衡，於是財就可以輕易反噬比劫，假如當下的八字亦陷入了身弱之局，財星過強無制，那麼，此刻我們幾乎可以確定，這個男人在婚姻關係中，必定身處感情的危機，乃因另一半掌握了主導權，對男人百般刁難和挑剔，假若妻子的八字，當下亦出現身弱食傷破官，同時發生這種情況太過嚴重的話，可能會出現離婚的機率。

可是你會問：「男人若有比劫剋財，性格上會有大男人主義，對嗎？假如在歲運加重了比劫的力量剋財，不就更有離婚的可能性？」

文堡老師：「一個男人是否存在大男人主義，你必須觀察比劫剋財的排列位置，天干地支有時會出現表裡不一，所以這不會是絕對。另外，大運流年若強化了比劫力量，財星必定會更弱，這是事實沒錯，但不一定會離婚哦！最大的理由是，原本的DNA沒有被篡改。」

一個原本比劫剋財的男人，就讓他保持在剋財的狀態吧！即使在

歲運比劫過強讓財星受傷過重，離婚的可能性反而更低，代表這個女人可以輕易被男人「駕馭」，這與女命出現「食傷剋官」是相同的邏輯，如此的婚姻關係，反而能相安無事呢！

是故，男人不是因為比劫剋財而離婚，而是因為財剋比劫而分道揚鑣。

控制好你的財星

很多人認為八字財多一定有錢？財少不會有錢？其實這是錯誤的觀念，一切必須依照排列組合以及大運流年整體的運勢而定，所以說有錢人的八字不一定會帶財，反而帶很多財或八字無財的人，走財必破財的機會很高。

為什麼會這樣呢？因為財星本來就是一顆為我所控，也可以是不為我所控的十神。比如開車，車子就是我所能駕馭的工具，當你情緒不佳或恍神的時候，如果無法控制車速，就容易失控撞車；一件衣服買回家，如果你能惜如羽毛，這件衣服穿在你身上，就會顯得格外有價值，也可能為你帶來不可預期的人脈與簽單，因為佛要金裝，人要衣裝。

所以為什麼流年走偏財，反而得留意破財呢？因為，你得留意當下這個「偏財」，是否能夠為你所控，如果流年流月的財星過強且不為你所控，就會發生所做的事完全失去價值，或者說浪費時間的沉沒成本，而破財，只是剛好而已。

記住這句話！對一個有財商的人，中樂透可是天大的好事，此乃身強財破印；然而，對一個沒有財商的人，中樂透可是天大的災禍，此為身弱財破印。

　　這就如同很多人，總是感到自己活在這個世界缺乏了安全感，這句負能量的話，其實早已關上許多人開拓奮鬥的大門，所以我們總是希望存更多的錢，只為了買一間買不起的房子。

　　尤其，當你被別人冠上「你所做的事，絲毫沒有一點價值」的時候，也會瞬間讓我們關上自信的門窗。於是，你會看到更多的人，需要透過名牌衣服與嚇人的頭銜努力的包裝自己。

　　是故，你必須控管好你的「財星」，才能讓它為你所用，並發揮你努力背後的真正價值。

　　不信？不認同？無所謂！這只是我的經驗之談，唯有透過更多的實戰經驗，方能徹底改變你的舊有思維，就讓科學八字協助你「改頭換面」吧！

　　《文堡老師的叮嚀》你知道為什麼在一家公司待不久，經常想跳槽嗎？為什麼你總是碰到層層的阻礙？很多時候不是你的能力問題，而是人性很難搞定。記住一句話，把人做到極致，就不需要做事，因為有很多人可以為你所用。錢的背後是事，事的背後是人，一旦你懂得做人，就能解決錢跟事的問題，等於駕馭了「財與比劫」的甜蜜點，你若能達到此境界，即能獲得辛苦付出的真正價值。

2-7 三陰一陽計算

　　本單元是學習八字最為人詬病的痛點，假如「三陽一陰」已將你打入冷宮、陷入學習的循環，那麼本單元你應該試著努力突破盲點，持續打通陰陽五行的最後一道任督二脈。

　　本章節修正了《科學八字輕鬆學》書中錯誤的邏輯，在此與讀者說聲抱歉，以下是「與時俱進」的更新內容。

2-7-1 地支順生計算

例1：

時	日	月	年
丑	寅	酉	巳

　　「一陽三陰」與前一章節「三陽一陰」的觀念如出一轍，文堡老師再次強調，無論是碰到二陽二陰、三陽一陰、一陽三陰，絕對絕對不能用「貪生忘剋」去看待五行的流通，因為「貪生忘剋」只能適用在「全陽」或「全陰」的排列組合。

　　在前一本著作中，我曾將這個八字比喻為老大與徒弟的關係，所以直接批成寅木剋丑土。事實不然，丑土受傷的條件，必須沒有「橋」的存在才能成立，你會發現在這個八字中，巳火扮演了「舉足輕重」的角色，一肩搭起了寅木與丑土的「和事佬」，雖然力量不足以完全

通關，但起碼丑土不會應聲倒地，即便被寅木關注著，仍然不失其本色。

看到這裡，相信你已明白陰陽生剋的邏輯，既然丑土不會受傷，那麼寅木一定是龍頭，於是五行流通即為寅木生巳火，巳火生丑土，最後丑土生酉生，但別忘了，寅木依然會監視著丑土，而且丑土只能得到巳火之力，寅木力量可是拿不到的。

由此可知，此地支為順生關係，直接以五行流通來看即可。

解析

寅木(2分)：為本命的龍頭不可論洩。

巳火(3分)：得寅木力量加自己為3分。

丑土(2分)：只能得巳火1分力量共2分。

酉金(3分)：得到巳火、丑土加自己共3分。

口訣：「順生的一陽三陰，陽只能關注陰，但無法傷害陰。」

例2：

時	日	月	年
巳	丑	卯	子

學生：「請教老師！這個八字巳火必定受傷，對嗎？」

文堡老師：「NO！請你再看清楚！」

學生：「讓我想想……哇！Sorry！我沒看到卯木這座小橋。」

文堡老師：「碰到這種三陽一陰或者一陽三陰的八字，須優先觀察陽是否能剋到陰，假若兩者之間並無橋來通關，才可論斷陰五行受傷。」

學生：「我的確有疏忽了，看來還要多練習。」

文堡老師：「時間一久你就會慢慢熟悉了！現在，你覺得這個地支的五行流通為何呢？」

學生：「子水滅不了巳火，乃因為中間有卯木撐著，那麼子水一定是龍頭了，所以流通應該為子水生卯木，卯木生巳火，巳火生丑土，但子水仍會關注著巳火，對嗎？」

文堡老師：「正確！現在請你算出每個五行的分數。」

學生：「子水2分，卯木3分，巳火4分，丑土5分。」

文堡老師：「錯錯錯！巳火不是4分，再思考一下！」

學生：「讓我想想……不好意思，我忘記子水監視巳火這件事，子水的那2分是拿不到的，它只能得到卯木的1分力量，OK！修正一下，巳火應為2分，丑土為3分。」

文堡老師：「Good！現在你應該搞懂了，批命時每個五行要仔細看清楚，才不會出現嚴重的Bug！」

學生：「瞭解了！感謝老師的提點。」

解析

子水(2分)：本命龍頭不論洩。

卯木(3分)：得到子水的 2 分。

巳火(2分)：被子水監視只能得到卯木 1 分，加上自己共 2 分。

丑土(3分)：能得巳火全部力量，加上自己共 3 分。

牛刀小試

例3：

時	日	月	年
巳	酉	亥	辰

問題

請問亥水會受傷嗎？龍頭是哪一個五行？

解答

亥水不會受傷，龍頭為巳火。

解說

三陰一陽優先看辰土能否剋到亥水，答案是 impossible！因為中

間有酉金當橋，亥水是不會受傷的，你更不能想成亥水剋巳火，因為巳火有辰土的保護神，故五行流通須以巳火為龍頭起點，依序為巳火生辰土，辰土生酉金，酉金生亥水。

記住！每個五行只能作用一次，辰土仍然會「關注」亥水的一言一行。

解析

巳火（1分）：為本命龍頭不論洩。

辰土（3分）：得到巳火1分加上自己2分。

酉金（4分）：得到辰土3分加上自己1分。

亥水（2分）：只能獲得酉金1分加上自己1分。

2-7-2 地支相剋計算

例1：

時	日	月	年
午	亥	未	丑

「一陽三陰」相剋的排列組合時間到囉！文堡老師要再次出題考考你對「陰陽生剋」及「力量計算」的基本功，你覺得以下哪一個選項錯誤？

(A) 五行流通為火生土剋水。

(B) 午火為龍頭，亥水為龍尾。

(C) 火 2 分，土 4 分，水 -3 分。

(D) 亥水無法傷到午火。

哪一個才是錯誤的呢？相信你的答案一定是 (C)。

此題的邏輯簡單明瞭，午火是龍頭，亥水是龍尾無誤，然而土的力量並不是4分，因為仍必須扣除剋亥水的1分力量，所以正確應該是3分。

你也能換位思考，既然水是 -3 分，那麼與它相對的五行土必為 +3 分。至於亥水能剋死午火？你想太多了，泥菩薩過江早已自身難保，午火才懶得鳥你！

解析

此為相剋之關係，每個五行必須拆開來計算。

午火 (2 分)：兩土剋一水，對午火沒有影響。

丑未土 (3 分)：得到午火 2 分剋亥水 1 分剩 3 分。

亥水 (-3 分)：2 分火生 2 分土剋 1 分水，水受重剋，1 分減去 4 分得到 -3 分。

例 2：

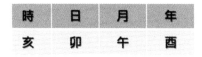

時	日	月	年
亥	卯	午	酉

三陰一陽優先看午火能否剋到酉金，答案是絕對剋得到，因火與

金之間並無土橋可通，故酉金必定受傷，龍頭為本命的亥水，五行流通為亥水生卯木，卯木生午火，午火剋酉金。

解析

亥水 (1分)：為本命龍頭不論洩。

卯木 (2分)：得亥水1分加上自己共2分。

午火 (3分)：得卯木2分加上自己共4分，剋酉金須減去1分，最後結果為3分。

酉金 (-3分)：被午火KO倒地，相剋之五行力量必為正負相對，午火若是+3分，酉金一定是-3分。

例3：

時	日	月	年
辰	巳	亥	卯

牛刀小試

以下選項何者正確？

(A) 五行流通水生木，木生火，火生土。

(B) 五行流通木生火，火生土，土剋水。

(C) 辰土的力量為4分，亥水為-4分。

(D) 亥水能夠傷害巳火。

正確答案為 (B)：五行流通木生火，火生土，土剋水。

一陽三陰首重觀察陽五行，能否剋陰五行的條件就是缺少橋來通關，本例中辰土剋亥水中間並無「金」五行做為通關橋，辰土必定可以剋到亥水，故五行流通為卯木生巳火，巳火生辰土，辰土剋亥水。

至於亥水能剋到巳火更是無稽之談，別忘了！巳火可有辰土的保護神，加上自己亦自身難保，哪來的閒工夫去剋巳火？

千萬別用「貪生忘剋」的邏輯去理解「一陽三陰」，否則你會深陷循環的死胡同，市面上的視頻只把「訣竅」說了一半，真正的「核心」你還未看清看透呢！

解析

卯木(1分)：為本命的龍頭不論洩。

巳火(2分)：得到卯木1分加上自己共2分。

辰土(3分)：得到巳火2分，再加上自己共4分，但必須減去剋亥水1分，最後結果為3分。

亥水(-3分)：1分亥水被4分辰土徹底打趴，力量與辰土必為相對之正負關係。

2-7-3 地支合的計算

例1：

時	日	月	年
子	丑	巳	未

子丑合，巳火生未土？錯！你忘了未土可帶出被合住的 0.5 分丑土，故巳火為龍頭 1 分，土為 2.5 分，子水仍為 1 分，切記土是剋不到水的。

例2：

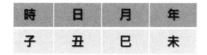

時	日	月	年
寅	亥	酉	亥

本命寅亥合，你有否觀察到寅亥合外頭有「橋」可進入呢？酉金生亥水，年支的亥水可以是日支亥水的「比劫橋」，同時亦是時支寅木的「印橋」，故計算力量時千萬別將寅亥合當作消失，而是要帶出整體力量一同計算。

相信經由我這麼一說，你的思路應該是非常清楚了。

五行力量計算

酉金 (1 分)：為本命的龍頭不論洩。

亥水 (2.5 分)：得到酉金的 1 分，加上日支的亥水 0.5 分，以及年支亥水的 1 分，總共為 2.5 分。

寅木 (3.5 分)：本命寅亥合的亥水，不能將自己的力量過給寅木，

它必須借助外力才能生助實現，年支亥水正好是日支亥水的「比劫橋」，此時被合住的寅木即可獲得亥水所有的力量，我已經講得夠「白話」了，若你再看不懂只有三聲無奈(攤手)。

　　一開始將寅亥合當成消失是不智之舉，這遊戲根本不是這樣子玩的，你哪知道寅木在本命會是如此的強大！

牛刀小試

例3：

時	日	月	年
亥	未	辰	酉

請計算本命每個五行的力量。

　　本命辰酉合，未土直接剋亥水嗎？NO！你又忘了橋的邏輯，未土可是辰土的「比劫橋」，辰土的1分可直接帶出來，與未土一同「狼狽為奸」欺負亥水。

　　看到這裡，你可能會問：「老師！土剋水之後還剩下1分土，請問這1分土可否生給被合住的酉金呢？」

　　答案是不可行，未土雖是酉金的「印橋」，但在本命與亥水相剋後，已無剩下的力量，不但無法帶出辰土，也不可將辰土的力量過給酉金，因為辰與酉是一個合，此點請讀者特別留意。

解析

辰未土(1分)：土共2分剋1分亥水，仍剩餘1分土。

酉金(0.5分)：土剋水多餘的1分，不可將其力量過給酉金，乃因辰酉合。

亥水(-1分)：2分辰未土剋1分亥水，不用想亥水必為負分。

本節心法

(1) 一陽三陰須優先觀察陽是否能直接剋到陰。

(2) 陽剋陰，若無其他陰五行當通關橋，則被剋的陰五行必定受傷。

(3) 陽剋陰，若有其他陰五行當通關橋，則被剋的陰五行不會受傷。

(4) 陽剋陰，若有其他陰五行當通關橋，則被監視的陰五行不能獲得陽五行的力量。

(5) 陽剋陰，若有陰五行當通關橋，則龍頭起序點必為本命的另一個陰五行。

八字高手吐槽時間 2

讀者：「老師請問一下，出生的月份佔整個八字比重很重，您是否認同呢？依據您的系統，陽算二分，陰算一分，這樣似乎沒有考慮到年、月、日、時的比重。」

文堡老師：「若是論斷先天性格，就需要考慮月令之氣。比方說，一個女命八字地支卯木印星當令，若本命龍頭為正官，出現官生印剋

不動食神的情況，仍要論斷年幼容易被長輩保護得很好，凡事都聽長輩的話，你也可以直斷為媽寶，即使土的力量強過於正印仍無濟於事。你必須瞭解，**學習計算五行力量之目的，在於比對動靜態當下的五行強弱，而非鐵口直斷人一生的命運乖違**。換句話說，只有月令需要看比重，其他的年、日、時沒有比重，本命的五行 DNA，不過是用來論斷命主先天的內心世界，以及出生時所面對的環境與資源。」

《文堡老師的叮嚀》本命順生的八字，不保證此生必能享受榮華富貴，雖然先天的條件優渥、年幼聰穎伶俐、長輩有助、衣食豐足、不愁吃穿。然而這種好八字最怕歲運來攪局，只要讓其中一個十神減弱，命主就會感到自己當下很衰、很不順，又或者怨天尤人。一連順生的八字看似前途似錦，但實際上卻是在頭上戴著金箍魔咒；拿了一手本命好牌，最怕抽到歲運爛牌，在人生的某個節點可能從此一蹶不振。

八字充電坊 13：《認賠出清，才能斷尾求生》

很多人玩股票都曾被套牢或割韭菜，投資看似賺錢，實際是吃虧收場，相信你一定有過這樣的經驗。

2022 年，讓我「收穫」最大的一件事， 即是在加密貨幣市場，短短的兩天就賠掉了 51 萬，加上學習上課的學費 9 萬，乙巳月總共慘賠了 60 萬……

相信我，這可是事實而不是謊言！沒錯！我承認當時的確「痛心疾首」，但也因為如此，才讓我徹底當頭棒喝覺醒。於是，我在八月初，從付費的加密貨幣社團完全退出（換作是你捨得退出嗎？），才漸漸找回自己的軌道，因為我的客戶，還有學生全都回歸了，現金流也開始轉虧為盈。

　　你說神不神奇呢？當人的貪念油然而生，除了不能控制自己認知以外的事物，也會在自己真正能掌控的地方徹底失控。

　　原來，我的軌道和人生使命，乃在於解他人之惑。當老天爺賜給你的天賦擺爛不用，其結果必遭天譴！上天都得派人來收拾你！

　　人這一輩子，必須找到適合自己的投資方式，如果不是自己的賺錢軌道，請你務必記得止損。有時候，你必須讓投資的損失降至最低，學會如何斷捨離，就算賠錢也要脫手，認賠出清而斷尾求生，才能有保留東山再起的機會。

　　怎麼說呢？

　　本篇文章為十神組合類象，它的含金量之高，你們得好好學習這些乾貨。

　　相信你一定聽過食傷生財，但你知道食傷合財嗎？大部份人並不太瞭解箇中的含意。

　　我簡單描述一下什麼是食傷與財星：

食傷：起心動念

財星：賺錢結果

學習五行八字，須將基本的生剋合洩搞懂之後，方能代入十神通曉人生的類象，這些類象可說是包羅萬象學無止境。只懂得運用五行生剋，對十神卻是一竅不通，你無法批出命主內心的痛點。

以食傷合財來說，由於是生變為合，也就是生合的概念，偷偷告訴你，食傷合財只會出現在地支，在天干絕對無法找到，為什麼？道理不難懂，因為天干只有剋合並無生合。

行筆至此，相信你一定很好奇，食傷合財會應驗在每一個日主身上嗎？

答案是ＮＯ！只有甲乙、丙丁、庚辛日主的人，會出現食傷合財，那麼戊己和壬癸日主呢？

請立正站好！你們註定一生與此無緣！

另外，請再仔細觀察，有否發現地支的生合，永遠只存在午未合，辰酉合，寅亥合呢？

這又是從何而來，就讓大家腦筋急轉彎囉！思考一下即可融會貫通，不難理解。

文堡老師提供以下類象讓大家參考，也請你們集思廣益，寫下你們對食傷合財的感想體悟。

(1) 做生意容易收不到錢，切勿讓客人賒帳。

(2) 多數人投資失利，皆因克服不了人性，或者一時意氣用事，最後落入因小失大的惡性循環。

(3) 有天若被套牢時，必須當斷則斷，當捨則捨，切忌因小失大。

(4) 碰到食傷合財，必須學會斷捨離，就算賠錢也要脫手，認賠出清斷尾求生，才能有保留東山再起的機會。

學生疑問：「本命財星沒受傷，假如本命受傷，這種合就是救了，又該怎麼說？」

文堡老師：「本來好端端的財，突然間被食傷給合了，容易因貪念而因小失大。若本命的財被比劫剋，動態來食傷合走財大都是好事。」

你聽過沉沒成本對吧！什麼是八字的沉沒成本？

很簡單！代表一個人的八字裡財星過弱或過強，實務中有三種現象：

其一就是印弱、食傷弱、官弱，比劫過強剋制財星。（比劫剋財）

其二即是財星過強當了主導神，無法受控而失控。（財剋印星）

其三則是馬不停蹄的「食傷」，合死了奄奄一息的「財星」，因為你始終認為只要憑著自己努力，必定可以獲得更大的成果，殊不知結果不但沒有陪你演戲，還會不斷消耗更多的時間成本。

原來，抗通膨必須投資是唬爛的噱頭

人總有七情六慾，然而情緒的背後就是慾望，因為有了慾望才會生發情緒，食傷是慾望的根源，財星則是情緒的展現，一旦食傷不斷洩出更多的財星，代表情緒駕馭了慾望，也可以說慾望完全被情緒給控制。財強食傷弱，非但得不到自我慾望，反而引爆了情緒失控。

2022 年最後一天，不經意在誠品書店看到一本《習慣紅利》，作者是艾爾文，裡面有一個章節談到投資的邏輯，其中有一篇內容生發了我對投資的新定義：「原來，抗通膨必須投資是錯的。」

這本書雖然只閱讀了一個章節，但看完談及投資與通膨的觀念，瞬間醍醐灌頂我多年的疑惑，同時也徹底破解被媒體洗腦及投資達人的認知鐵律，什麼樣的認知呢？

以下，我截取幾段內容與大家分享，並加入我的個人心得。

當你的能力一旦提升，根本無須畏懼通膨，人生的目標，不應該是靠投資賺很多錢，因為我們不是專業的投資人，你只需要為自己的人生負責。投資的目的，是讓辛苦賺來的錢發揮更大的效益，只要不被通膨吃掉購買力，即可安心過好未來的生活，實現自己的夢想，並照顧好你的家人。

這段話實在太棒了！長年以來，我們都害怕通膨帶給我們財富縮水的恐懼。於是，多數人會選擇將辛苦賺來的錢，投入在不熟悉的市場，包括了股市、外匯、加密貨幣、房地產……等。但是，你是否擁

有輸家戰略和贏家思維呢？

我的意思不是指這些投資工具不好，**而是多數人都是因為恐懼而投資，而不是為了穩健而投資**，當你的能力不斷的提升，就無需害怕通膨造成財富上的貶值，生活和工作並不容易，你我都曾用心努力讓生活過得更美好。但是，在投資的未知路上，其實無需過度努力，更多時候，你真的不應該太過努力。

為何我會如何斬釘截鐵呢？道理很簡單！因為比起所謂的投資專家，絕大多數的人，都是有如待宰割的韭菜。這麼說吧！假如投資並非是你的正職，你更不是一個專業的咖，過度努力投資的後果，反而會讓你深陷在巨大的風險之中，多數人都瞭解不該置身於不可控的市場，然而，依然有許多人賠掉了畢生積蓄的血汗錢。

我所以為的穩健投資，請先專注在自己本業工作，提升對事物的認知與專業能力，努力在本業存下第一桶金，並成為行業的頂尖者，再將目標投入到自己熱愛的事業，以無須花太多時間和心思去做投資，穩健賺取接近市場的利潤即可。

學習投資的路上，你只需銘記這句話：「多做多錯，少做少錯！」

作者接著說：「投資方法越複雜，越是難得到獲利，穩定的報酬不見得慢，但肯定會令人安心，剩下的一切就交給時間吧！耐心等待市場帶給你的複利，將投資當成生活的一種小確幸，讓你可以安心睡得著覺，並且享受生活的美好。」

有時，我們應該拋開舊有的認知，選擇慢慢變富，也不要一夕致富。又或者，你能體悟投資是一場對抗人類情緒的長期抗戰，那麼，請優先將簡單、穩健的利潤入手，心有餘力之時，再去接觸那些複雜且不可控的零和遊戲。

在此感謝艾爾文作家，您幫助我解除了多年「抗通膨必須投資」的疑惑，一本書其實用不著從頭讀到尾，只要有一句話能打通你的任督二脈，它就會是一本價值連城的好書。

真的！投資，千萬不要過度努力！

請容我再嘮叨一句：「原來，抗通膨必須投資，才不會淪落在窮人的象限裡。在我看來，這不過是媒體洗腦韭菜的商業手腕。」

當我在 FB 社群發表這篇部落格時，我的一位馬來西亞好友依婷老師，看完後立馬轉發了這篇文章，她是紫微界重量級的導師，以下收錄了我們的對談內容。

依婷老師：「這是一篇好文！我昨天看了一個小紅書的視頻，她也說到一個點子，跟文堡老師有如異曲同工之妙，只不過她用不同的角度，我也來轉達一下。她問了一個問題，以前的手機、電腦，就算是電視機，價格雖然沒現在貴，但那是有錢人才能擁有，或者說中高階級群體才有本事買得起。」

文堡老師：「是的，沒錯！」

依婷老師：「但是，現在這些東西，其實相比 20 年前，明顯是

更貴了，為什麼反而現在人人家裡，電視、手機、電腦都可以超過一台一台的買？基本都是家家標配了。」

文堡老師：「嗯！就像 90 年代大哥大黑金剛開推出時，那時也是有錢人才買得起，但放眼 30 年，這些東西早已被淘汰。」

依婷老師：「那是我們只認知到通貨膨脹讓物價更貴，但是我們並沒有意識到，其實購買力也相對提升了。所以，購買力才是真正抗通膨的本質。讓整個社會人人皆有能力買到更貴的產品，大眾主要收入來源，都是因為投資抗通膨了嗎？很明顯並不是，而是大家的收入也跟著提升了。」

文堡老師：「這段話令人醍醐灌頂，當一個人的能力提升，購買力也會跟著提高，所以我覺得根本無需畏懼通膨。學好財商、專注本業、閒錢投資，方能順道則昌。」

依婷老師：「真正靠投資滾動資本的其實很少，大多數都是靠自己的本業為主。所以，只要你能維持好自己賺錢的本事，根本沒必要去擔心通膨。而且，最應該投資的，不正是增加自己能力嗎？若干年後，那些更貴的東西，你的收入依舊能買得起，根本無需恐懼嚇自己。」

文堡老師：「是的！大腦就是我們人類最大的資產，即財商即思維模式，提升認知與能力，就可以殺死內心的恐懼。」

依婷老師：「是呀！我也陷入這種恐懼迷思，之前也是老想著，

錢應該要分散投資。擔心自己未來買不起什麼。但是經過她這樣一說，確實是這樣。我小時候，家裡連車都買不起，那時候車貴嗎？但是，現在我家都有兩輛了，是因為更便宜了？既然不是價格形成的問題，那真正發生變化的，就是我的購買力提升了。所以我應該問的是，究竟是什麼讓我購買力提升，而不是問通膨後我能不能買得起。」

文堡老師：「感謝妳精闢的分享，除非人不夠長進，不然以一個正常的人，經過幾年的社會歷練，薪水與能力大多會成正比，當然就會提升購買力，所以根本無需恐懼媒體渲染的通膨危機，或者不投資將會變窮的邏輯。」

依婷老師：「是的！問對問題很重要！」

文堡老師：「有時，投資所損失的錢，必須賺取兩倍以上才能補回，因為你不可能不吃不喝。比如說一檔投資損失1百萬，你必需要賺2百萬，才能將1百萬的損失回本。姑且不論投資虧損或賺多少錢，而是在整個過程中，會消耗我們的專注力，進而影響到自己的本業，我覺得這才是最重要的，因為專注力才是一個人此生最大的資產。」

依婷老師：「關於投資方面，我是這樣想，每個人都會好奇，想學習不同的賺錢和投資管道，但是，就當作學習就好，小額的嘗試，感受和認識一下，能更加深刻。然而，沒必要將全部心力及身家去投資，畢竟本來就是跨領域了，認知也不足，當個投石問路，也是OK的。畢竟人生就是不斷在探索新的出路，也在學習自己的掌握度。若要說完全杜絕學習投資，也是不行的。當作小賭怡情或者學習一技之長，

也是很不錯的體驗。」

文堡老師：「沒錯！重點就是小額的嘗試，或者將它當成一門知識學習即可，因為普通人不太可能賺到認知以外的錢，除非靠運氣，但是通常靠運氣賺來的錢，最後往往會因為實力而虧去，這是宇宙的一種必然。」

依婷老師：「對！全新的路，小步走；熟悉的路，用勁跑。」

文堡老師：「謝謝妳的分享，值得令人省思的一段話。」

依婷老師：「不客氣！」

最後，我來做個總結：

當錢 (財) 越多時，就需要知識 (印) 來管理，也需要透過保險法律 (官) 來保護，更要投入公益行善 (比劫) 來控制。

我們身處的世界，其實並非是一花一世界，而是一人一世界，每個人看到世界的樣子皆不同。因為，我們每個人都帶著自己的認知和眼界，來觀看這個世界。有些人眼裡的世界充滿了貧窮、憎恨、黑暗、貪官污吏；而有些人的眼裡則是充滿了光明、大愛、財富、健康。你的大腦認知，決定了你看到的是什麼樣的世界。

文堡老師的十神教室

財星過強如何控制

當錢(財)越多時，需要知識(印)來管理，也需要透過保險法律(官)保護，更須投入分享(比劫)做公益來控制。

記住以下這段話！

你永遠賺不到超出你認知範圍以外的錢，除非你靠運氣，但是靠運氣賺來的錢，最後往往又靠著實力而虧去，這是宇宙的一種必然。

你所賺的每一分錢，都是你對這個世界的認知有所表現；你所虧的每一分錢，都是你對這個世界的認知有所缺陷。

這個世界最大的公平在於，當一個人的財富大於自己認知的時候，這個世界將有 100 多種收割你的方法，直到你的認知與你的財富相匹配為止。

唯有擴大你的認知，你的財富才可能增加。因為，我們永遠賺不到超出自己認知以外的財富。

以上這幾段話，假如你能夠看得懂，我相信你的人生，即將發生翻天覆地的改變！

共勉！

《文堡老師的叮嚀》好財被合須當機立斷斷捨離；破財被合因當機立斷而得財。記住這句話！無論你對賺錢多有把握，最多只能自信 80 分，剩下的 20 分請留給對命運的敬畏。

第三單元

本命篇自我挑戰

問題一

日主為甲木，以下六個八字，你覺得哪一個選項的五行火必為負分？

(1) 丁甲辛甲

(2) 丁甲癸丙

(3) 丁甲癸戊

(4) 丁甲辛庚

(5) 丙甲辛庚

(6) 丁甲乙壬

解答一

正確答案是 (4)，其餘皆為正分。

文堡老師解說

(1) 甲木生丁火剋辛金，丁火還剩下 2 分。

(2) 癸水剋丙丁火，還剩下 2 分火。

(3) 戊癸合，癸水傷不了丁火。

(4) 丁火剋兩金為自不量力，力量為 -2 分。

(5) 丙辛合，丙火也無法剋庚金，故丙火為 1 分。

(6) 丁火被壬水監視不會受傷，並可得到乙木的 1 分力量。

問題二

請計算以下干支五行的個別分數。

時	元女	月	年
庚	戊	丁	乙
申	午	亥	丑

解答二

木 (0 分)：天干 (0 分) + 地支 (0 分)

火 (2 分)：天干 (0 分) + 地支 (2 分)

土 (3 分)：天干 (0 分) + 地支 (3 分)

金 (3 分)：天干 (0 分) + 地支 (3 分)

水 (4 分)：天干 (0 分) + 地支 (4 分)

文堡老師解說

此題須留意地支的五行流通，午火欲打申金可是辦不到的，因為有丑土橋撐著。故正確流通為午火生丑土，丑土生申金，申金生亥水，**午火仍監視申金**，且午火為龍頭，亥水可得申金之力量。

問題三

請計算以下干支五行的個別分數。

時	元男	月	年
庚	丁	丙	壬
子	丑	午	子

解答三

木(0分)：天干(0分)+地支(0分)

火(-3分)：天干(-2分)+地支(-1分)

土(0.5分)：天干(0分)+地支(0.5分)

金(2分)：天干(2分)+地支(0分)

水(3分)：天干(2分)+地支(1分)

文堡老師解說

請讀者留意，年支子水2分可將時支子水1分一同帶出計算，最後午火為-1分，子水為+1分。看似火弱水強，但別忘了午火為月令之氣，**本命中若欲論斷命主性格，必須以兩敗俱傷來看待**，也就是耳熟能詳的「關注」。

問題四

請計算以下干支五行的個別分數。

時	元女	月	年
甲	戊	庚	戊
寅	午	申	辰

解答四

木 (0分)：天干 (-2分)+ 地支 (2分)

火 (4分)：天干 (0分)+ 地支 (4分)

土 (8分)：天干 (2分)+ 地支 (6分)

金 (10分)：天干 (2分)+ 地支 (8分)

水 (0分)：天干 (0分)+ 地支 (0分)

文堡老師解說

本題沒什麼難度，八字全陽，直接計算其生剋流通即可，你會感到易如反掌。

問題五

請計算以下干支五行的個別分數。

時	元女	月	年
丙	戊	癸	丁
辰	申	卯	丑

解答五

木(-4分)：天干(0分)+地支(-4分)

火(2分)：天干(2分)+地支(0分)

土(3分)：天干(0分)+地支(3分)

金(4分)：天干(0分)+地支(4分)

水(-2分)：天干(-2分)+地支(0分)

文堡老師解說

本命地支卯木雖然奄奄一息，但可別忘了卯申暗合的「內心戲」。正官暗合食神：「愛上男人將會非常死心塌地，亦有控制另一半的強勢性格。」

問題六

請計算以下干支五行的個別分數。

時	元男	月	年
丁	戊	壬	癸
巳	申	戌	卯

解答六

木(0.5分)：天干(0分)+地支(0.5分)

火(1分)：天干(0.5分)+地支(0.5分)

土(1分)：天干(0分)+地支(1分)

金(1分)：天干(0分)+地支(1分)

水(2分)：天干(2分)+地支(0分)

文堡老師解說

本命出現三組合，千萬別隨便當消失了，它們仍存在著力量。忘記如何計算的人，請爬文到第一單元再次複習吧！

問題七

請計算以下干支五行的個別分數。

時	元女	月	年
癸	辛	癸	丁
巳	酉	卯	丑

解答七

木(1分)：天干(0分)+地支(1分)

火(1分)：天干(-1分)+地支(2分)

土(3分)：天干(0分)+地支(3分)

金(4分)：天干(0分)+地支(4分)

水(1分)：天干(1分)+地支(0分)

文堡老師解說

本題亦十分簡單，八字全陰，直接計算生剋流通即可，小菜一碟啊！

問題八

請計算以下干支五行的個別分數。

時	元女	月	年
戊	壬	戊	乙
申	寅	子	丑

解答八

木 (-3分)：天干 (-3分)+地支 (0分)

火 (0分)：天干 (0分)+地支 (0分)

土 (3.5分)：天干 (3分)+地支 (0.5分)

金 (0分)：天干 (0分)+地支 (0分)

水 (1分)：天干 (0分)+地支 (1分)

文堡老師解說

讀者必須留意，地支丑土無法幫助申金打倒寅木，同樣的子水亦無法生助寅木，「合」得將它視為「自成一格」。

問題九

請計算以下干支五行的個別分數。

時	元男	月	年
壬	癸	辛	丁
子	巳	亥	酉

解答九

木 (0分)：天干 (0分)+ 地支 (0分)

火 (-5分)：天干 (-2分)+ 地支 (-3分)

土 (0分)：天干 (0分)+ 地支 (0分)

金 (2分)：天干 (1分)+ 地支 (1分)

水 (5分)：天干 (2分)+ 地支 (3分)

文堡老師解說

　　地支巳火受傷的力量須論斷加重，乃因亥水為當令節氣。另外，干支皆呈現偏印生比劫剋偏財，代表一生容易為家人分擔經濟，抑或捨得花錢投資自己的腦袋，充實知識技能。

問題十

請分別計算以下三個題組，五行力量的個別分數。

題組 1

時	日	月	年
酉	辰	酉	酉

解答 1

　　辰土(1分)：辰土只會跟月支的酉金合。

　　酉金(2.5分)：年1分＋時1分＋月0.5分＝2.5分。

題組 2

時	日	月	年
辰	酉	辰	辰

解答 2

　　辰土(5分)：年2分＋時2分＋月1分＝5分。

　　酉金(5.5分)：酉金只會跟月支的辰土合，但辰土5分的力量可全部過給酉金，別忘了比劫橋的心法哦！

題組 3

時	日主	月	年
乙	戊	庚	乙

解答 3

乙木(1.5分)：年0.5＋時1=1.5

庚金(1分)：庚金只會跟年干的乙木合。

問題十一

請計算以下天干五行的個別分數。

時	元男	月	年	大運
癸	丙	癸	丁	戊

解答十一

本命：

木：0分

火：-1分

土：0分

金：0分

水：1分

大運：

木：0分

火：-2.5分

土：1分

金：0分

水：2.5分

力量比對	木	火	土	金	水
本命	0	-1	0	0	1
戊大運	0	-2.5	1	0	2.5
大運比對	平	弱	弱	平	強

文堡老師解說

　　此題有運用到正負相減的概念，丁火洩戊土，因戊土為陽，丁火須減去 2 分，變成 1-2 ＝ -1，戊土得到 2 分，但因有戊癸合 (相合的兩個五行，力量須各自減半)，故戊土 2 分必須再扣掉 1 分變成 1 分 (2-1 ＝ 1)。再來看癸水，月干癸水 0.5 分 + 時干癸水 1 分 ＝ 1.5 分，但丁洩戊後，本命中的丁和癸必須再打一次架 (癸剋丁)，所以用癸水 1.5 分再減掉丁火 -1 分，即形成 1.5-(-1) ＝ 1.5 + 1=2.5，最後得癸水為 2.5 分，丁火為 -2.5 分，戊土 1 分。

　　本命相剋之五行，其力量結果必定為正負相對，換句話說，癸水是 +2.5 分，丁火必為 -2.5 分。

　　此題運用到數學計算的邏輯，丁火負分後，癸水可吸收其負分的部份，與本命的 1 分比對後變強了，相對丁火從本命的 -1 分變成 -2.5 分，反而更弱了；本命無戊土，進來必須維持 2 分，但被癸水合了一次只剩下 1 分，故亦須論弱。

　　所以在戊大運中，我們便可得知，丁火弱、戊土弱、癸水強。

學生疑問

學生：「男命，癸水代表小孩，可否解釋在這個大運中，他很想要小孩，但卻求而不得，這該怎麼看呢？」

文堡老師：「沒錯！命主的確會想要小孩，但因癸水官殺過強，不一定能獲得小孩。但仍須觀察地支的情況，才能做出正確的論斷。假如干支計算後，水仍然過強，無法得到其他五行的控制，此時天干的癸水即可傷到日主丙火，就會造成日主受剋。若是男命的話，容易因小孩之事而感到操心或憂慮。」

心法：戊合癸，代表食神合正官，食神意指起心動念，合住正官代表想要生小孩。

學生：「確實是如此！命主很想要，但一直沒有，所以感到憂慮。」

文堡老師：「因其他五行無法控制過強的癸水，水亦代表男性的生殖系統。但我還是要強調，必須觀看地支的排列組合及力量，才能決定當下哪個五行過強，之後在高階的課程，你就會學到。」

學生：「好的，謝謝老師！」

重要提醒：若欲得知男命生育問題，實際上仍須將地支帶入計算，方能更精確判斷，此題僅提供練習之用，請讀者標註為學習筆記。

《文堡老師的叮嚀》以上十一道問題，對你來說是否猶如一碟小菜呢？依常理來看，你應該要拿到滿分，假如不是的話，請再多加練習哦！若對本命計算不熟練，未來學到大運流年，勢必會錯誤百出，打好基礎根底十分重要，相信你一定能開竅突破。

中場休憩站

恭喜您將第一部份《本命篇》看完了……

相信你一定打通了「陰陽生剋」及「五行計算」的任督二脈。我曾說過,無論是電子書抑或實體書,我不會故弄玄虛,或者抓一些古書的經典內容加以改編成冊,這不是我的風格,你所看到的所有文字,全部都是一個字接一個字努力敲著鍵盤輸出的成果,書若要寫得好,不必標新立異,不用詞藻堆砌。因為,誠實比心意更重要!

能夠運用通俗的文筆,並透過說故事拋磚引玉,讓大家看懂專業知識,並從中產生興趣,才是真正的高手。

老實說,我非常不喜歡別人稱我大師,這個稱號擔子很沉重,我可承擔不起。

話說,23 年前的今天,你在哪裡呢?讀書?工作?戀愛?結婚?創業?還是一事無成?

對我而言,2023 是一個很特別的年,因為開館已邁入 23 週年。

1999 年跟隨家父學了半年八字,也不知道哪來的勇氣,娶了老婆,離開補教業立馬開了館。2000 年是人生極大的轉捩點,這個決定也許是起點,但也可能是終點。

時光倒流到 2000 年 7 月 1 日……

開幕當天,店裡沒有奢華的裝潢,只陳列簡單的桌椅,已故的舅

舅與我同行，來店裡捧捧場。

文堡老師：「依您的專業，面對客人有什麼技法要訣呢？」

舅舅：「技法不是問題，但你缺少的是批命經驗。」

批命經驗？當時的我懵懵懂懂，然而，就在首次面對陌生人開始，我才明白舅舅所說的涵義。

首次批命的記憶歷歷在目，現在回想起仍然感慨萬千。

當天下午生意上門了，迎接人生第一個客戶，一個與我老婆同年的年輕漂亮眉眉，她瞄了我一眼，用一種不屑的口吻問文堡老師：「老師！你那麼年輕，行不行啊？算不準可不可以退費呢？」

文堡老師：「小姐！別說那麼多，算了就知道！」(自己算哪根蔥心裡早有數，當下只是故作鎮靜)

菜鳥與老鳥的最大差別，在於手寫命盤的姿態，以及開口的第一句話。

也許是壓力加上緊張，手竟然不自覺顫抖，談話過程結結巴巴，只敢批其性格，更別提什麼流年、流月了(其實根本批不出來)，從頭到尾掉漆十分嚴重。

唯一批準的是感情世界，因為看到滿盤的七殺，只記得跟她說桃花很重，是很多男人夢寐以求的對象，當心來意不善！

她說得沒錯！年紀輕輕就離了兩次婚，接下來她扮演了主角，換

成我當聽眾。

你會說這是什鬼批命，老師只批這些東西，沒其他了嗎？

沒了！真的沒了！也許是這番話打中了要害，最後她沒要求退費，哈！

23 年一晃眼過去了，你以為從此搖身一變為大師？別鬧了！大師這個名號可承擔不起，我和大家一樣是普通人罷了。

此話怎說？還記得八字的排列有多少種組合呢？

答案是一百一十二萬三千兩百種，而且這還是基本組合！

假如以一天一個客人計算（平均值），一年 365 天乘上 23 年，這 20 年當中，總共批了多少命呢？計算機按一下顯示為 8,395，沒錯吧？

你也許認同 8,395 是個大數據，事實上它遠遠不及八字組合的 1%，能批到一萬個命已是萬中慶幸，此刻的我連小咖都沾不上邊，何來大師之說？

23 年的開館批命經驗，認真來說，只能算是一個中繼站，比起一般人多出不到 1% 的經驗值，事實上根本不足為奇！

八字這條路淵遠流長，這輩子不可能算這麼多命，天外有天、人外有人，終生學無止境。

《**一人創富**》的作者于為暢曾說：「熱情是最基本的，能夠讓創

作持續下去的兩個主要動力，即是專業和經濟回饋」。這點我相當的認同，做任何自己有興趣的事，絕不能將它當成「制式工作」來看待，這樣做只會澆滅你的熱情，能夠讓創作者持續寫下去，重要的不是堅持，而是為「自由而寫」，今天我想寫什麼就寫什麼，而不是將它當成一份工作。

為什麼你覺得上班很痛苦，因為它是一份工作，時間久了就會變成是一種不自由，人需要的是為自由而生，若長期處於不自由，最後彈性只會疲乏，失去自由的彈性，就會變成你轉換下一份工作的理由。

擁有「專業」、「自由」與「經濟回饋」，才能持續將你的工作發揮到淋漓盡致，感覺自己一直活著，也才能不斷的創作輸出。

曾經，我以為拍影片、寫作、出書，可以讓人搖身一變成網紅，但我發現這其實是個大笑話，如果做這些事，只是為了追逐名利，有多少人能夠堅持自始至終？因為你所做的一切，早已失去創作分享的「初衷」。

「初衷」與「想紅」是背道而馳的邏輯。因為初衷最後不得不紅，這是自然不過的事；若是為了一炮而紅而改變了初衷，你能想像這些人的下場又為何？

萬籟俱寂的夜裡，審視鏡中的自己，我為什麼要紅？說難聽一點，我算哪根蔥，憑什麼而紅？

有的人一生只專注一件事，他們在乎的不是名利，而是追求更卓

越的自我。所以，我情願忍受孤獨，無怨無悔的付出，即使文章沒人看、音頻沒人聽、書籍沒人買，我依然享受生命帶來的喜悅，至少，這輩子沒白走這一遭。

我想與你分享的是，也許現在的你還不夠優秀，不代表你未來不會優秀，但請你學著讓自己更好；也許身邊有比你差的人，不代表就可以輕視他，也不代表可以如此的傲慢無禮。

因為，你永遠不會知道，哪一天他會比你更優秀。

學習比你優秀的人，尊重比你位階低的人，唯有彼此的互助互重，才能擁有更好的生活，然後提升自己的價值，成就未來的自我。

「謙遜，才有資格談上比劫生食傷。」

用好的財星節省寶貴的時間

不知你有否這樣的經驗？買了一堆線上課程，因為不緊急，想說等到有時間再來學習。可是你會發現，一天、一個星期、一個月，甚至一年……時間就這麼無情的過了，到頭來你會發現，課程的完成度依然在原地踏步，越是便宜的課程越是如此。

我們再換個角度思考，假設你購買了一個很昂貴的課程，相信你一定會努力付出行動，上課很認真的做筆記，很少人會將學費視為沉沒成本，因為你付了辛苦賺來的血汗錢，此時你的學習態度與積極度就會完全不一樣，多數人都會想著撈回本甚至變現，對吧！

網路上免費可得的資訊何其多，但為什麼還是有人願意花錢學習呢？答案就是 Accountability，這個英文單字用中文其實很難翻譯，簡單來說就是：「有沒有人督促你去付出行動，並且讓你為自己的成果負責。」，這些都是免費資源無法獲得的。

　　記住以下兩句口訣：

　　「財生官：用督促來管理你所付出的時間價值。」

　　「食傷生財：能力與知識不會是力量，要搭配正確的行動才會產生力量。」

　　在疫情當道的前幾年，假如你擁有一項技能，想在網路上開設一個線上課程，一般人都會擔心是否會有人來跟你購買，你也許會想說免費的資源這麼多，真的有人願意付費跟我學習嗎？

　　我要跟你分享的是，這個答案絕對是肯定的。除了行銷技巧、產品能否提供價值的必備能力之外，你還得相信一個很重要思維，這個邏輯就是：「只要你想要教授的課程，有人想要免費學習或者撿便宜，就一定會有人願意付錢給你，跟你學習更多！」

　　如果你的想法是因為有免費的資源，就不會有人願意花錢購買，此時你就會被框架在一個限制型思維，同時也證明你就是那種只會撿便宜的人。

　　你得深信，一個對學生有價值的課程，在網路上並非免費即可獲得，即使資訊隨手可得，相對也必須付出很多的時間去學習摸索。一

個專業的課程，如果能夠幫助學生省下時間，也是提供一種很好的額外價值。即使你要教的東西，網路上已經有很多免費資源，甚至有很多老師都在教了，而且還做得很好，你會猶豫自己還能再開課嗎？會有學生願意購買嗎？我所以為的線上課程，只要你有實力、有熱情、有成果，還是一樣可以分享教授別人。

很多人都以為我的課程「貴桑桑」，沒錯！我的「五行八字」確實不便宜，但我不提供很糟糕的學術知識，一分錢一分貨。我花了很多的時間，從客戶身上得到很多實務經驗與批命技法，我重視個人的時間，以及所能提供給學生的價值，幫助你突破學了幾十年八字的盲點。同時我也深信每個老師的教學特色、個人魅力、傳遞給他人的價值皆不盡相同。學生願意花錢購買課程，他們必需要認同你、信任你，然而信任必需要透過許多層面去取得，所以千萬別以為，很多人都在教你就不能做了，你得抱持一種存在感：「世界很廣，市場很大，千萬別把自己看衰囉！」

欲從競爭對手脫穎而出，並讓學生相信你所提供的課程永遠是物超所值，唯一的方法即是提高你的課程售價。但千萬不要為了想多賺點錢而選擇「降價求售」，隨便賤賣自己辛苦的「智慧財產」，這麼做只會陷入惡性循環的泥沼，不但會增加素質參差不齊的學生，甚至可能為你留下更多負評。

我所以為的弱財合弱印：「無論上課或買書，但從未認真去學習，花錢只是買個辛酸，徒增時間和金錢的浪費。」

你可能又會問文堡老師：「五行八字有速成的學習方法嗎？」

很抱歉！我不相信學習速成，我只相信努力實證、提供價值和服務他人，這是我的教學初衷，學習結果會有所不同，這取決於許多的因素，學生需要持續不斷的努力與付出行動。

博學的人會花時間學習，

技藝精湛的人會花時間錘鍊技術。

成功的人會花時間做事，

富有的人會花時間賺錢。

時間是關鍵，成功總是逐步獲得。

《文堡老師的叮嚀》別輕忽財合印的威力，付費學習值不值得，關鍵在於適不適合。即使是壞的流年，仍然會有好的流月；好的流年，更得提防壞的流月，因為一個危機稍有不慎，人生可能重新洗牌。

大運力量生洩心法

　　我在《科學八字推理2本命篇》一書中,曾提及若想學好五行八字,必須先搞懂什麼是「動靜態生洩」,假如你仍然懵懵懂懂、一知半解,建議您先回去將本命篇熟讀,再繼續往下深耕哦!工欲善其事,必先利其器。

4-0　動靜態生洩定律（一）

　　我們再來複習一下,何謂動靜態生洩,請看下圖。

靜態 (本命) 生動態 (大運流年) 稱為洩

動態 (大運流年) 生靜態 (本命) 才是生

快速記憶法：「左邊到右邊為洩，右邊到左邊為生。」

以上是〈第二單元：本命篇〉溫故知新內容。現在，我用一個案例來說明。

生洩規則

我們將陽設為 2 分，陰設為 1 分，一起來計算生洩力量。

你可能會問文堡老師：「老師！所謂的強弱該怎麼判斷？」

很簡單！你只須記住一個原則，八字是活的，不同的排列組合將呈現不同的力量強弱。本命缺的五行，若在大運出現，則有兩種情況，第一種由本命生洩而出，換句話說「冤有頭債有主」，每個小孩的背後都會有一個偉大的母親；第二種並非由本命所生，而是從大運自動跑進來，這種情況我們稱此五行為私生子。

有看沒有懂？沒問題！以下我用兩張圖表來做解釋，你就能清楚明瞭。

本命生洩而出

假設年干有一丙火，大運來一戊土，此時我們便可得知，此戊土即是由本命的丙火生洩而出，因丙火及戊土皆為陽五行，故生洩規則為丙火須減去 2 分，相對戊土可得到丙火的 2 分力量，此時丙火從原本的 2 分瞬間歸零，請看下圖。

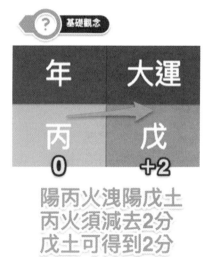

由以上可得知，丙火在這個大運力量呈現減弱，而且能量是慢慢消耗，而命主卻往往不自知。假如本命沒有戊土，則此時的戊土力量須論為平，為什麼？因為本命靜態不存在陽的五行，若在動態的大運流年出現，須將陽五行以 2 分當作基準，如果低於 2 分則為論弱，高

於 2 分須論強。

看到這裡，我相信你一定會有疑問：「老師！如何判斷該五行到底是強還是弱？」

別急！在後面的章節，我會陸續解釋並用案例讓你瞭解。Now！你只須知道生洩的簡單規則即可。

學生：「那如果將戊土改成己土呢？丙火及己土各為幾分？」

文堡老師：「這不難理解，己土為陰，被陽丙火所生，故己土只能得到 1 分，丙火減去 1 分後剩下 1 分。」

學生：「為何己土不是得到 2 分呢？難不成丙火的力量不能全部過給己土嗎？」

文堡老師：「當然不能，因為生下己土第一個動作稱為洩，之後第二個動作才能叫做生，生跟洩是不同的邏輯，如果要將丙火剩下的 1 分過給己土，條件是丙火的前面必須有橋。」

學生：「必須有橋？什麼意思？不懂？」

文堡老師：「橋的意思即是，丙火必須有印星及比劫，也就是有甲乙木或丙丁火的源頭。」

學生：「瞭解！也就是丙火的前面，必須有生助自己或與自己同伴的五行，對嗎？」

文堡老師：「沒錯！正是如此，這個觀念你先瞭解即可，後面的

課程我會再詳細解說。」

　　學生：「好的！感謝老師的指導。」

　　文堡老師：「大運篇與本命篇最大的差別，就是要讓你們腦門洞開，再也不會覺得八字如此的枯燥無味了。」

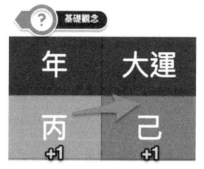

因己土為丙火所生
丙火為陽己土為陰
己只能得到丙一分
丙火最後剩下一分

　　《文堡老師的叮嚀》懂得運用生洩基本計分規則，將有助於瞭解自己的運勢起伏，從而趨吉避凶。

八字充電坊 14：《四柱相同的八字有哪些》

邁入了癸卯年，你認為世界可能發生何事？房地產下修？重現 1929 年經濟大崩盤？抑或甲寅、乙卯月發生大地震？

你曾算過四柱相同八字的人嗎？老實說，我算了 23 年的八字，還從來沒碰過，我指的是客戶。

但你一定見過四柱相同的八字，比如：

癸癸癸癸
亥亥亥亥

其實用伏吟來鋪張似乎不太適合，因為這與傳統八字的邏輯似乎大不相同，不過我還是要提出此一觀點。

若大家有機會可觀察一下，流年與流月若出現一樣的伏吟，在當年會發生什麼樣的重大事件？

所謂的流年流月伏吟，指的就是相同的干支五行。比方說，辛丑年辛丑月，即是相同的流年流月伏吟。

在六十甲子當中，究竟會出現多少種干支相同的組合呢？我們趕緊來「肉搜」一下。

如果，有一個人問你 20 世紀 (1900 ～ 1999) 是否有這個八字，你可千萬不要相信！

壬壬壬壬
子子子子

為什麼不要相信呢？因為在 1912 年與 1972 年你絕對找不到這樣的組合，除非找清朝人 (1852 年 12 月 16 日)，或者等到十年後的 2033 年 1 月 1 日。

首先來看甲年，我們知道甲年的甲木只會在戌月出干，故甲戌年甲戌月才有甲年的流年流月伏吟，1994 年甲戌月我抽到金馬獎，第一次遠征外島。

再來是乙年，乙木在酉月出干，故乙年的流年流月伏吟在乙酉年乙酉月。

也許你會問文堡老師：「老師！有否可能碰到四柱干支都是一樣的八字？」

當然有！七、八十歲的長者也許還活著，但要碰到的機率並不高，1900 到 1999 年目前只找到七組，即甲戌年、乙酉年、戊午年、己巳年，庚辰年、壬寅年、癸亥年。

其他依此類推，以下我列出四柱干支相同的八字組合。

甲年：甲戌年甲戌月（1934 年 10 月 30 日 +1994 年 10 月 15 日）

乙年：乙酉年乙酉月（1945 年 9 月 13 日）

丙年：丙申年丙申月 (1900～1999 年無此八字)

丁年：丁未年丁未月 (2027 年 7 月 27 日)

戊年：戊午年戊午月（1978 年 6 月 25 日）

己年：己巳年己巳月（1929 年 5 月 24 日 +1989 年 5 月 9 日）

庚年：庚辰年庚辰月（1940 年 4 月 7 日）

辛年：辛丑年辛丑月 (1900～1999 年無此八字)

辛年：辛卯年辛卯月 (1900～1999 年無此八字)

壬年：壬寅年壬寅月（1962 年 3 月 5 日 +2022 年 2 月 18 日）

壬年：壬子年壬子月 (2033 年 01 月 01 日)

癸年：癸亥年癸亥月（1983 年 12 月 1 日）

你發現了什麼？辛年與壬年會有兩組年月伏吟，沒錯吧？其中一組為辛丑月，緊接著交到 2022 壬寅年壬寅月，連續兩個月 Back to Back，這種組合堪稱六十年難得一見。

看完以上的分享，你會發現六十甲子其實很有趣，現在讓我考你一個問題，下一次碰到四柱相同的八字，會出現在什麼時候呢？答案就在本文的上方，大家有興趣可以研究一下囉！

《文堡老師的叮嚀》命中缺的五行不一定為我所要，沒事在流年跑出來問題才是大條！

4-1 動靜態生洩定律（二）

　　本節開始，我們將深入探討生洩的計分心法，文堡老師舉一個地支案例，再配上四庫土的大運（辰戌丑未），來解說動靜態的生洩規則，學完後你將立馬融會貫通。

情況一：大運行未土

八字	時	日	月	年	大運
地支	卯	巳	卯	午	未
力量	1	1	1	2	?

文堡老師解說

　　首先，我們必須瞭解，本命的五行流通怎麼跑。卯木為當令之氣，兩個卯木齊生巳午火，卯木是龍頭，巳午火是龍尾，本命的卯木有 2 分，木生火，所以火的力量共有 5 分。

　　瞭解本命的 DNA 分數之後，現在大運來一個未土，於是，我們便可得知，這個未土就是火生出來的，然而大運被本命所生，第一個動作我們應稱之為洩而非生。那麼，什麼時候才可以叫做生呢？簡單！就是未土被生下來後的第二個動作就是生了。

　　你可能會問：「老師！未土是被午火所生？還是巳火呢？」
　　我的答案是：「未土是被巳午火一起所生。」

換句話說，巳午火 5 分，第一個動作先將未土生出來 (稱為洩)，未土得到 1 分，火剩下 4 分，因為火的前面有木火橋，所以剩下的 4 分火，可以全部加到未土身上，此時未土得到 5 分，這是第二個動作 (稱做生)。

　　因為午未合的作用，火的力量必須再減去 1 分，故火的力量剩下 3 分，未土由原本的 5 分瞬間掉到 3.5 分，為什麼會少了 1.5 分呢？因為午未合之後，不但少了 1 分午火的來源，同時未土自己必須再扣 0.5 分 (記得相合的五行力量須各自減半)，故未土最後只剩下 3.5 分。

　　你會發現，地支在未土大運中，木的力量持平，火的力量減弱，但未土的力量須論強，如下圖所示。

八字	時	日	月	年	大運
地支	卯	巳	卯	午	未
力量	1	1	1	0	3.5
強弱	平	平	平	弱	強

情況二：大運行丑土

八字	時	日	月	年	大運
地支	卯	巳	卯	午	丑
力量	1	1	1	2	?

文堡老師解說

　　接下來，我們來看丑土大運，因為沒有出現合的作用，故丑土可得到木火所有的力量，丑土 5 分為強，火 4 分稍弱，木依然持平，如

下圖所示。

八字	時	日	月	年	大運
地支	卯	巳	卯	午	丑
力量	1	1	1	1	5
強弱	平	平	平	弱	強

情況三：大運行戌土

八字	時	日	月	年	大運
地支	卯	巳	卯	午	戌
力量	1	1	1	2	?

文堡老師解說

　　緊接著來看戌土大運，戌土原本可得到 5 分力量，但因為卯戌合作用，必須減掉合弱的 1 分，再加上卯木的 0.5 分，最後剩下 3.5 分。與未土大運的差別在於，卯木的力量有所不同，如下圖所示。

八字	時	日	月	年	大運
地支	卯	巳	卯	午	戌
力量	1	1	0.5	0	3.5
強弱	平	平	弱	弱	強

情況四：大運行辰土

八字	時	日	月	年	大運
地支	卯	巳	卯	午	辰
力量	1	1	1	2	?

文堡老師解說

最後來看辰土大運，此生洩邏輯比較簡單易懂，因為沒有合的作用，辰土可直接得到所有木火的力量，故巳午火洩 2 分辰土後，火剩下 3 分，木持平，土為 5 分極強。辰大運與丑土大運的差別在於，午火的力量有所不同，如下圖所示。

八字	時	日	月	年	大運
地支	卯	巳	卯	午	辰
力量	1	1	1	0	5
強弱	平	平	平	弱	強

本節最後，附上影片連結，歡迎掃描以下的 QR 碼觀看。

科學八字輕鬆學 第 269 堂課：大運生洩力量的計算

《文堡老師的叮嚀》所謂靜態指的是你落土時的原生八字，也就是我們的底牌；動態是屬於外來的天地引力。換句話說，意即莊家發給你的隨機牌。人生如戲，你可能會拿到一手好牌，但也有抽到壞到不能再壞的爛牌。所以別再執著於本命的底牌，我所以為的命運高手，他們都懂得如何運用手中的爛牌，打出一場精彩絕倫的好牌。

八字充電坊 15：《恐懼的人，一生都在治療童年》

行動是消除恐懼的唯一途徑，唯有殺死你內心的恐懼，你就能無所不能。

2022 年第五期五人班結業後，一個學生與我私下互傳 LINE……

文堡老師：「今天的課還可以嗎？有沒有陣亡？」

學生：「沒有陣亡，課程有新的啟發，謝謝老師的開課，還有謝謝炫靈學姐的解說。」

文堡老師：「不客氣，學到東西並能實際應用才是真的。」

學生：「對於老師今天解說膽小這個詞，這是我比較深思的點，反意則是指勇氣，展開自己的命盤，看到本命無官的我，是不是符合老師所說的勇氣呢？」

文堡老師：「是的！除非走到流年官殺不受控制，命主即會從原本的勇氣變成膽小或恐懼。」

學生：「孔子云 40 不惑，對於我是誰？從何而來？從生命的軌跡檢討欠缺又為何？勇氣又以什麼方式展現在自我的生命中？是跳脫舒適圈？還是面對一段逃避關係中的自己？」

文堡老師：「關於你提到的這些「高我」問題，我推薦你三本書。**張德芬老師**的心靈三部曲，第一本《**遇見未知的自己**》，第二本《**遇見心想事成的自己**》，第三本《**活出全新的自己**》，還有周文強老師

的財道精進課。」

學生：「謝謝老師的推薦！看似探討心靈和教育，其實背後都是回歸到自己。」

文堡老師：「欲踏入八字最高的四維空間，就是要學習如何回歸初心。妳若到我這個階段，其實八字不是用來批命的，而是進入心靈維度的另一個層級。」

學生：「看似低谷的大運與流年裡，我們學著反思生命給予的禮物，永遠是苦中帶甜的滋味，且需細細品嚐體會。」

文堡老師：「是的，這才是學八字最重要的高我，批命只是一個過程，或者說是一個工具，如何活出內在的精神，才是人生最重要的功課。」

學生：「真的認同！八字其實在告訴你，如何應對不一樣的人，對方思考邏輯的點和自己有何不同，站在他人的角度如何解決問題，我又如何透過八字延伸彼此的關係。」

文堡老師：「的確是如此，菜鳥與老鳥的區別，前者會追求神算自得其滿，後者會給予人正向的能量，人世間沒有神算。」

學生：「謝謝老師！確實不存在神算，很多時候人的改變真的是一念之間，所以不會是八字既定公式下的結果論。」

文堡老師：「認同！」

學生：「更何況時間分分秒秒在流動，氣場和空間都會造成不同的結果。」

文堡老師：「命雖無法改變，但是心可以，這也是同八字為何不會同命。」

學生：「就算是雙胞胎，在同樣的家庭教育下，也有各自不一樣的生命之旅。」

文堡老師：「沒錯！算命之所以會準，是因為心中有疑問，吸引了宇宙自然法則，其結果就會在命盤中顯象體現。」

學生：「瞭解！老師可以就剛剛講的話題來延伸，比劫膽小的點。比劫生食傷破官的命格，他們的內心到底害怕什麼？財嗎？官是管束框架壓力不是嗎？」

文堡老師：「比劫生食傷破官的人，他們之所以膽量大，其實都是比劫給予的，並非是命主的先天本質。比劫為一切事件的龍頭，官代表最後的結果，食傷只是一座橋樑，或者說是工具。當比劫被財合，官則會增強，性格將會變得無為。換言之，一旦官殺變強無制，人就會產生恐懼和壓力。」

學生：「所以一個比劫旺的人，不論男女命，它本身的勇氣來自於他人，而非自身從心所得，能這樣解釋嗎？」

文堡老師：「是的！我們可以換個思維角度，食傷是貪婪，官殺是恐懼，當官殺力量大於食傷之時，人們多半會用錢來解決當下的恐懼，股票市場被任其宰割的韭菜，就是很好的實證。所以我才會說，有恐懼的人，一生都在治療童年。」

學生：「**換言之，眾人的力量弱了，命主會變成孤獨的一人，容易被恐懼籠罩壓制。**」

文堡老師：「這段話解釋得很好！很棒哦！」

學生：「真的！會看見人的許多心性。」

文堡老師：「當接觸的客戶越多，你會從生活中，體悟出更多十神的人生閱歷。」

學生：「謝謝老師！是老師解釋得很清楚，我則是引申自己的想法。」

文堡老師：「以下的內容，是我最近體會而出的心得，提供給妳參考。」

道：內在、價值觀、潛意識 (官)
法：方向、夢想、志向 (食傷)
術：方法、學習成長 (印星)、拜師成為頂尖 (比劫)
器：工具、金錢 (財)

學生:「老師你真的很厲害！吸收理解且能融會貫通，傳道解惑。」

文堡老師：「其實，人一生就是要不斷的學習，從錯誤中成長，也期望妳能從我身上，學到的不只是八字的「道」，還有八字的「術」。」

學生：「好的！我會再加油，感謝老師的指導。」

干我什麼鳥事的豁達人生

你知道現代人的生活，為何壓力如此大嗎？答案很簡單，即是情緒引爆了焦慮，造成生命失去了重心，內心亦無安全感，嚴重一點的人，甚至罹患憂鬱症。

我認為除了改變個性（事實上很難改變），若能做好以下五件事，多少能幫助你脫離困境。

(一) 運動流汗

適量的運動可以幫助健康，促進身體代謝及血液循環，晨間漫步公園吸取芬多精，可降低憂鬱症發生的機率，運動在八字上代表食傷星，屬於比較積極的方法。

(二) 睡個好覺

當人的運勢走下坡時，容易出現事業不順、投資失利、意外、生病、離婚……

與其衝刺不如讓自己多休息，睡覺可讓自己度過難關，睡眠在八字代表的是印星，屬於比較消極的方法。

(三) 自得其樂

找一個興趣投入學習，保持感恩和喜悅心情，盡情享受快樂人生，憂鬱症很難將你纏身，在八字代表的即是財星。

(四) 走進人群

有機會到百貨公司或人潮聚集的地方，然後至少停留兩個小時以

上，利用人氣化解不佳的流年運勢，據說能降低發生憂鬱症的機率，人潮或公共場所，在八字代表的是比劫星。

(五) 干我什麼鳥事

您也許會認為這方法很俗氣，但這點實在太重要了，一般人很少能做得到，怎麼說呢？

今天你會得憂鬱症，很多時候就因為放不開，心有未甘、堅持執著所致⋯⋯

明明在公司裡努力上班，總是有同事在背後中傷；

覺得自己長得美如天仙，老公偏偏愛上路邊野花；

如果你能換個角度思維，命運或許會不一樣喔！

情境一：「同事扯我後腿講壞話，該怎麼辦？」

對策一：「干我什麼鳥事！講壞話又不會少塊肉，謠言止於智者，對吧！」

情境二：「老公變心外遇搞挑花，該如何面對？」

對策二：「這又干我什麼鳥事！將他的財產全都挖過來，男人沒有財哪來的桃花，外面的野花立馬知難而退。」

說了這些五四三，無非就是教你學會「豁達」，換個想法轉個念，憂鬱從此遠離我。一句「干我什麼鳥事」看似俗氣，卻是受益無窮的人生智慧啊！

從事這行這麼多年，每當看到客戶的命盤，流年若有出現憂鬱症

的傾向，我會試著鼓勵並指引命主一個方向，或者扮演一位心理導師，提供他們正向的能量。其實，一般人會尋求算命，大多是最近很衰、很背，若能諄諄教誨拉他們一把，即使先天的八字很難改變，也算是一件圓滿的好事。

文堡老師後語

你出生在什麼樣的家庭、這輩子碰到什麼樣的父母、遇到什麼樣的人、接觸到什麼樣的事，這一切都是老天設計好的，你只不過來享受遊戲，僅此而已！你知道什麼樣的人不怕死亡嗎？這個世界我來過、我奮鬥過、我拼搏過，我不後悔，我更不在乎結局！

記住一句話！你和父母的關係，就是和生命萬物的關係，一個不懂得孝順父母的人，他在財富上是不可能有大建樹的。同時，他在情感兩性關係上，也很難得到幸福。

心法 1
幸運的人，用童年療癒一生（印合食傷）
不幸的人，用一生治療童年（印剋食傷）

心法 2
你和父親的關係，就是和財運的關係（財星）
你和母親的關係，就是和婚姻的關係（印星）

因職業為命理師之故，才能有幸踏入有錢人的豪門堪宅，當我真正見識到這些頂級低調的富人時，我才驚覺他們的格局與境界，與一

般人有著很大的不同。而且，我發現越有錢的人，越是大孝子。

如果，我們將人比喻成一棵樹，那麼父母就是我們的根，一個不懂得敬愛父母的人，這棵樹怎麼可能變得茁壯？唯有底下的根是好的，樹木才能夠枝繁葉茂結出果實。

是故，愛父母的表現，小孝叫做陪伴，大孝則是成為父母心中的驕傲。

本文最後，附上影片連結，歡迎掃描以下的 QR 碼觀看。

科學八字輕鬆學 第 270 堂課：恐懼會讓你失去理性

《文堡老師的叮嚀》恐懼，為何能保護你的天賦？財星為天賦，官殺為恐懼，然而，天賦需要透過後天的食傷鍛鍊，才能將天賦發揮到極致。本命有此組合的人，雖然對金錢充滿恐懼，但也因為恐懼，才能保護他與生俱來的天賦。

4-2 一連順生的魔咒

請觀察並思考以下八字，假設土是你的財星，你認為土的力量是否有增加呢？此十年大運有發大財的機會嗎？

時	日	月	年	大運
辰	辰	午	辰	戌

對於學過傳統八字的讀者來說，相信一開頭這樣問，你們鐵定會吐我槽：「老師！別鬧了！只寫出地支卻沒有天干，這到底成何體統？」

所謂的八字，是由兩個系統組成，也就是我們熟悉的天干和地支。天干主外、主遠方，應用在人的身體主上半身，代表你所能看見的人事物，亦可稱之為陽。

然而，地支主內、主近方，應用在人的身體主下半身，代表你所不能輕易察覺的人、事、物，也能引申人的內在思維與潛在因子，也就是所謂的陰。

當你能將干支陰陽觀念瞭解得越透澈，你看到的層面將會越廣，切入的角度也會越多。是故，一個八字可以隨心所欲、活用自如，你可以選擇將天干與地支分門別論，也能將天干與地支結合而論。你會發現，原來批八字是一套非常靈活，而且有極高深度的學術。

我們現在聚焦的主題，在於探討地支的五行能量流通，所以請讀

者稍安勿躁，到了高階課程，你就能將干支的「能量結合定律」徹底融會貫通。

言歸正傳！假設日主為甲木，看到這個戊土大運，相信很多人都會開始感到「高潮」了！什麼事令你如此高潮？這不是走財星大運嗎？此十年必飛黃騰達、財運亨通，不是嗎？

時	日	月	年	大運
辰	辰	午	辰	戌

如果我告訴你，這十年大運你所有付出的努力，最終結果只會不斷洩死你的食傷，到頭來財運仍是持平，你會相信嗎？

哦！我知道你一定不相信，也許你接觸的客戶及批命經驗仍不夠多，這一點我可以接受，現在，我應用邏輯推理解說，你即可茅塞頓開！

本命的 DNA 組合，是由一個陽午火生三個陽辰土來的，對吧！我們可得知，午火為「地支鏈」的龍頭，代表分數即是 2 分，辰土呢？當然就是 8 分囉！還記得嗎？本命只有生但不存在洩的邏輯，所以它是一個順生的好八字，你會說好棒棒！真的是這樣嗎？

事實上先天得分越高的八字，人生的旅途更難走得順遂，為什麼？因為起始點的力量偏高了，若要維持好運，必須天助我也！什麼意思？很簡單！就是動態的大運流年必須讓本命的力量提高或者持平。

回想一下，當你每次都拿到一百分的榜首，你能接受突然掉到榜眼的落差嗎？相信很少人能承受這樣的壓力，沒錯吧！

可是你會問：「老師！大運不是加了一顆戊土財，你如何判定財星沒有增加呢？」

文堡老師：「還記得我在前個單元提到的生洩理論嗎？現在我請問你，大運戊土從何而來？」

讀者：「這個用腳想也知道，當然是火生出來的啊！」

文堡老師：「沒錯！既然你知道，戊土是由本命的午火所生出來的，這就不是生了，而是要看成洩，午火將自己的2分洩給戊土，此時午火的力量便會歸零。所謂的洩，即是失去原本午火的力量，同時間讓戊土成形，此時的戊土不就足足得到午火的2分嗎？生完小孩的媽媽難不成都不需要坐月子？」

讀者：「原來如此！如此的邏輯我就能理解了！」

文堡老師：「好！你說能理解，現在換我來考考你，你覺得土的力量有增加嗎？」

八字	時	日	月	年
地支	辰	辰	午	辰
力量	2	2	2	2

讀者：「嗯！這個……我想想，喔！看到了！土的總 total 力量跟本命的分數一樣，維持不變。」

文堡老師：「Bingo ！本命的土有 8 分，大運來戌土一樣是 8 分，財星從頭到尾根本沒有改變啊！但是午火的力量呢？」

讀者：「午火的力量不是歸零了嗎？這樣看起來應該是減弱了。」

八字	時	日	月	年	大運
地支	辰	辰	午	辰	戌
力量	2	2	0	2	2
強弱	平	平	弱	平	平

文堡老師：「正解！本命的午火有 2 分力量，在這個大運減為 0 分，真是情何以堪！努力得半死半活，但始終是徒勞無功。」

讀者：「經由老師這麼一說，我終於搞通它的邏輯了，所以當很多老師批我這十年大運會發大財，事實上卻是勞力之財，謝謝文堡老師的解惑！」

力量比對	木	火	土	金	水
本命	0	2	8	0	0
大運	0	0	8	0	0
強弱	平	弱	平	平	平

對於「傷官洩偏財」的批命思維，我在李笑來《把時間當作朋友》這本書裡得到一個新的啟發：

「運氣有時候是可以被計算出來的，但肯定不是一個普通人所能

控制。慾望儘管不可能總是得到滿足，卻是我們能夠控制，甚至可以完全控制。」

當你發現一個浪費時間、虛度年華的人，他們都有一個共同的特徵，這個性格特徵即是：「拼命想要控制自己完全不能控制的事物，卻在自己真正能掌控的地方徹底失控。」

邏輯思考

假設日主為男命甲木，午火為傷官，辰戌土即是偏財，請回答以下問題：

(1) 男命傷官洩太多偏財會出現何事？

(2) 請讀者計算出每個五行的力量。

文堅老師解說

(1)傷官洩偏財：為人貪心，努力得半死，結果財運卻是一般般；感情世界易花心、情慾旺，或者乾脆說為情所困，但前提是，八字當下必為身弱。

(2)火 (0分)：本命2分，洩戌土變0分。

(3)土 (8分)：本命辰土加午火的力量共有8分，但大運戌土的2分卻不會增加土的總力量，力量與本命仍為持平。

《文堡老師的叮嚀》午火洩大運戌土，本命土的力量減少了 2 分，大運戌土不過是將失去的力量補回罷了。是故，大運土的力量與本命土的力量並無改變，下回再看到類似的排列組合，可千萬別鐵口直斷命主財運亨通，否則，你只會感受到客戶不斷搖頭嘆氣的吐槽。

八字充電坊 16：《跨日的子時很難搞》

你聽過一萬小時定律嗎？除了花上時間，你還得用對方法。學習任何事物若欲融會貫通，仍須靠著長時間的練習與修正，然後從累積的經驗中，領會出一個「悟」字。而這個「悟」字，也許就是別人難以帶走的專業。

話說 2020 年盛夏，有一位大陸網友，透過微信加我好友，請我為他批算流年運勢。

拿到八字，我的首要任務即是校盤，先找出「真太陽時」才能論命。但是，當我見到命主提供的出生時辰，最擔心的事竟然出現了。

此話何說？我們來看一下他的出生時間：

陽曆 1975 年 2 月 7 日子時 (早子或夜子未知)
出生地：大陸福建

你也許會問，命主怎麼沒說是早子或夜子時呢？

70 年代的大陸，並非每個父母都能記得小孩的出生時間，更別提

子時了。假如你是生在台灣，很多長輩都會將午時記成大兒時，子時記做小兒時，也就是說將中午記成子時，晚上記成午時，此時你會吐槽：「老師！您今天腦袋清楚嗎？」

Yes！我可正常得很！

實務中常碰到子午不分的客戶，尤其是老一輩的人，別懷疑也別以為不可能，假如你有經常幫人論命，就一定會碰到。

我們回過頭來看這個八字，最大的難題到底出在哪裡？你可能會說，請他回去問父母不就得知時辰了？

真的這麼簡單嗎？很抱歉！他的父母早已淡忘，只留下一張出生時的紅紙，上面標註著「子時」。

如果命主完全記不得出生時辰，一般來說我都會婉拒，因為三柱批命過於籠統且不切實際！但假設出生時間介於兩個時辰中間還好辦，只要排出兩個時辰去推論印證即可，這倒沒什麼難度。

但如果是子時呢？對方又不知道早子還是晚子，此時的問題將會變得棘手頭大，因為將出現四種不同的命盤。

別忘了！子時是一天的跨界時間，我們假設 7 日是正確的出生日期，經過真太陽時校正後，原本時間與校正後的時間差距為 17 分鐘左右，於是可能出現以下四種情況：

（1）2月7日凌晨12點17分以前出生，校正後應為2月6日夜子時，

八字如下：

甲癸戊乙
子未寅卯

（2）2月7日凌晨12點17分以後至1點16分以前出生，校正後應為
2月7日早子時，八字如下：

甲甲戊乙
子申寅卯

（3）2月7日晚上11點17分以前出生，校正後應為2月7日亥時，
八字如下：

癸甲戊乙
亥申寅卯

（4）2月7日晚上11點17分以後至2月8日凌晨12點16分以前出生，
校正後應為2月7日夜子時，八字如下：

丙甲戊乙
子申寅卯

OK！到此為止，不要說你眼花，我自己也一頭霧水，此時該如
何找出命主的正確時間呢？不問而批一定行不通，只好請命主說出過
去重點之事，然後呢？趕緊利用「套命大法」吧！找出真正的出生時
間，才是當務之急。

碰到子時出生，又無從得知早子或夜子，對我來說這是最難搞定的八字，換成是你將如何選擇呢？放棄抑或接受挑戰？

告訴你吧！跨日的子時並不是最難搞的，最難搞的莫過於在交節氣的跨日子時，那才是真正令人聞之色變。

沒錯！算命就是要這麼龜毛

想想看，除了子時之外，一個時辰是否可能同時出現三種命盤呢？答案是肯定的！

2021 年初夏，我曾批算過一位大陸客戶。

男命 陽曆 1998 年 12 月 7 日申時
出生地：上海寶山區

命主的母親只記得五點以前出生，但實際時間並不清楚。現在，請你用八字 APP 排出這個命盤。

我相信多數人一定會用排盤軟體，經過真太陽時校正後，與實際時間差了約 13 分鐘。如果客戶是在 3 點 47 分出生，經過校正真太陽時為 4 點 1 分，得到的命盤如下：

庚 戊 癸 戊
申 子 亥 寅

但，假如客戶的出生時間是 3 點 48 分後出生，經過校正真太陽時為 4 點 2 分，此時的命盤卻是大相逕庭，為什麼？因為 4 點 2 分剛

好為交節氣的時間，所以必須換月柱，得到的命盤如下：

庚 戊 甲 戊
申 子 子 寅

OK！我們再假設，客戶的出生時間是在 4 點 47 分之後，經過校正真太陽時為 5 點 00 分，得到的命盤如下：

辛 戊 甲 戊
酉 子 子 寅

由以上可得知，如果你直接用申時去排盤，那可就大錯特錯！因為它可能出現三種命盤的組合，八字的排列完全不同，算出來的準確度亦是南轅北轍。

什麼？你說沒碰過？代表你批的案例仍不夠多！沒錯！這的確是機率的問題，但你能保證碰不上嗎？假如你在網路公開為人免費批命，沒有仔細校正就立馬幫人批，如果還能算準，那真的是瞎貓碰到死耗子！

話說回來，假如你遇上這種情況，該如何校正真太陽時呢？這是一個非常棘手的問題，這裡提供我的方法讓讀者參考：

第一：直接用視訊觀察此人的面相；
第二：交談過程中了解此人的性格；
第三：批算庚子年的整體運勢好壞；
第四：找出辛丑年癸巳月的問題點。

算個命，何須這麼龜毛？是的！就是要如此龜毛！我曾在上一本書說過：「批命是一件非常嚴謹的事，絕不可輕率馬虎，一個精準的八字批得準是功德無量；若是時辰不對批錯命，可能變成好心做壞事，甚至害人不淺，小小的疏忽對命主的影響很大，你說能不謹慎嗎？」

再說一次！拿到命盤，首要任務必須推敲真實性，再動手批八字，培養敏銳的洞察力，方能稱得上合格的大師。

隨著時代的演進，科技的物換星移，八字所呈現的意象也不盡相同。過去有位高人梁湘潤老師，他的批命經驗超過一個甲子，但他懂得將八字以不變的規則，批算出應萬變的時勢，並將這些心法結合現代人的潮流。

學習找對老師固然重要，然而人類的思維邏輯與理解能力，皆是大大不同，必須視學生的程度「因材施教」，絕不能以「自己的感覺」去教授你的學生，往往只會適得其反、差強人意。

《文堡老師的叮嚀》一萬小時定律並非只有努力，你還得用對學習的方法方能事半功倍，記住！學到的叫做知識，悟到的才是智慧。

4-3 龍頭被合的悲劇

請思考以下的地支排列組合，假設日主為戊土，亥水即是你的偏財，在這個大運中，你認為最強的五行是哪一個？命主實際的財運如何？

看到這個地支組合，第一時間你有什麼感覺？

時	日	月	年	大運
寅	午	戌	申	亥

你一定會覺得：「老師！這太簡單了！本命寅午戌三合火，大運亥合本命寅，五行全弱，對嗎？」

真的是如此嗎？

假如我告訴你，亥水是這個大運最強的五行，你會相信嗎？

哦！你可能會一頭霧水，亥水不是跟寅木合了嗎？怎麼可能變成最強的五行？難不成亥水有「外力」生助？

沒錯！它的確有「外力」生助，而且還是本命五行給的。

學生：「老師！寅午戌可否論斷為三合火呢？」

文堡老師：「你可能忘了，五行八字的字典裡，可沒有三合這個名詞哦！」

學生：「喔！這個我倒忘了！」

文堡老師：「三合可以用來論斷命主先天的思想及行為，但若用在動靜態的流通可就不適用了，因為我們是根據五行當下的情況，來計算力量的強弱。」

學生：「OK！這樣的邏輯我就能理解了！」

文堡老師：「好！現在我來做個test，請問本命中哪個五行最強？」

學生：「龍頭為寅木，木生火，火生土，土生金，能量聚氣在申金。」

文堡老師：「答對！那麼申金在亥大運的力量為幾分？」

學生：「申金洩亥水須減去1分，亥水合了寅木，龍頭斷了少了2分，所以總共少了3分，本命的申金原本有8分，用8減去3，申金最後只剩下5分。」

文堡老師：「很好！也就是說申金弱了，那麼寅木、午火、戌土、亥水呢？」

學生：「寅木被亥水合餘1分，午火失去了寅木生助變成2分，戌土剩下4分，亥水為1分。」

文堡老師：「除了亥水之外，其他都答對！」

學生：「亥水被合不是只剩下1分嗎？請問老師我少算了什麼？」

文堡老師：「你把合當成消失了，再看清楚一點！」

學生：「沒當消失啊！不是還有1分力量嗎？」

文堡老師：「NO！你忘了合外的五行，如果有印星橋，其力量是可以生助進來的。換句話說，當申金生下亥水1分，假若前面仍有剩餘的力量，皆可再加給亥水。」

學生：「我懂了！亥水被申金生下來之後，因為背後還有5分的力量，必須將剩下的5分再加到亥水身上，所以亥水應該有6分對嗎？」

文堡老師：「不對！亥水跟寅木合了，這6分必須再扣掉0.5分才是正解！」

學生：「知道！合仍必須再減去0.5分，才是真正的力量。所以亥水在這個大運中，不就過強了，是嗎？」

文堡老師：「沒錯！寅木、午火、戌土、申金全弱，唯獨亥水一枝獨秀，你認為這是好事還是壞事？」

五行	木	火	土	金	水
本命	2	4	6	8	0
亥大運	1	2	4	5	5.5
本命與大運比對	弱	弱	弱	弱	過強

學生：「當然是壞事啊！過強的亥水若沒有得到任何五行的控制，就會是問題的根源。」

文堡老師：「不只是問題的根源，還會連帶影響午火的運勢。而且，過強的水必定能讓火熄滅。換言之，因為大運出現了變化，導致地支的排列重新洗了牌，所以財運須論斷為弱而非強。」

學生：「可是問題是，在這個大運中，水根本沒有剋到火啊？老師何以論斷午火受傷呢？」

文堡老師：「這即是主導神的心法，也是一種無形的因果能量定律，當你學到更高階的課程，就能慢慢領悟了。」

學生：「好！我瞭解了！期待老師更精彩的課程，引領學生一起開悟。」

文堡老師：「等等！我要考你的問題還沒結束呢！現在，我將大運改成另外一個字。請推理出巳火大運，每個五行力量的強弱。」

時	日	月	年	大運
寅	午	戌	申	巳

學生：「簡單！巳申合，申金的力量變1分為弱，巳火因多出了0.5分須論強，寅木和戌土皆是2分為平。」

文堡老師：「你已經GG了！再算仔細一點！依我看來，整個五行早已弱不禁風。」

學生：「喔喔喔！我再重新算一次……寅木先洩巳火，故木的力量減弱；巳申合，火的力量少了0.5分所以變弱；戌土少了火的0.5分也變弱；申金被巳火合不用說也是弱。」

文堡老師：「邏輯正確！但有個重點必須留意，寅木洩巳火出來時，其實火的力量並沒有改變，但寅木少了1分。但是當巳火與申金一合，火的整體力量瞬間即少了0.5分，故戌土力量也會跟著減少。OK！現在請你算出申金的力量。」

學生：「申金不就是剩下 1 分嗎？」

文堡老師：「我的蒼天大地啊！申金怎麼可能只剩 1 分？你忘了前面還有戊土的印星橋嗎？」

學生：「哇！經老師這麼一說，我突然開悟覺醒了！原來申金必須再加上戊土的力量才是正解。這樣就簡單了！戊土因為少了火的 0.5 分，所以現在只剩下 5.5 分，而不是原本的 6 分，將 5.5 分再加給申金 1 分，故申金最後的力量為 6.5 分。」

文堡老師：「嗯嗯！現在你已經看得很清楚了！請問巳火大運對地支的排列產生了什麼影響？」

學生：「木弱、火弱、土弱、金弱……哇！五行全弱耶！」

文堡老師：「不對！你還少算了一個。」

學生：「水嗎？但是它並沒有出現在本命和大運中，不是嗎？」

文堡老師：「無不代表沒有，缺也不等於要。當一個八字出現四個五行全弱時，唯一平靜不動的五行，才是真正的主角。換句話說，真正的高手，早已設了一個局，但其實並不身在局中。」

學生：「老師的這段話是什麼意思？有聽沒有懂啊！」

文堡老師：「不急！這個能量平衡思維，等你學到主導神的課程，就能瞬間打通開悟。」

學生：「原來老師在賣關子，哈！」

文堡老師：「我並不是在賣關子，而是要讓你先熟練動靜態的五行力量計算，每天不斷練習、練習、練習……你的八字功力才會更強大！」

學生：「好的！我繼續將五行的計算強化，之後再跟老師請教。」

五行	木	火	土	金	水
本命	2	4	6	8	0
巳大運	1	3.5	5.5	6.5	0
本命與大運比對	弱	弱	弱	弱	平

《文堡老師的叮嚀》現在，你可以自己嘗試練習，將十二地支的每一個五行，各自帶入大運中，然後計算與本命生剋合洩的力量，你會體悟出不同的邏輯思維，但要注意戌土大運，因為出現的機率極低，可以忽略不計。

八字充電坊17：《擁有很多機會，反而是一場危機》

相信你一定有過這樣的經驗，買了一堆書或者報名了許多線上課程，到頭來幾乎都沒看完；看到別人賺了好幾個億，強迫自己也要跟上別人的腳步，但在這個過程中，假如花了很多的時間，卻得不到內心想要的結果，相信你一定會加倍努力，投入更多的心力，去完成那件不可能的任務。但，你有否想過，一旦到達了某個臨界

點，如果持續付出更多的努力，並不會帶來更好的效果，反而會出現負報酬。

首先，帶大家認識一下，這種現象在經濟學上稱做「報酬遞減法則」，這正是所謂的過猶不及，簡單來說就是過份努力，會讓你感到疲累不堪甚至過勞倦怠。

在八字十神類象的解釋更為有趣，我稱它做「食傷破印」，你會說應該是「印剋食傷」吧？怎麼會理解成「食傷破印」呢？道理並不難理解，所謂的「印剋食傷」，意即輸入大於輸出，學習太多卻不知如何變通，造成死知識無法活用。想想看，前幾天看過的書，你現在還記得多少？

然而「食傷破印」剛好完全顛倒，它代表輸出大於輸入，每多投入一分心力，最後不只讓報酬率變低，連帶整體的產出都會呈現遞減，因為你已經累了，判斷力也變弱了，你所投入的每一分努力皆是有害無益，如果再持續努力，就會完全不符合經濟效益。

我所以為的少，才會更好：「專注在你缺乏的東西，原本擁有的東西也將失去；專注在你擁有的東西，原本缺乏的東西也將回到你身邊。」

花最少的力氣來完成重要的事，順其自然達成目標，根本無需過度努力，若能做好一件事，此生則已阿彌陀佛了。這正是不費力的行動，印與食傷所要傳達的平衡定律。

在《習慣紅利》一書中，作者艾爾文曾在一篇文章談到：

當機會越來越多，專注的人反而越來越少，當一個人把心思分散在越多的地方，越不容易把一件事情做好，畢竟我們的能力及時間有限，如果你的注意力被任意瓜分，這輩子將很難累積自己的成就。因為不斷周旋在不同的機會選擇，你將更難看清楚真正適合自己的機會，在難以分辨的情況之下，你反而會錯過適合自己的機會。

對多數人來說，把心思分散在越多的地方，越難把一件事情做好，擁有越多的機會選擇，對專注力反而存在更大的危機。

這正呼應了「財星洩死食傷」的理念邏輯，**當你能夠把一件事情做好，通常就能做好很多事；但假如你想把很多事同時做好，往往很難做好任何一件事。**平常養成專注力的習慣，並學會分辨眼前的機會，然後選擇對的事不斷聚焦，將一件事做很多次，再把一件事做到極致。然後，你就會擁有更多、更好的機會。

最後，用一句話與你共勉：「你可以努力，但不要費力；專注做好一件事，夠好就好。」

《文堡老師的叮嚀》無論賺錢或者學習，假如過了某一個臨界點，若是再投入更大的努力，並不會帶來更好的績效，取而代之的是差強人意。

4-4 全陽案例大運分析

本單元開始解說本命跟大運生洩規則及力量計算,相信從此刻開始,身為讀者的你,大腦將會不斷絞盡腦汁,並全神貫注於推理思考,猶如學生時代的數學邏輯推演。

本命地支的五行流通,你認為會怎麼跑?你一定會這樣回答:「老師!這問題太簡單了啦!一點挑戰性都沒有。午火一定是龍頭,所以午火生辰土,辰土生申金,申金生子水,子水必為龍尾,而且力量很強呢!」

時	元女	月	年	大運
戊	壬	庚	庚	戊
申	子	辰	午	寅

65	55	45	35	25	15	5
癸	甲	乙	丙	丁	戊	己
酉	戌	亥	子	丑	寅	卯

出生後 4 年 1 個月又 3 天 22 小時
每逢甲己之年立夏後 15 日交脫

學理解析

沒錯!本命五行全陽且一氣順生,這裡要提醒讀者,子平八字的邏輯將申子辰看成三合水,水力量之強大與五行八字觀念不謀而合,

若是用來論斷先天性格，其準確度自然不在話下。然而五行八字看的是「五行流通的力量增減」，而非用三合的邏輯來生搬硬套解釋其吉凶，切勿將兩套學術混為一談。

我們接著往下看，假如大運走到寅木，你認為以下哪一個五行流通才是正確答案？

(1)子水生寅木，寅木生午火，午火生辰土，辰土生申金。子水為龍頭，申金為龍尾。

(2)寅木生午火，午火生辰土，辰土生申金，申金生子水。寅木為龍頭，子水為龍尾。

(3)午火生辰土，辰土生申金，申金生子水，子水生寅木。午火為龍頭，寅木為龍尾。

(4)辰土生申金，申金生子水，子水生寅木，寅木生午火。辰土為龍頭，午火為龍尾。

(5)申金生子水，子水生寅木，寅木生午火，午火生辰土。申金為龍頭，辰土為龍尾。

行筆至此，相信你一定感到眼花撩亂，不過是簡單的五行順生，為何會出現五種不同流通的選項呢？

若你能通曉何謂「龍頭」與「龍尾」，運用計分的邏輯推理，此題簡直是輕而易舉。現在，請仔細思考並寫下你的答案，不要去想對或錯。

寫好了嗎？答案即將揭曉！

正確解答是 (3)

nani？（日文發音，什麼的意思）你一定會覺得很錯愕，怎麼不是 (1) 呢？寅木不是水洩出來的嗎？寅木為何不是龍頭呢？

首先，讀者須建立一個觀念，現在請你筆記起來：

本命全陽或全陰，出現四個不同五行的一氣順生，大運若是生洩第五個五行出來，則此五行須斷為龍尾。換句話說，大運的龍頭依然是本命最初的龍頭五行。

本命水是 8 分，生洩給大運寅木，此時寅木會得到所有五行的力量，水減弱變為 6 分，然而寅木會得到 8 分。如果你把寅木再加回午火，此時的午火就會變成 10 分，這樣的邏輯就會大錯特錯！

是故，子水的前面皆為一氣順生的五行，換句話說子水若有橋來生助，此時的龍頭依然是本命的午火，寅木必定是龍尾。

你看到了嗎？寅木在大運可是非常夠力，沒錯吧！但子水呢？從原本的 8 分瞬間掉回 6 分，你猜子水是變強還是變弱？

請讀者務必牢記，此法只適用在本命全陽或全陰的五行順生，但不適用在「陰陽交錯」或「五行相剋」的本命八字上。

有看沒有懂？別急！後面我還會再做說明，熟悉生洩規則一段時間，你就能融會貫通了。學習五行八字最忌貪多求快，最後一知半解，這是文堡老師最不樂見的事。

邏輯思考

問題 1

對命主來說，你覺得戊寅大運是好運抑或壞運？

文堡老師解說 1

對命主而言，此大運五行為一氣順生，無論天干或地支，除了子水稍弱之外，其他的五行力量皆為強，代表能獲得師長或同學的幫助，有利於學業考運，此十年對一個正值成長的小女生來說，運勢有如神助無往不利。

問題 2

我發現命主的劫財洩給大運的食神，依照老師之前教的生洩邏輯，是不是要論斷她的比劫弱了，對嗎？

文堡老師解說 2

沒錯！劫財的確是變弱了，但你要知道，命主的其他十神也變強了。在四強一弱的環伺之下，我們仍須論斷此大運為好運，比劫雖然消耗自己的力量生洩給食神，但在我看來，是朋友和家人給了命主強力的信念與期待，這是一種無形的貴人之助。命主所要學習的是，若能將得到的好處，主動分享給周遭的良師益友，未來更能展現強大的光芒，與其一枝獨秀，不如百花齊放。

《文堡老師的叮嚀》五行的變化，猶如人的命運漣漪，你必須先學會本命的力量計算，並搞懂五行龍頭、龍尾的流通起序，方能在大運流年中，比對出命主當下的運勢吉凶。

八字充電坊 18：《調候與你想的不一樣》

我曾在《科學八字輕鬆學》其中一個章節談及調候理論，也就是生於夏天的人需要補水；生於冬天的人需要補火的概念。是的！這是自然的道理，但你相信一定百分之百正確嗎？

以下內容是學生與我的對話，文堡老師提出對於調候新的認知邏輯，提供給大家學習參考。

學生：「老師您好，想請教關於調候的問題，之前聽到子平談身強身弱，比方說夏天出生一定要水，冬天出生一定要有火，調候為優先，這個觀念是對的嗎？」

文堡老師：「沒錯！這是大數法則，但有一些命盤，妳要看它的排列組合，生於夏天，假如火很旺，水不一定能用，缺的五行不一定為我們所要。子平八字的觀念是對的，但是它沒有告訴妳要看整體的排列組合。」

學生：「老師有何看法呢？」

文堡老師：「比如說，寅午午巳，這個地支走子水就很好；午午巳巳，這個組合走亥水就很糟糕。」

學生：「因為第一個走子水中間有夾帶木，第二個水火會打架，這樣就很不好，走亥水，巳亥沖，走子水，是子午沖，互打！」

文堡老師：「對！五行八字的邏輯裡，可直接把它看成水剋火即

可，而且水被火給反制，八字是很活絡的，要看整體的排列決定吉凶。」

學生：「這個時候，真的就要用算的，才能看清楚耶！」

文堡老師：「是的！亥水合走龍頭寅木，這是很糟糕的事，木弱，火也跟著弱，同時亥水也是弱的。」

學生：「不過，我的朋友學過八字，看到這種組合一律說先調候。」

文堡老師：「太過先入為主的話，容易出現時準時不準。」

學生：「真的！現在學了老師的理論發現，以為的救星可能會變忌神了。」

文堡老師：「寅午午巳，調候用水的話，只有子水可用，亥水不可用，所以有些人會感到莫名其妙，為什麼同樣走水運，亥年和子年運勢會有如此大的差距。」

學生：「對耶！經老師的講解後，感到茅塞頓開了！」

文堡老師：「嗯嗯！所以必須根據命盤的排列組合，綜合批斷才能更準確，妳再慢慢練習，五行八字最忌貪多求快。」

學生：「好的，這一點我知道，基本功很重要，貪快易出亂子，感謝老師的指導。」

學生問題

學生：「請問老師，出國遊玩是看天干的財壞印嗎？」

文堡老師：「不一定！流年走到干支的財破印也會有出國的念頭，或者說身不由己。」

學生：「身不由己的念頭？這是什麼意思呢？」

文堡老師：「比如辛日主，碰上乙未年或甲戌年即有出國的想法，若在月份出現，也容易有驛馬遠行的機會。」

學生：「那該怎麼看身不由己呢？指的是印星和比劫不能弱，對嗎？」

文堡老師：「印星比劫弱也會出國，但不是一個很好的旅行時機，因為回國時可能會生病感冒，或者卡到不乾淨的磁場而不舒服。又比方說，一個男生當兵抽到金馬獎，通常也會在八字很弱的時候發生。」

學生：「看來印星比劫不能弱，才能玩得開心。」

文堡老師：「是的！八字當下的強弱，決定了一個人起心動念的好或壞，無論是出國旅遊、讀書、考試、投資、買房、結婚，皆可當成人生重要的參考指標。」

學生：「好的！感謝老師的指導，我先筆記起來！」

《文堡老師的叮嚀》調候真的與你想得不一樣，我們所經歷的好運或壞運，一切得依排列組合定吉凶。

4-5 全陰案例大運分析

　　我在前一本《科學八字輕鬆學》著作中，強調了陰陽及動靜態結合後，所呈現的運勢必定截然不同，如果你對前面的章節仍然懵懵懂懂，建議你先將前兩個本命篇單元熟讀，以及基本的生剋合洩熟練，再繼續往下研讀。記住！馬步若沒蹲穩，休想練就一番絕世武功。

　　以下這個八字為 2022 年臘月的一個客戶，也是一個五行全陰的女命，全陰的女生會有什麼樣的特質呢？

　　一般來說，全陰的女命，性格上較偏向於柔弱或溫文儒雅，但也不一定適用在每個全陰的女生身上，因為你得觀察五行及十神的排列組合，如同這個八字，天干七殺生偏印生比肩，外表給人的感覺比較果決、敏銳、正義，配合地支比肩關注正財，外在看似冷漠，其實骨子裡喜歡幫助他人，但對自己卻嚴以律己，買東西會貨比三家，不輕易下手買高檔貨，對物質追求及慾望很低。

　　你可能會問：「老師這不是先天破財的八字嗎？您怎會批她的性格很節儉呢？」

　　文堡老師：「本命八字沒有所謂的剋，只有關注這個詞，比肩監視正財，代表為人樂於與人分享，或者說對朋友和家人慷慨大方，但對自己卻是很小氣，因為在她們的認知中，對周邊的人捨得花錢是一種投資，對自己花錢購物是一種浪費，所以，你會看到這樣的人，在

買自己所需的物品時，容易執著在性價比。」

OK！瞭解本命的性格後，現在，我們來計算兩組大運的五行力量及運勢。

時	元女	月	年	大運
乙	己	丁	己	庚
亥	丑	丑	未	辰

67	57	47	37	27	17	7
甲	癸	壬	辛	庚	己	戊
申	未	午	巳	辰	卯	寅

出生後 6 年 0 個月又 10 天 18 小時

每逢乙庚之年小寒後 22 日交脫

假如你告訴我這個八字缺金 (五行八字不計藏干力量)，用神若走食傷運，肯定發大財或爆紅、爆紫，對嗎？

我在《**科學八字輕鬆學**》這本書曾說過，缺的五行不一定為我們所要，因為你得根據本命的排列組合，來決定動態出現的金是否為用。

我們先來看庚辰大運，當天干出現庚金之時，一進來立馬合走時干的乙木，這一合可不得了，因為乙木是天干五行的「龍頭鏈」，一旦乙木被庚金綁架，丁火偏印及己土比肩的力量就會瞬間削弱，所以我們即可斷定，庚金必為天干的五行忌神，而且庚金亦是弱不禁風、自身難保，進來時要完整 2 分，現在只剩下 1 分，不就等於 weak 掉了

嗎？難不成還要論強？

　　至於土的力量呢？你可能會這樣吐槽文堡老師：「老師！雖然天干己土少了 1 分，但地支多了一個辰土，比劫力量是否該論強呢？」

　　文堡老師：「NO！你都忘了還有洩這件事，天干己土不但少了乙木這 1 分，同時也洩給了大運的庚金，庚金不就是己土的兒子嗎？所以土的力量必須再扣 2 分。現在請你重新計算，天干減了 3 分，但地支只加回 2 分，你認為土的力量該論強還是弱？」

　　學生：「原來如此！這樣我就懂了！得到的分數遠不及被扣的分數，所以比劫的力量仍須論弱。」

　　文堡老師：「Bingo！而且不單是比劫弱，其他的十神也全弱了。你瞧！乙木被庚金合，乙木弱庚金亦弱，丁火少了乙木的來源亦為弱，水呢？地支多一辰土加重水的受傷，所以也是論弱。」

　　學生：「哇塞！那這個大運，命主不就是衰到爆炸？」

力量比對	木	火	土	金	水
本命	1	2	5	0	-2
庚辰大運	0.5	1	4	1	-4
強弱	弱	弱	弱	弱	弱

　　文堡老師：「沒錯！話雖如此，但也不過是大運的基本運勢，你必須再將流年帶進來一起論斷，八字才會更為活絡，因為你必須瞭解，有時流年的出現，可以解救不佳的大運運勢。」

學生：「此話何說？」

文堡老師：「等你學到流年進氣法，就會明白我的思維邏輯了。」

學生：「好吧！那我就拭目以待囉！」

文堡老師：「好！現在我們將大運換成辛巳，你覺得這個大運，該論好運還是壞運呢？」

時	元女	月	年	大運
乙	己	丁	己	辛
亥	丑	丑	未	巳

學生：「我來批算一下……應該要算好運吧？」

文堡老師：「現在換我考你五行力量的計分，請運用邏輯推理，寫出你的想法並加以求證，這不就是科學八字所要傳達的理念嗎？」

學生：「天干感覺整個五行通關順遂，乙木生丁火，丁火生己土，己土洩辛金，己土的力量減 1 分變弱，但辛金的力量為 3 分變旺，乙木和丁火力量不變。」

文堡老師：「正確！但土的力量真的有減弱嗎？」

學生：「如果再將地支的土算進來，其實土的力量應該論持平，因為大運巳火的出現，讓地支土的力量補回，所以土的力量是不變的。」

文堡老師：「很好！那麼火的力量有增強嗎？」

學生：「天干持平，地支加了1分巳火，當然力量也變強了。」

文堡老師：「可是亥水卻加重受傷了，這又該怎麼論？」

學生：「很簡單啊！命主會感到財運更不佳，達不到自己想要的目標。」

文堡老師：「真的是如此嗎？如果我告訴你，命主在這個大運即便是破財，當事人也會覺得破財是一件甘之如飴的事，換句話說，在他的思維裡，花錢是開心的事。」

學生：「破財是開心的事？不是應該難過才對嗎？老師您是不是講錯了？」

文堡老師：「我可沒講錯，你要知道，此人生下來就是一個破財DNA，假如破財的話，就讓它保持破財吧！但前提是當下的印星及食傷要好，即可控制住比劫剋財，他們會認為花出去的錢，才是真正屬於自己的。」

學生：「可控制住比劫剋財？老師！我有點迷糊了！」

文堡老師：「這個邏輯淺顯易懂，本命的DNA只要沒有受到大運流年的「篡改」，造成財與比劫力量的不平衡，或者說財星反噬了比劫，命主其實是相安無事的，甚至感受不到破財的壓力，因為他們早已習慣與生俱來的DNA。」

學生：「經老師這麼一說，似乎搞懂其中的邏輯與原理，不過仍必須消化一下。」

文堡老師：「不急！還是那句老話，等你進階到主導神的心法，即能曉以大義五行八字的奧祕精髓。」

學生：「好的！那麼我就拭目以待囉！」

文堡老師：「基本功很重要，運用邏輯推理和思考分析，是學好五行八字大運篇的不二法門。」

力量比對	木	火	土	金	水
本命	1	2	5	0	-2
辛巳大運	1	3	5	3	-3
強弱	平	強	平	強	弱

總結

經由以上兩組大運的分析，我們立馬可得知，比起庚辰大運，辛巳大運還要好上好幾倍。天干五行同樣皆為金，然而庚與辛是完全截然不同的運勢，所以用神絕對不會是一生一世，一切都需依照排列組合而定。

大運五行	木	火	土	金	水
庚辰大運	0.5	1	4	1	-4
辛巳大運	1	3	5	3	-3
大運比對	強	強	強	強	強

《文堡老師的叮嚀》庚辛金是完全截然不同的運勢，是故，學習五行八字，必須根據不同的排列組合，來決定當下用神的好壞，絕不是八字喜金，就將金當成一輩子的用神，這可是一件非常危險的事，請讀者務必慎用之。

八字充電坊 19：《八字痛點問題集錦》

學習八字的路上，相信你一定碰過許多迷惘的問題，本文整理了網友常見的八大痛點，歡迎你一起來學習吧！說不定可以幫助你茅塞頓開。

寫了這麼多的專業文，偶爾也要來一篇通俗文，請大家笑納。

痛點1：一天有24小時總共12個時辰，所以上午和下午各有6個時辰的時間長度，那麼如果從子時開始算隔日，上午跟下午的分界就是巳時跟午時的分界，而不是中午12點(即是午時的中間)，這樣的理解對嗎？不對的話，該怎麼理解才對呢？

解決1：現今從子時開始換日，必須以晚上12點為主，並非古人所言的三更夜子時(晚上十一時)。故上午跟下午的分界即是以午時為主，亦不是巳時和午時的交界點。

痛點2：事情發生的應期和類象，一定會按照八字的行運牌理出牌嗎？

解決 2：不一定，實務上約有兩成的命會算不準，有時會不按牌理出牌。

痛點 3：客戶全盤否定了命理師所言，該如何回應？

解決 3：這是命理師的最大痛點，看似一種羞辱，但你得明白，有些人是故意來踢館讓你難堪，不過這種人畢竟是少數，絕大多數都是時辰報錯，或者礙於面子嘴硬，亦或命理師判斷錯誤。你可以讓客戶選擇另請高明，或者列入黑名單永不來往。忘了說，有時你得相信，很多命理師算得準，並非是依據命盤，而是更多的人生閱歷。

痛點 4：碰上神鬼化的冥師。

解決 4：我相信市面上很多，尤其當他說要透過祭改才能幫到你。

痛點 5：不明白書本所說，或者不能理解，心中千百個問號未能解答。

解決 5：八字學無止境，看書不能理解很正常，真正的高手總是留一手。小嬰兒如果沒有跌倒過，就永遠學不會走路；沒有被客戶說你批不準，就永遠學不會批命。

痛點 6：這本書說 A，那個老師說 B，換個門派又說 C，每個老師都說自己對。

解決 6：只要客戶認同，代表學術能禁得起考驗，就無須在意門派。世上沒有百分之百的學術，重要的是能否解決當下的問題，能夠

幫助客戶釐清當下，那麼這個老師就是你的貴人。

痛點 7：請問老師，新冠肺炎的十神組合怎麼看？

解決 7：一場難得的百年瘟疫，重創全球經濟脈動，令人聞之色變，百業蕭條，許多人被迫關在家裡，造成生活諸多不便。

以我最熱愛的慢跑來說，2021 年受到新冠肺炎的影響，國中和小學的操場皆被管制，民眾不得其門而入，只能選擇鄰近小公園運動，直到 2022 年才開放解禁。

你可能會問我，新冠肺炎跟八字有什關係呢？

當然有！

我曾說過，透過生活時事學習八字，你將能領悟更多的十神類象。

舉例來說，台灣已有好幾年未曾碰上霸王級寒流，上一次要追溯到 2016 年 1 月 25 日，當天氣冷到不想出門，這又符合哪些十神類象呢？

一個學生突然告訴我，她說老天爺代表印，運動代表食傷，因太冷懶得外出跑步，就是所謂的印剋食傷。

哈！聽完後莞爾一笑，仔細思索也非常合乎邏輯。

現在，回到痛點 7 主題，我來考考大家兩個問題：

（1）新冠肺炎在十神代表什麼？

（2）被政府強制關在家不得外出，哪種類象可以解釋？

文堡老師解說

（1）病毒代表的十神就是官殺。庚子年庚金洩於子水，主肺部疾病緩緩蔓延。同時別忘了！日主受剋、印剋食傷、財破印皆可解釋為生病意外。

（2）官生印剋食傷：國家政府 (官)，為了保護人民生命安全 (印)，強制限制其行動 (食傷)。

覺得如何？是否感到驚奇有趣呢？

痛點 8：陽跟陽打架，陰是否可以插手？

解決 8：此題是我前作《科學八字輕鬆學》裡的一個基礎邏輯，有一個網友問文堡老師：「丁火並不是甲木的保護神，為何丁火不在，甲木會死得更難看呢？」

時	日主	月	年	大運	流年
庚	乙	甲	丁	壬	乙

乙木為日主，首先看以下的解說：

陽與陽先作用，庚剋甲，甲木受傷。大運壬合丁，丁不在，甲木會死得更慘。

學生的求教：「流年乙木合本命庚金，可以用甲木來拆解嗎？」

鄭老師解說：「答案是NO！同學請記得有合先論合的規則，不能隨意改變之！流年來了一個乙木，庚金就和乙木去私奔，重獲自由的甲木，怎麼可能再回去自投羅網呢？」

　　重要觀念：本命庚剋甲，流年來了乙木，庚金跑去找乙木談戀愛，甲木復活，本命有甲木在的話，日主乙木不會受傷，但流年出現乙木，代表日主出干，須留意有危機點。

　　看完了嗎？現在你應該知道，為何丁火不在，甲木會更慘了。

　　沒錯！批命規則是陽與陽優先作用，本命的甲木一定會受傷，丁火看似無三小路用（編按：沒有功能的台式說法），但它起碼可以抵擋一下吧！雖說大人打架，小孩只能靠邊站，但別忘了，它仍然有一點保護的能力。

　　好比說，日主丙火被壬水七殺所剋，若身旁有乙木，同樣具有保護日主的功能，你可不能直斷日主受剋，因為壬水會剋丙火，但同時壬水也能生乙木，換句話說，乙木的功能是用來洩壬水之氣，當大運來一個庚金，乙庚一合，此時日主就會跌入萬丈深谷，悽慘落魄。

　　同理，庚金剋甲木，丁火雖傷不了庚金，但總會帶給庚金一點小壓力，讓甲木受到的傷害減輕，對吧？

　　心法：爸爸欺負媽媽，小孩必挺身而出，保護自己的媽媽。

本節最後，附上影片連結，歡迎掃描以下的 QR 碼觀看。

科學八字輕鬆學 第 267 堂課：粉絲問題集

《文堡老師的叮嚀》一燈能除千年暗，一智能滅萬年愚。從時事中學習觀察八字的生活類象，你會發現老祖宗的智慧是如此的博大精深，更是一條學無止境的路。

大運力量進階計算

上一本書中，我曾提及「合不能當消失」的觀念，第五單元開始，我們來說清楚講明白，什麼是橋的生剋合洩，力量又該怎麼計分？準備好上課了嗎？Let's go！

5-1 日主脫困的生洩判斷

我們來複習一下，順便考考你：「這個天干有日主受剋嗎？」

時	日主	月	年	大運
辛	乙	己	己	丁

學生：「老師好！看完五行力量計算專業高級班第二堂課，當中談及以上的八字，天干丁火進來，我本以為最後會加重龍尾辛金官殺的力量，反而對日主不好。但是老師說，丁火食神進來是一氣順生，反而會更好。這點我不明白，日主不是不可參與嗎？」

這個問題不只我的學生有疑惑，也是多數人的盲點。

文堡老師：「你得用「保護神」的觀念來思考，因為辛金欲剋乙木，乙木有丁火食神的保護神，日主乙木只會脫困不會加重受傷哦！」

學生：「原來如此！所以不能單純以五行流通來看待，對嗎？」

文堡老師：「用五行流通來看是正確的，但只適用於全陽或全陰的八字，還記得貪生忘剋的邏輯嗎？」

學生：「記得老師曾提及此觀念，全陽或全陰的八字運勢一般都不錯，只要大運出現相同的陰陽，同時又有印星、比劫、食傷三個保護神進來，即使官殺力量很強大，日主也能受到保護，這樣的思維正確嗎？」

文堡老師：「是的沒錯！此時大運就要論斷為好運，然而在批命的實務上，仍必須依流年進氣的五行流通來綜合論斷，才能得知命主當年的運勢好壞。」

學生：「瞭解！但我目前在分數計算方面還是很弱，不如其他同學回答得那麼快，所以才想多看影片的案例，希望加速改善。單論五行生洩推論強弱的結果，對我來說比較容易一些，但要計算各自的五行力量分數，對我來說仍非常有難度。」

文堡老師：「初學者剛接觸五行力量計算，的確需要一點邏輯推理及演繹的能力，但這個能力可以透過不斷的練習，花上一段時間即可慢慢體悟，進而熟能生巧。我會建議新同學，一開始熟悉它的計算邏輯即可，當你學到後面的流月課程，基本上都能用推理的模式，快速找出命主當下的問題點，然後再給其建議及用神。」

學生：「謝謝老師的提點！很欣賞您的勤奮力，敬佩敬佩！」

文堡老師：「過獎了！學八字最忌貪多求快，一步一腳印，才能在這條路走得更遠、更長。別忘了！八字是一條學無止境的路。」

邏輯思考

乙木日主在丁大運為何不會受傷？請寫出你的想法與理由。

文堡老師解說

日主不會受傷乃因出現了丁火保護神，乙木不再受到辛金關注，故斷日主脫困。

五行流通為丁火生己土，己土生辛金。

火（1分）：丁火為龍頭，日主不論生洩。

土（3分）：丁火生兩個己土，1分加2分等於3分。

金（4分）：3分己土加上1分辛金共4分。

食神生偏財再生七殺：代表此大運的智慧、能力、機會、官運皆能獲得正向之回饋。

《文堡老師的叮嚀》切記日主無生洩之理，只要干支存在印星、比劫、食傷，即使不幸碰上官殺的壓力，皆能得到事後之化解，大事化小、小事化無。對命主來說，有時更是一種責任、榮譽，代表上司難得會關注你，同時也提供更多的挑戰與機會，任何事物皆有其一體兩面，千萬別再被日主受剋嚇傻了！

八字充電坊 20：《比起羊群效應，空手套白狼才是高手》

你應該有過這樣的經驗，走在人行道上，如果你看到有人仰望著天空，或者有一群人也看著天空，你會不會在這個時候停下腳步，跟著大家一起瞭望天空呢？

近年來，受到媒體的大肆宣傳，為了對抗通膨，不投資的人，可能一輩子注定成為窮人，於是，你看到一大票人走入投資市場，為的就是想抓住機不可失的財富，但十之八九的人，最後都被割了韭菜。

其實，當你的智慧和能力一旦提升，收入也增加了，根本無須畏懼通膨。未實施「房地合一」制度之前，在房市火熱的台灣，即使房價一路狂飆，仍然有人願意「孤擲一注」。在市集看到一群人買珍珠奶茶，而且還大排長龍，你會不會因為門庭若市，感覺珍珠奶茶看似好喝，然後跟風加入排隊呢？

我所以為的羊群效應：「如果大家都往相同方向跑，那他們肯定有我不知道的訊息，與其守株待兔看著他們為什麼跑，不如我先跑再說。」

「人類是從眾的動物，我們不斷追求團體的認同，並依賴別人的行為去塑造自己的行為。」

透過從眾的心理，讓我領悟到，什麼才是真正的「身弱比劫合食傷」。

當歲運出現這樣的組合時，可解釋為一個人會用「人潮」來決定

命運，面對一群和自己相似的人，你會傾向於追隨團體（比劫），而非相信自己的直覺，尤其在你缺乏自信（食傷）的時候。

當人們在很脆弱或懷疑自己之時，更容易出現跟風的羊群心理，假如你正在做一筆生意，無論是經營什麼事業，其實都是在幫人們解決問題，這是大家會向你購買東西的唯一理由，這代表什麼呢？表示人們在購買東西的時候會從眾，而且想要知道跟自己一樣的人做過什麼。

投資或貪婪者永遠會相信一個穩賺不賠的風潮，思考一下你是否有仔細做功課，如何適時利用「比劫合食傷」的羊群效應，讓你的事業更能趨近目標市場，賺到了鈔票同時又能夠幫助更多的人。

一旦你懂人們的從眾心理，就不難理解什麼是「身弱比劫合食傷」了。

《文堡老師的叮嚀》一旦你擁有了能力、項目、資源，即可透過「空手套白狼」的仲介模式，運用羊群效應，讓更多人為你所用。用白話來說，當你有一個宏偉的夢想，你就可以吸引無數沒有夢想的人，或者夢想比你小的人，來為你工作，幫助你實現你的夢想，這正是十神術語所言的「比劫生食傷生財」。

5-2 動靜態合的生洩規則

　　本單元將帶你瞭解動靜態合的生洩計算規則，這個單元是十分重要的內容，請讀者務必學會橋的生洩邏輯，也就是所謂的「母雞帶小雞」。

5-2-1 大運母雞帶小雞

例1：天干五行相生
難易度：★

問題

　　（一）計算丙時干在大運五行的力量。

　　（二）計算丁時干在大運五行的力量。

　　（三）比較兩組八字的五行強弱

文堡老師解說

　　學生：「請問老師，第一個丙時干的丙火不是會洩給大運的己土嗎？」

文堡老師：「沒錯！我要問你的是，己土可以得到丁火的力量嗎？」

學生：「我認為可以！」

文堡老師：「為什麼？」

學生：「因為丙火洩給己土 1 分後，自己還剩下 1 分，而這 1 分就是所謂的「籌碼」，可將丁火的 0.5 分力量一起帶出。」

文堡老師：「觀念正確，讚喔！因為丙火的母雞，可以帶出丁火的小雞，所以己土可得到所有火的 2.5 分力量。」

學生：「這也表示己大運的偏印似乎過強了，本命無土，大運進來需要維持在 1 分以上才能論好。」

文堡老師：「嗯嗯！那丁火呢？」

學生：「丁火只會更弱，因為己土是被丁火生洩而出，所以力量必須減 1 分變成 0.5 分。」

文堡老師：「很好！相信你已經搞懂生洩的邏輯了，如果將時干的丙火換成丁火，己土能得到幾分？」

學生：「時干丁火可將月干丁火的 0.5 分一同帶出，故己土可得

到 1.5 分，對嗎？」

文堡老師：「正確！此題也是很多同學容易混淆的地方，時干丁火可將月干丁火一同帶出，如同我提及的「母雞帶小雞」觀念，以時干為母雞，月干為小雞為例，你瞧！己土可得到時干丁火 1 分及月干丁火 0.5 分之力，故己土為 1.5 分。」

學生：「經老師這麼說我就瞭解了，時干丁火可將月干丁火一同帶出，生洩給己土，也就是一同帶出的觀念。」

文堡老師：「YES！這就是我提倡的母雞帶小雞概念，按照這個邏輯攻略來批命，鐵定錯不了！」

學生：「好的，感謝老師的提點，我需要再多一點練習。」

經由兩組天干的力量比對結果，如下表所示，我們可以發現，丙時干的印星力量大於丁時干，是否代表丙時干的印星過強了呢？關於這點，我們留待「主導神」的章節再來討論吧！

力量比對表

力量五行	木	火	土	金	水
丙時干	0	1.5	2.5	0	1
丁時干	0	0.5	1.5	0	1

5-2-2 流年母雞帶小雞

難易度：★★

問題

（一）計算戊流年的五行力量。

（二）計算己流年的五行力量。

（三）比較兩組流年哪一個印星力量最強？（回答戊年或己年）

學生：「請問老師，丁火洩流年戊土，大運乙木的力量是否可以過給戊土呢？」

文堡老師：「當然可以，戊土為陽，丁火只夠洩 1 分，另 1 分必須從乙木身上拿。」

學生：「瞭解！那月干的半分丁火可否帶出加給戊土呢？」

文堡老師：「依母雞帶小雞的邏輯，大運乙木被壬水生洩而出，並生助本命丁火的力量，流年出現戊土，此時的五行流通就會形成：「乙木生丁火，丁火生戊土」，雖然戊土會洩光丁火橋的力量，但即便如此，本命合中的月干丁火力量，仍然可以被時干的丁火一同帶出生洩給戊土，加上乙木 1 分龍頭，最後戊土能獲得木跟火的 2.5 分力

量。」

學生：「原來如此，換句話說即使把生助的橋洩光，仍然可以把合中的五行帶出來計算，對嗎？」

文堡老師：「沒錯！計算動靜生洩時，須留意母雞可以帶出小雞。」

學生：「好的，所以此流年的計分，可得知壬水為0分，乙木1分，丁火0.5分，戊土2.5分。」

文堡老師：「YES！須留意壬水必須扣掉洩乙木的1分，還有丁火生洩給戊土的2分。」

學生：「OK！感謝老師的指導。」

文堡老師：「不客氣！接下來請思考並計算己流年的力量，並比較與戊流年的差別。」

時	日主	月	年	大運	流年
丁	辛	丁	壬	乙	己

學生：「大運乙木生本命丁火，丁火的力量可全部過給己土對嗎？」

文堡老師：「正確！丁火將己土生下來之後，實際上丁火還有0.5分，但丁火的前面仍有乙木橋，此時乙木的1分可加至剩餘的0.5分

丁火，然後再一次生給己土。」

學生：「原來如此，所以己土的力量總共為 2.5 分，而不是 1 分。」

文堡老師：「沒錯！你得記得一個規則，**動態出現的五行，若是被本命所生，則第一次的生稱做為「洩」，也就是動態的五行被本命五行生下來成形後，接下來第二個動作才是真正的「生」**，千萬別搞混了！」

學生：「瞭解！己土被丁火洩出來，因為仍有乙木給的力量，故可將月干的丁火帶出來一起再生給己土，這樣我就能理解了。」

文堡老師：「簡單吧！現在請算出流年五行的最終力量。」

學生：「壬水為 0 分，乙木為 1 分，丁火為 1.5 分，己土為 2.5 分。」

文堡老師：「好！比對一下，流年己土與戊土的差別在哪？」

學生：「經過我的觀察比對，可得知己流年，只有火的力量旺於戊年，但其他的五行皆不變。」

文堡老師：「是的！官殺的力量變強了，日主由原本受剋轉為財官印一氣順生，流年看似好運，但也潛伏著危機點。」

學生：「危機點？」

文堡老師：「嗯！你想想，己土會一直存在嗎？」

學生：「不會啊！它有消失或受傷的時候。」

文堡老師：「對！當己土印星不在，辛金日主會發生什麼事？」

學生：「日主會因為官殺的壓力加重然後很不順。感覺從天堂瞬間掉入地獄。」

文堡老師：「出現不順是很正常的事，但你要知道命主出生時就是日主受剋的帶原者，原本即可承受或適應環境的壓力，也就是說這種人的抗壓性很高，相較於一般人，成就豐功偉業的機會更大。」

學生：「嗯嗯！我記得老師曾說過，日主受剋在本命不過是名詞而不是動詞。」

文堡老師：「YES！別再相信日主受剋的人，一生命運會很爛這種鬼話，有朝一日若脫困，爆發式成長可謂非比尋常、驚天動地。」

學生：「瞭解了！八字真是變化多端，感覺好有趣。」

文堡老師：「OK！學會後先筆記起來吧！」

力量比對表

力量五行	木	火	土	金	水
戊流年	1	0.5	2.5	0	0
己流年	1	1.5	2.5	0	0
強弱	平	強	平	平	平

本節最後，附上影片連結，歡迎掃描以下的 QR 碼觀看。

科學八字輕鬆學 第 265 堂課：合仍然有力量

《文堡老師的叮嚀》戊年與己年之力量結果如上表所示，兩個流年與本命比對之後，你會發現印星的力量最強，且成為天干當下顯而易見的「主導神」。何謂當下的主導神？別急！未來若有著書再跟讀者詳細解說，Now！在進階心法中，你必須先強化基本功，熟練動靜態五行力量計分法則。

八字充電坊 21：《真財富的十神金字塔》

在財商世界裡，我們把財富分為兩種，第一種是核心財富，第二種是外圍財富，也稱做真財富和假財富。

假財富的特徵是什麼？第一是具有背叛性，今天是你的，不代表明天一定是你的。第二是招災惹禍，什麼是招災惹禍？就是當你沒錢的時候還 OK，一旦發了財反而有人找你麻煩。記住！假財富它具有背叛和招災惹禍的特性。什麼才是真正的財富呢？第一，它永不背叛；

第二，它不會讓你惹禍，而且還幫你擋災。

現在，我們來看看什麼是真財富和假財富？你們認為的名、利、錢、房、車、公司……普通人是不是都在追求這些東西？其實這些財富都是假的，有如過眼雲煙，追求假財富的最後結果，就是你方唱罷我登台。

那究竟什麼是真財富？第一個真財富叫福報，福報的十神類象為官殺星，有很多人問文堡老師：「福報不是印星，怎會是官殺星呢？」

簡單！因為印星的起始源頭為官殺星，而官殺星代表的就是一切事物的道理和規律，道生一、一生二、二生三、三生萬物，合道天成，背道而亡。

釋迦牟尼說，每個人都有一本存摺，這本存摺不是你們銀行的那本存摺，它叫福報存摺，今天積一份福德，你的存摺就會多一筆福報。今天做了一件壞事，你的存摺就會被減一筆福澤。

一群人做了違法的生意，有些人不會被抓，為何你一做就被抓，什麼理由？因為別人有福報而你沒有（注意！我的意思不是要你去做壞事）。福報是別人拿不走的，是你自己生發而來，而且還會幫你擋災。

OK！第二個真財富叫做智慧，智慧的十神為食傷星。

今天錢是你的，明天就有可能被政府沒收。今天公司是你的，有可能第二天就被你親手創立的公司趕出去，賈伯斯就是一個例子。它具有背叛性。但是我想問一下，不管是誰，他能把你的智慧拿走嗎？

他能把你的能力帶走嗎？離婚可以把你的財產分走，但另一半能把你的能力分走嗎？不會對吧！所以智慧永遠是你的。

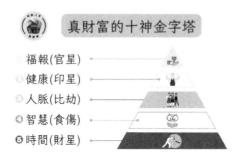

繼續！第三個真財富是健康，健康在十神的指標為印星。你們知道科技社會人類最大的悲哀是什麼嗎？這個世界 97% 的人之所以過得苦，因為 97% 的人每天在做一件事，拿真財富換假財富。而 3% 的人之所以過得好，是因為他們拿假財富換真財富。

再來，請你記下第四個真財富，就是時間，時間在十神類象代表的就是財星。

這個世界只有兩種人。一種人拿時間換錢，另一種人拿錢換時間。拿錢買時間的幾乎都是富人，拿時間換錢的多半都是窮人。今天一個小老闆，不願意請員工幫他做事，什麼事都自己來，就是拿自己的時間換錢，只要能用錢搞定的事，富人都不會自己來，因為他們懂得時間才是真正的財富。

真正的財富，不是你賺了多少錢，而是當你停止工作可以活多

久。假如一個月丟了工作，就無法支付生活開銷，即可證明你是窮人。你們知道為什麼嗎？因為這個世界的錢是無限的，但是時間是有限的，拿無限的金錢去換有限的時間，這種人才是真正的高手。

最後一個真財富是什麼？答案是人脈。人脈的十神應該不用我再解釋了，正是比劫星。

你的朋友、你的兄弟、你的親人。這些也都是真的財富。假如他們是你的朋友，不管你有沒有錢，他永遠都不會背叛你，出事了他還會幫你，你的父母、你的親人、你的老婆子女，他們永遠是你的財富。但有些人創業為了自身利益，把老婆和朋友全出賣了，多麼可悲的眾叛親離！

這種案例在現實生活屢見不鮮，記住！這個世界最愚蠢的事，就是拿真財富換假財富；這個世界最智慧的事，就是拿假財富換真財富。

你，選擇哪個？

最後，我來做個總結，不知你有否發現，以上我所提倡的真財富，是否與八字的十神同頻共振呢？你可能會吐槽我是巧合，但以我的認知來看，它確實是「合道天成」啊！

《文堡老師的叮嚀》記住！當你決定投資標的之前，必須符合四個條件：(1) 合道 (2) 學好財商 (3) 專注本業 (4) 閒錢投資。

5-3 動靜態合的生洩計算

　　本單元開始，你將漸漸學會動靜態生剋合洩的五行計算規則，剛開始接觸這套數學的邏輯推理，對新手來說確實比較吃力，但隨著不斷的大量練習，大約三到四個月的時間，你就能得心應手。所以，耐心是你通往「五行八字」自由之路的最佳錦囊。

5-3-1 天干大運合的生洩計算

難易度：★

問題

　　(一)計算本命五行的原始力量。

　　(二)計算庚金大運五行的力量。

　　(三)比較本命與大運五行強弱。

時	日主	月	年	大運
己	丁	乙	甲	庚

　　學生：「請教老師，天干的己土在庚大運是強還是弱？」

　　文堡老師：「從本命中你可得知，己土被甲乙木剋得死死的，本命的己土為 -2 分；現在大運來了庚金，乙庚合後，甲己會立馬合，所以這是一個合到完的八字。」

學生：「這個合的規則我知道，但己土被合不是還有 0.5 分嗎？」

文堡老師：「不對，己土並非是 0.5 分，再仔細計算一下！」

學生：「喔！我少算了洩給庚金的力量，所以必須再用 0.5 減去 2 分，正確是 -1.5 分，對嗎？」

文堡老師：「沒錯！大運出現的五行，一定要留意是否有被本命的五行生洩出來，這是初學者很容易忽略的地方。現在，你將大運的己土與本命的己土比對一下，哪一個比較強？」

學生：「本命是 -2 分，大運是 -1.5 分，當然是大運強囉！」

文堡老師：「好的，那庚金呢？」

學生：「庚金不是消失或者進不來嗎？」

文堡老師：「錯！合是不能當消失的，你只能說它的力量減半，事實上庚金還好端端的留在八字裡，只是力量由 2 分變為 1 分，本命無庚金，在大運進來時必須維持 2 分才能論斷為平，若是少於這個分數，則須論斷為弱。」

學生：「我懂了！那麼木的力量就會變成 1.5 分，與本命 2 分比對，很明顯也是變弱了。」

文堡老師：「正解！從大運篇開始，計算五行力量就必須全神貫注，留意生剋合洩的種種陷阱，倘若一個不小心，就會導致全盤皆錯。所以初學者必須經過一段時間的學習與適應，慢慢即可得心應手。」

學生：「好的！我會再多做練習，感謝老師的指導。」

本命與大運的力量比對結果，如下表所示。

力量比對	木	火	土	金	水
本命	2	0	-2	0	0
大運	1.5	0	-1.5	1	0
強弱	弱	平	強	弱	平

經由以上本命與大運的力量比對表，你有找到什麼蛛絲馬跡嗎？你一定知道土雖然變強了，但金和木卻是變弱了。這代表什麼意思呢？我們將五行套入十神來解釋其類象，相信讀者即可融會貫通。

原本是一個性格保守、內向拘謹、受長輩約束言行的印剋食神，因為大運出現「正財合偏印」，導致最後「正印合強了食神」。我們可以理解成一個人因努力學習，助長了能力及智慧開竅；對一個成人的男子來說，可能因結識了一個秀外慧中的女人，讓自己的事業及自信心變得更好，婆媳關係也十分和諧美滿，這對命主來說可是好事一樁啊！不是嗎？但從妻子的角度來看卻是弱了，為什麼？正因為她付出了愛，犧牲了自己，只願另一半活得開心、自在，讓命主充滿無限的幸福感。

注意！以上只針對天干解釋「形於外」之類象，你必須再配合地支，計算出整體力量，才能找出命主實際的情況。

如何？是不是覺得很有趣呢？你也可以類推一下，筆記一下自己的心得體悟哦！

5-3-2 地支大運合的生洩計算

難易度：★★

問題

（一）計算申金大運五行力量。

（二）計算酉金大運五行力量。

（三）比較兩個大運五行強弱。

時	日	月	年	大運
未	巳	午	辰	申

時	日	月	年	大運
未	巳	午	辰	酉

學生：「請問老師，這個地支同樣走金大運，有什麼不一樣嗎？」
這問題不是只有我的學生的疑惑，也是多數讀者的盲點。

文堡老師：「當然不同！比較一下申金與酉金哪個力量較強？」

學生：「依據計分法則，我覺得申大運的力量較強，酉金與辰土
合反而變弱了。」

文堡老師：「不對！請再仔細思考申大運每個五行的力量。」

學生：「這很簡單！巳申合，然後午未合，辰土生申金，最後能
量聚氣在申金，對嗎？」

文堡老師：「暈！我教過你的「洩」的觀念，全都忘得一乾二淨了！」

學生：「哇！我的確疏忽了，申金是被辰土洩出來的，加上申金被巳火合，此時的申金只有 1 分力量，所以須論斷為弱。」

文堡老師：「正解！那麼為何申金須論斷為弱呢？」

學生：「因為本命沒有的五行，在動態出來時就必須維持在 2 分，低於這個分數，就必須論斷為弱。」

文堡老師：「太棒了！那麼我再考考你，未土的力量可以過給申金嗎？為什麼申金可得到 1.5 分而不是 1 分呢？」

學生：「這不難啊！辰土可把午未合中的未土 0.5 分的力量帶出來，一起生洩給申金，此時申金即可得到 2.5 分，但因為巳申合後，申金必須再減掉 1 分，最後力量為 1.5 分。」

文堡老師：「觀念正確！很好！那麼西大運的辰土的力量為何？」

學生：「辰土被酉金合走，代表土的力量弱了，此時的辰土還有 1 分的力量。」

文堡老師：「不對！辰土在這個大運應視為消失。」

學生：「消失？老師不是說過合不能當成消失嗎？」

文堡老師：「沒錯！但有三種動靜態的合，必須當成消失或減分

來看。」

學生：「消失或減分？老師我有點迷糊了！」

文堡老師：「你瞧！酉金不是被辰土生洩出來的嗎？」

學生：「是啊！這我知道，辰土還剩下 1 分。」

文堡老師：「但你忘了合這件事，被合住的五行必須再打對折減半。」

學生：「哦！原來如此！辰土先洩 1 分出去，然後因為被酉金合，必須再減去 1 分，最後變為 0。」

文堡老師：「YES！還記得地支有三個「生合」的組合嗎？」

學生：「記得！三個生合分別是辰酉合、午未合、以及寅亥合。」

文堡老師：「嗯！你應該會發現，除了辰酉合及午未合的辰土、午火會歸零之外，亥寅合的亥水卻不會歸零，反而直接變成負分，你知道為什麼嗎？」

學生：「這我瞭解！辰酉合及午未合皆是因為洩加上合的關係而歸零，但亥寅合的邏輯不同，1 分亥水先洩了 2 分寅木變成 -1 分，然後被寅木合弱，所以必須再減去半分，最後亥水變為 -1.5 分。」

文堡老師：「完全正確！現在你應該懂得合洩的規則理論了。OK！請將酉金大運每個五行的力量計算出來吧！」

學生：「巳午火仍是龍頭，故火為 3 分不變；辰土 0 分加上未土 1 分，1 分土加上 3 分火，土的總力量為 4 分；酉金因為有未土橋，可得到火土的 4 分，再加上自己的 0.5 分，所以酉金的總力量為 4.5 分。」

文堡老師：「太讚了！可是我要問你的是，為何午火的力量可以名正言順地加到酉金身上呢？午火不是監視著酉金嗎？」

學生：「午火監視不到酉金啦！因為它們彼此「相親相愛」，即使辰土力量歸零，仍舊還是一個合，而合是不能隨便被打開的，所以午火的力量可加到酉金身上，我這樣理解對嗎？」

文堡老師：「沒錯！這一單元的課程，你已完全通關了！恭喜！」

學生：「謝謝老師的指導，的確是受益良多啊！」

邏輯思考

申大運與酉大運之力量比對結果，如下表所示。

力量比對	木	火	土	金	水
申大運	0	1.5	0.5	1.5	0
酉大運	0	3	4	4.5	0
強弱	平	強	強	強	平

本節最後，附上影片連結，歡迎掃描以下的 QR 碼觀看。

科學八字輕鬆學 第 268 堂課：動態合的生洩規則

動態合的生洩規則

《文堡老師的叮嚀》經由兩個大運比對後得知，很顯然酉金大運比申金大運要來得好，所以用神若為金，得根據五行的排列組合方能定吉凶，切記！用神永遠不存在一成不變的真理。

八字充電坊 22：《千萬別再相信理論》

身為讀者的你，必能理解理論與實務存在很大的誤解，若將兩者拿來彼此碰撞，你認為會擦出什麼樣的火花？

1999 年，跟隨家父學了半年八字，千禧年不知哪來的勇氣，結婚了就立馬開館。說實話，23 年來，我認真看過的命理書，絕對沒有超過 10 本。很多人都想從書上學到「真訣」，可是你會發現學了十幾二十年的八字，很多人仍舊是裹足不前，不放棄尋找所謂的「真訣」。

這麼說吧！假如「真訣」當真寫在書上，實務上你依然會踢到鐵板，哦！不！不能用「還是」而是「應該是」。如果你只想當個學者，從古書中汲取知識，而沒有實際面對客戶的經驗，那麼我可以斬釘截

鐵說，即使你花上一輩子時間，仍舊會感到步履維艱、寸步難行。

記住以下這段話：「想真心學好八字，你所批斷的人，得是素人而非名人。」為什麼要接觸素人而不選擇名人呢？因為名人根本不會鳥你。他們的八卦在枱面上清晰可見，你只要將這門學術理論，自然地套用在名人身上，即可以「導果為因」的方式，說出令人拍案叫絕的故事。這樣的學習方式，說難點不過是「為套命而算命」。

我提倡「批八字」應修改為「算八字」，因為八字其實跟數學邏輯一樣，老師解說完規則技法，假如你沒有持續練習，下回碰到一個陌生題目，可能就會出現噤若寒蟬、無一以對。為什麼聽老師的解說很簡單，實際練習時腦袋卻空空如也，這是怎麼回事？因為你缺乏面對客戶的實戰經驗，進一步說：「你對自己的批命沒有自信。」

舉例來說，很多人都相信「印剋食傷」很可怕，輕則胡思亂想，重則自殺身亡，然而事實上，這條「不成文」的理論，一切得依當下動靜態的排列組合，以及印星能否得到控制而定。若是偏印剋到食神，意志力容易受到動搖，自信心不足，負面情緒大，身體代謝易失衡出現便祕，所以有過多的偏印並不是好事。當然了！印星若能得到良好的控制，情緒從此不再豬羊變色。

其實，本命的印剋食傷根本不可怕，反而有利未來的成就發展，因為剋太好解了，只要動態不加重它的壓力，一切都好談；最令人聞風喪膽的是，動靜態當下的食傷，被過強的偏印打得遍體鱗傷，亦缺乏比劫和財星來轉化控制，此時就得小心防範，行事過於急躁衝動而誤事。

學生：「八字的食傷(動力)很重要啊！光只有印(吸收)只會原地打轉，這座比劫橋樑很重要，能不能融會貫通，就看比劫有多大的能耐。」

文堡老師：「這座橋樑若是被沖垮了，能量可就不平衡了！」

學生：「不愧是老師！懂我說的意思！是的！比劫很重要！沒有比劫撐起，印和食傷幾乎是無解的。」

文堡老師：「印過強，不知變通；食傷過強，口若懸河。」

學生：「感謝老師的指導，我又增長了學術知識。」

文堡老師：「不客氣！想學好八字，必須從生活去體悟人生，並學會十神控制點，你就能無所不能，相信你會更進步哦！」

很多人想搞懂所有學術技法，再來實際面對客戶，我只能說這樣的學習方式，你永遠都不會準備好，尤其八字這門學術，這條路更是淵遠流長、學無止境。

行筆至此，我相信你應該茅塞頓開了，怎麼做才能真正學好八字呢？首先你得記住「客戶」才是你真正的老師，當你與他們一對一面對面，你才能真正感受「理論」與「現實」有多麼大的差距。而且偷偷告訴你，不斷被客戶踢館、打臉，你應該感到開心，而無需感到丟臉。換句話說，沒有他們幫你「點醒」，永遠無法辨別古書的真偽。

有很多人問我：「老師！您的這些「學術理論」從何而來？該不

會是自導自演吧？」

我只簡單回了一句：「從客戶身上不斷累積心得，然後集結成冊。」

傳承知識還得啟動自導自演，你的人生還不夠累嗎？

不敢說我還藏了哪些真訣，仍未一言道盡，但起碼到目前為止，我所聽到、看到的回饋皆是：「謝謝老師無藏私的分享！」

好一句無藏私！這也難怪，很多人只要買了書，就能立馬成為「免費」的學生，而且還屢試不爽呢！

再說一次！學八字，千萬別再相信理論，你所學到的東西都是拾人牙慧，學到的叫做知識，悟到的才叫做智慧。

歡迎掃描以下的 QR 碼收聽 Podcast：

八字聽書 EP193：學好八字最好方法

(Podcast) 學好八字最好方法

《文堡老師的叮嚀》說來慚愧，《滴天髓》我從來沒翻過，真正的老師都是我的客戶，他們也是我淬煉成長的貴人。

5-4 生合與剋合的生洩心法

本單元開始解說本命跟大運生洩規則及力量計算，相信從此刻開始，讀者的大腦會不斷絞盡腦汁、全神貫注於推理思考，猶如學生時代的數學邏輯推演。

5-4-1 生合的生洩心法

難易度：★

我們來複習一下，本命生合的力量計算，考考你還記得多少？

時	日	月	年
亥	未	辰	酉

學生 A：「老師說未土不是直接剋亥水，而是要把辰酉合中的辰土力量帶出來一起欺負亥水，所以亥水 -1 分。而未土母雞在還沒帶出小雞之前，未土先與亥水作用，未土為 0 分，母雞已死，所以多出來的 1 分土無法生給酉金，酉金仍為 0.5 分。請問老師以下的計算邏輯，何者正確？」

學生 B：「以上兩個邏輯都是對的，當土要剋水時，兩軍交戰，必然是傾巢而出。故未土可帶出辰土的力量一同剋死亥水。打完仗後，未土母雞陣亡，但小雞存活下來，當然是回巢躲起來，繼續與酉金談戀愛，無力生助酉金。故力量為水 -1 分、土 1 分、金 0.5 分。」

文堡老師：「兩位同學的邏輯觀念皆正確，兩軍打仗時，必定是所有五行傾巢而出，母雞必定是打前鋒的未土，但是當母雞陣亡，辰土小雞必定會「衣錦還鄉」，與酉金繼續過著幸福快樂的日子，酉金會因此而變強嗎？當然不會！千萬別以為辰土會生給酉金力量，所謂的合，就是死纏爛打、彼此牽制。」

邏輯思考

本命的力量計算結果，如下表所示。

地支	時	日	月	年
本命	亥	未	辰	酉
力量	-1	0	1	0.5

結論

本命的未土帶出辰土一起與亥水打架，剩下的 1 分不可加給合中的酉金，因為母雞的未土橋已陣亡，酉金得不到辰土小雞的 1 分力量。

5-4-2 生洩的五行相剋計算

難易度：★★

問題 1

本命存在的合，大運來了一個五行，這個生洩的力量要如何批

論？

時	元女	月	年	大運
癸	戊	乙	庚	丙

文堡老師解說

本命若有合的五行，突然大運來一個字，這個生洩的力量到底要怎麼看？我們先用一個案例來解釋，你會發現本命有一個乙庚合對不對？我們先把它們圈起來，現在我們來看第一個，動態來一個丙火大運，這個八字對本命來講是不是水生木？乙木是不是可以得到水的1分力量？

沒錯吧！所以在本命的乙木力量會有幾分？0.5分加1分，本命會有1.5分，那庚金呢？因為它不會洩給癸水，所以庚金有1分，然後癸水也是1分，現在大運來一個丙火，這就不一樣了！你們在看八字的時候，一定要先知道這個丙火是誰洩出來的？這個必須從本命去找，到底是哪個五行洩出來的。這是一個很重要的觀念哦！請讀者務必牢記。

是故，我們先找出丙火是不是乙木生洩出來的呢？沒錯！你要記得本命原本被合住的五行，此時會減少原先的力量，也就是說乙木必須由0.5分扣2分給丙火，減去2分之後，乙木會變成-1.5分。

那麼丙火呢？它立即會獲得2分，OK！注意囉！現在2分的丙火，它還必須再跟本命的癸水打一次架，癸水在本命不是1分嗎？現

287

在 1 分扣掉 2 分，所以癸水會立馬變 -1 分，那麼丙火剩下幾分呢？原本乙木洩 2 分出來丙得到 2 分，現在扣掉癸水就會剩下 1 分，沒錯吧！

至於庚金的力量仍是不變的 1 分，為什麼？因為大運並沒有出現水來生洩它，所以力量維持不變。

好！我們現在來比對一下，此時跟本命的力量到底差了多少？

首先看乙木，剛剛講乙木在本命為 1.5 分，現在變成 -1.5 分，那麼你便可以知道，這個乙木就是弱的，再來庚金力量沒變所以是平的。至於丙火呢？它在大運被乙木生出來的時候，陽的五行必需要維持在 2 分才能論平或好，但它與癸水打架後只剩下 1 分，我們也可得知丙火偏印也是弱的。最後一個癸水，原本是 1 分，現在變為 -1 分，所以也是弱的。

OK！這個天干走到丙火大運，其實對本命的乙木、癸水基本上都是扣分的，而且丙火也要論斷為弱。是故，在這個大運裡基本上運勢並不太好。當然，你仍必須配合地支的力量計算，才能比對出命主整體運勢的好壞喔！

學生問題集錦

學生 A：「老師！請問這個八字可以拆合嗎？」

文堡老師：「不能！大運不存在拆合之理，欲將乙庚合拆開，必須等到流年流月。」

學生 B：「那麼剩下的 1 分丙火能否再剋庚金呢？」

文堡老師：「非也！請記住一個規則，**合只能被生入，但不能被剋入。**」

邏輯思考

本命與丙大運的力量比對結果，如下表所示。

力量比對	木	火	土	金	水
本命	1.5	0	0	1	1
丙大運	-1.5	1	0	1	-1
強弱	弱	弱	平	平	弱

解析

本命：乙庚合，剩下癸生乙。

→ 乙庚合，乙 0.5 分，庚 1 分。因為二者相合，力量受限只剩一半。

→ 本命癸水有 1 分，且可生助乙木，故乙木實際為 0.5+1=1.5 分。

→ 分數值參考，陽＝ 2 分，陰＝ 1 分，相合力量減半，本命生洩不扣分。

丙大運：丙一進來必定會洩乙，且本命癸會剋新來的丙，故癸就不能生助乙。

→ 乙木原值 0.5 分，洩給丙火減 2 分，即乙木為 -1.5 分。

→ 丙火出來為 2 分，可惜被癸水打，減少 1 分，剩下 1 分須論弱。

→ 癸水原值 1 分，自不量力剋 2 分的丙，剩 -1 分。

→ 庚金沒受影響，維持不變的 1 分。

結論

丙大運不理想，因為有三個五行力量減弱了。

問題 1 延伸

難易度：★★

現在我將大運丙火改成丁火，請讀者計算出丁大運的五行力量。

時	日	月	年	大運
癸	戊	乙	庚	丁

文堡老師解說

此延伸題與第一題差異在哪裡？簡單！只是將丙火改成丁火，其實道理是相通的。現在換我來考考你：「請問丁火是誰洩出來的？」是乙木沒錯吧？乙木 0.5 分扣掉丁火 1 分，此時乙木會變成多少？ -0.5 分。那丁火呢？它會得到 1 分。

是故，乙木力量會維持在 -0.5 分，那庚金呢？沒變！一樣是 1 分。現在我們來跟本命做比對，本命的乙木有 1.5 分，現在變成 -0.5 分，所以乙木須論弱；然後癸水在本命是 1 分，大運變 0 分亦為弱；丁火進來要 1 分，現在變 0 分更是弱。讀到這裡你會發現，兩個大運哪一

個運勢較弱呢？當然是丙大運，因為乙木的力量必須再多扣 1 分，癸水也必須多減 1 分。

此時，你即可瞭解此命的官運，丙大運會比丁大運來得略遜一籌，而且癸水財星，也會比丁大運來得弱。換句話說，陰陽五行可是有很大的差別，所以用神若為火，並不適用在每個八字，讀者在計算力量的時候，這一點要特別注意！

《學生問題集錦》

學生：「老師！這不是水生木，然後木再洩火嗎？」

文堡老師：「哦！你不能這樣看，當丁火被乙木洩出來後，它會優先和癸水打架，與上一題的丙火大運邏輯相同，所以癸剋丁，癸水和丁火皆會歸 0。0 分的話，水就沒有能力再生給乙木了。」

學生：「所以大運丁火也必須論為弱？」

文堡老師：「YES！丁火為陰，本命若無火，動態進來須為完整的 1 分才能論好，然而被癸水所傷力量歸 0 時，就必須論斷為弱。」

邏輯思考

本命與丁大運的力量比對結果，如下表所示。

力量比對	木	火	土	金	水
本命	1.5	0	0	1	1
丁大運	-0.5	0	0	1	0
強弱	弱	弱	平	平	弱

解析

本命：乙庚合，餘下癸生乙。

乙庚合，乙 0.5 分，庚 1 分。因為二者相合，力量受限只剩一半。

→ 本命癸水有 1 分，且可生助乙木，故乙木實際為 0.5+1=1.5 分。

→ 分數值參考，陽＝ 2 分，陰＝ 1 分，相合力量減半，本命生洩不扣分。

丁大運：來丁火要洩乙木，且本命癸會剋掉進來的丁火，故癸無力量生助乙木。

→ 乙木原值 0.5 分，洩給丁火減 1 分，即乙木為 -0.5 分。

→ 丁火為 1 分，可惜被癸水打，陰打陰二者力量相抵消，即丁為 0 分。

→ 癸水原值 1 分，要剋 1 分的丁火，論耗盡，剩下 0 分。

→ 庚金沒受影響，維持不變的 1 分。

結論

丁大運也不理想，但丙大運的官 (乙木) 比丁大運更弱。

問題 2

難易度：★★★★

（一）計算本命五行的力量。

（二）計算酉大運五行力量。

（三）比較動靜態五行強弱。

文堡老師解說

這個八字只須按照五行流通來計算力量即可，無須用母雞帶小雞的觀念來算，否則學生或讀者只會更亂。

我們來看一下，這個大運五行流通怎麼跑？是不是土生金，金剋木？

首先來看大運的酉金是誰洩出來的？當然是土對不對？請問老師，酉金到底是由哪個土洩出來的呢？答案是所有的土。為什麼？你會發現在本命中，寅卯木雖然是剋著戌未土，但因為大運來一個酉金，勢必將改變原本的五行流通，所以土必須當作龍頭，且全部的土都能一起帶出生洩給酉金，故酉金得到 2 分，2 分酉金再與本命所有 2.5 分的木打架（記得打架是傾巢而出），得金為 -0.5 分，木為 +0.5 分，換句話說未土加戌土一起生洩給酉金，土剩下 1 分，酉金得到 2，寅木 2

分可帶出卯木 0.5 分，木的總力量共 2.5 分再與酉金 2 分相抗，最後木為 +0.5 分，金 -0.5 分，0.5 分木可以再去剋土嗎？當然可以！我們從一個邏輯來思考你就能明白。

首先你必須知道，在這個大運中，酉金的力量是誰給的？是不是本命的所有土對不對？然而金與木交戰後，酉金的力量反而倒扣了 0.5 分，所謂冤有頭債有主，這個多扣的 0.5 分，必須再從土的身上扣除，沒錯吧！所以我們便可以得到最終的答案。

木 0.5 分

金 -0.5 分

土 -0.5 分

學生問題集錦

學生：「請問老師，您不是說過，母雞的力量若洩完，合中的小雞就不能帶出計分，為何此題卻能夠帶出生洩給大運酉金呢？」

文堡老師：「我們在計算動靜態五行力量時，必須優先考慮龍頭的生洩規則，你瞧！本命寅木雖壓制著未土，但大運來一個酉金，此時必須依照五行流通的邏輯來看。土生金，金剋木，既然金是被土生洩出來的，代表著未土母雞能將合中的戊土小雞帶出，一起將力量過給酉金，所以酉金會得到 2 分而非 1 分。」

學生：「瞭解！也就是土生金，金剋木的觀念，金剋木金不夠扣的力量，再從本命的土身上扣分即可，對嗎？」

文堡老師：「沒錯！其實此題你也可用兩個邏輯來解釋，其中一個是我原先講的為何土變為 -0.5，第一種是整個力量生洩給酉金，酉金第一次得到未土生下來的力量，因為是一同帶出，戌土力量過給酉金，等於是酉金向戌土借了 1 分力量，現在酉金與寅卯木打架，用 2 分金減去 2.5 分木，得木為 0.5 分，金 -0.5 分。也就是說酉金有 1 分是跟戌土借的，所以必須歸還，此時所有土變為 0 分，但因木尚有 0.5 分可再跟未土打一次架，故最後得出土為 -0.5 分，木依然是 + 0.5 分，這樣的邏輯並沒有錯誤，只是過程複雜了點。」

　　學生：「金與木交戰後，酉金的力量反而倒扣了 0.5 分，所謂冤有頭債有主，這個多扣的 0.5 分，必須再從土的身上扣，老師說的這段邏輯可以理解。但酉金有 1 分是跟戌土借的，所以必須歸還，此時所有土變為 0 分，既然歸還，所以土不是要增加嗎？怎麼會變 0 分呢？能否請老師進一步解釋？」

　　文堡老師：「其實所謂的歸還，並非指將力量真正歸還給戌土，認真來說是必須將戌土的力量扣掉，因為酉金不可能單憑一己之力去剋寅卯木，所以必須借助戌土力量才能達成。換句話說你可以用兩套邏輯，來解釋同一個八字生剋合洩，若用母雞帶小雞洩完不能帶合中的五行，最後的答案仍是相同的，只不過這套方式很多學生會亂掉，所以我後來都直接改成看生洩的力量，在碰到相剋之後，不夠扣的分數再從原本的力量扣除即可。」

　　學生：「好的，瞭解了！關於土為何變成 -0.5 分，老師這樣的解

釋，很棒！合乎科學邏輯。」

文堡老師：「以此邏輯可計算所有的五行力量，待時間一久你就能迎刃而解了。」

學生：「感謝老師的指導，您所提供的八字價值，永遠是物超所值，而且還會傾囊相授，親自回覆學生的問題，真是難得的老師。」

文堡老師：「感謝你的支持，我只是盡力做好教學的本份。」

邏輯思考

酉大運與本命力量比對結果，如下表所示，你會發現，此大運只有酉金變弱，其他的五行不變。

力量比對	木	火	土	金	水
本命	0.5	0	-0.5	0	0
酉大運	0.5	0	-0.5	-0.5	0
強弱	平	平	平	弱	平

心法

靜態本命如果出現兩個五行交戰，在動態大運生洩出另一個五行，若依然出現五行交戰的情況，則此三個五行的力量必為正負相對。最弱的則是被本命生洩而出的大運五行，本命兩個五行力量將維持不變。

問題 3

難易度：★★★

(一) 計算本命五行的力量。

(二) 計算子大運五行力量。

(三) 比較動靜態五行強弱。

(四) 戊子大運，此十年適合長時間到海外定居或工作嗎？

時	元男	月	年	大運
戊	甲	壬	辛	戊
辰	戌	辰	酉	子

文堡老師解說

　　本命力量相信沒有什麼難度，比較要注意的是，大運的戊土無法剋到壬水，只能以監視的角度來看，辛金不就是小橋嗎？天干的官星的力量還是很夠力的。

　　另外，地支部份是一個順生的五行組合，酉金雖被辰土合，但你別忘了，時支及日支的辰戌土，其力量可將月支的辰土一同帶出，然後生給年支的酉金，故本命酉金的力量為 5.5 分 (時支辰 2 分＋日支戌 2 分＋月支辰 1 分＋月支酉 0.5 分)，所以酉金正官在本命的力量很夠力，對吧！這意謂著什麼？代表命主對工作及人生目標，熱衷於追求自己的理想而且樂此不疲，記得財生官的人格特質嗎？這個八字的內心世界即是如此。

第四小題的答案為不適合！為什麼？因為經由計分結果得知，整體八字的印星及官星皆弱，其他為平。故論斷到海外定居或工作，過程並不順遂，印星代表居住環境，一旦變弱，人會沒有安全感，也容易焦慮，缺少貴人相助而不順。

力量比對	木	火	土	金	水
本命	0	0	7	8.5	3
戊子大運	0	0	7	6.5	0
強弱	平	平	平	弱	弱

5-4-3 生洩的五行相生計算

難易度：★★★

時	元男	月	年	大運
丁	戊	壬	癸	丙
巳	申	戌	卯	辰

文堡老師解說

這個八字我們只需留意兩個重點，其一是天干的丙火一進來，立刻就要想到全部的水火五行必須一起帶出來交戰。丙丁火為 2.5 分，壬癸水為 2 分，兩者相減之後，得火為 0.5 分，水為 -0.5 分。記住！相剋的五行必為正負相對。

其二為本命地支出現兩個合，千萬別當成消失不看，要知道它們仍存在力量。是故，大運走辰土，你得先觀察辰土是本命哪個五行所

生洩出來的？巳火沒錯吧！此時必須將巳火由 0.5 分減去 2 分得 -1.5 分，接著再將辰戌土的力量一起加給申金 (還記得印橋嗎？)，我們便可得知申金的力量為 4 分，比本命的 1 分要來得強。

現在你學會合的計算方式了，OK ！從這個大運中，你發現了什麼？土金的力量變強，木的力量不變，此時的主導神即是金，源頭是土，過強無制的金，必定會傷害最弱的木，你會說這個大運並未出現金木交戰啊！老師在胡說八道什麼？嘿嘿！這可是主導神的訣竅 (關於主導神未來有機會將另著書)，此大運命主有一定的機率與友人合作創業，你也可批他職場上出現了競爭對手。

這正是「比肩生食神破正官」的魅力，如何？是不是覺得很有趣呢？趕緊筆記起來吧！

力量比對	木	火	土	金	水
本命	0.5	1	1	1	2
丙大運	0.5	-1	3	4	-0.5
強弱	平	弱	強	強	弱

5-4-4 動靜態橋與合的計分法

難易度：★★★

時	元男	月	年	大運
壬	己	辛	辛	丙
申	亥	卯	亥	戌

文堡老師解說

本命天干的 DNA 為兩辛生一壬，記住！這是原始的力量組合，大運來一個丙火，丙火有東西洩出來嗎？沒有木要如何洩之？我們便可知道這個丙火一定是外來的「私生子」，於是丙火立馬跟辛金綁在一起。此時你就能瞭解，因辛金龍頭被合，壬水瞬間即少了 0.5 分的力量而變弱。辛金呢？被丙火合掉也是減少了 0.5 分，加上本命無火（藏干亦不見火），所以我們就可以大膽判斷，這個動態來的丙火正印，根本就是無三小路用，而且還是造成運勢低迷的大「元凶」呢！

好！再來看地支，本命的五行流通為何？申金可以直接剋卯木嗎？當然不行！申金與卯木之間隔了一座亥水小橋，卯木只會被關注監視不會受傷。現在大運來一戌土，請問戌土有「原生母親」嗎？NO！地支本命無火，所以這個戌土也是不折不扣的「私生子」，戌合卯，卯木不再受到申金監視，那麼我想考考讀者，卯木在這個大運要論強還是論弱呢？

若以坊間的「五行派」的快速批命法，他們會將陰亥水直接跳過不看，為何不看？很簡單，因為陽能夠直接 KO 陰，陰亥水無法當和事佬，當戌土進來救走奄奄一息的卯木，此時就必須論斷卯木脫離苦海。是故，對卯木來說，因為戌土劫財的搭救，有如從地獄回到了天堂，工作及子息運皆如神助，但官運真的會變好嗎？等一下我會提出我的看法。

OK！以上是「五行派」的批命心法，現在我用「五行八字」來

解說，你會發現有些排列組合，最後的結果仍會一致。剛才講戊土合走卯木，於是卯木不再受申金之監控，那麼接下來會出現什麼情況呢？這也難不倒我，既然卯木不再受到申金關注，此時申金及亥水，就能將所有的力量加到卯木身上。

來！同學！告訴我，你覺得卯木能得到幾分呢？金生水，水生木，申金 2 分加上亥水 2 分，然後再加上卯木 0.5 分，所以卯木在這個大運總共的力量為 4.5 分，比起本命的 3 分是不是要強多了？沒錯吧！

批算到這裡，你一定會斬釘截鐵的告訴文堡老師：「老師！此人的官運要開始出頭天啦！」

出頭天？且慢！你只關心官星變強，難不成其他的五行你都視而不見嗎？請將你的眼睛睜大然後細心點，你看到了嗎？火弱、金弱、水弱、土弱，只有木最強，你覺得這會是好事？這個八字早已弱不禁風了，再強的官星都無法撐起一片天。這個大運若活躍在職場上，在我看來就是換了位置同時也換了腦袋，人際關係簡直是不堪一擊，你覺得底下的人會服從他嗎？I don't think so！

當然，這不過是大運生剋合洩的簡單論法，實際上一個人走好運或壞運，仍須透過流年流月來觀察，才能「曉以大義」得知當下的結果。所以，十年大運只能端看整體的趨勢，不代表你的命運從此乖違喔！

力量比對	木	火	土	金	水
本命	3	0	0	4	8
丙大運	4.5	1	1	3.5	7.5
強弱	強	弱	弱	弱	弱

《文堡老師的叮嚀》由以上本命與大運的力量比對分析，你學會力量計算與生剋邏輯了嗎？如果還不懂，請再閱讀幾次並多做練習，漸漸就會抓到力量計算的核心，五行生剋沒有那麼容易，但也不會難到讓你懷疑人生，重要的是如何掌握正確的學習方法。

八字充電坊 23：《比劫剋財必離婚嗎》

曾經在某個媒體看到，一個議員 K 老婆的新聞，在我看來，打老婆的男人不會是真男人，而且幾乎不會有什麼財富，在八字學上，男人的財星代表妻子及銀子，當妻子被打，財也跟著散，試問該如何聚財呢？

我用一個實務命例解說，順便機會教育一下，給會打女人的男人。

時	元男	月	年
甲	甲	甲	戊
戌	寅	寅	戌

70	60	50	40	30	20	10
辛	庚	己	戊	丁	丙	乙
酉	申	未	午	巳	辰	卯

夏令：4月1日-9月30日

每逢丁壬之年清明後 11 日交脫

八字解析

此命生於寅月，木氣非常的強，干支的土只有挨打的份，但也許你們會問：「寅木中藏的丙火，不是會救戌土嗎？」

如果我們將天干五合的概念抓進來，你會發現，地支寅木中之丙火與戌土中的辛金，丙辛跑去私奔了，所以你認為戌土還會有火來救濟嗎？當然不會！這個八字無論天干或地支，完全沒有火來保護財星，這樣的排列組合就很糟糕了！財星（土）完全沒有火來護衛，等於是把財星妻子剋得死死的，這樣的命格通常都不會疼老婆，甚至會把妻子打得半死不活。另外，這種男人的命格，朋友勝過老婆，錢容易被人借走，吃虧上當要不回。

以上的內容是 2018 年我對八字的認知，但事實上是這樣嗎？當然不是！

沒錯！此男命的確存在大男人主義，或者自視甚高的性格，但你確定命主一定有暴力的傾向嗎？我曾說過，本命相剋的八字，不能當成相剋，而是要看作關注，木關注土，代表比劫關注財星而已，什麼意思呢？就是透過努力，期盼別人看到自己的價值。

再說，這種相剋的八字太好解了，隨便一個大運流年，都可以讓

財星變強。你瞧！從 10 歲的乙卯大運，到 70 歲的辛酉大運，你認為財星有受傷嗎？現在，文堡老師將命主的七柱大運，一個個分析給你聽。

乙卯大運：天干偏財 -1 分，但地支卯合戌，4.5 分木剋 3 分土，財星為 -1.5 分，比起本命的 0 分要來得弱，故可斷此大運消化系統不佳，或者與父親關係緣薄。

丙辰大運：天干甲木生丙火，丙火生戊土為通關。地支多了一顆辰土，財星明顯變強了，形成偏財破回比肩，結婚對象的妻子可能較為強勢。

丁巳大運：天干丁火當甲木與戊土的小橋，地支與天干同理，巳火亦為寅木與戊土的小橋，財星在此大運只受到監視但無受傷。

戊午大運：天干多了一顆偏財，地支寅木生洩午火，午火生戊土，財星得到通關是好事，但比肩力量減弱。

己未大運：天干己合甲，財星力量增強，且地支多了一個正財星，故此大運為比肩剋洩財星，財強比肩弱。

庚申大運：天干戊土洩庚金剋甲木，庚金 -2 分為弱，甲木和戊土力量不變。地支與天干同理，戊土洩申金剋寅木，申金七殺為 0 分，寅木和戊土的力量不變，但七殺卻弱了，故此大運偏財的力量為平。

辛酉大運：天干戊土洩辛金剋甲木，辛金 -3 分論弱，甲木和戊土力量

不變。地支與天干同理，戌土洩酉金剋寅木，酉金正官為 0 分，寅木和戌土的力量不變，但官運比庚申大運要來得弱，然而偏財的力量依然為平。

從以上的七柱大運來看，你認為本命的比劫剋財，真有如古書所言，如此悽慘不堪嗎？

I don't think so!

你也許會再吐槽文堡老師：「假如走木大運或流年呢？土不就死得更難看？」

沒錯！土的確會傷得更重，這是它生下來的 DNA，原本就自帶破財的八字，即使動態讓財星受傷，對命主來說，其實是沒什麼影響的，因為他早已經習慣「受傷的感覺」。

然而，最令人畏懼的是，突然間在某個大運流年，將「比劫剋財」瞬間化為「財剋比劫」，才是出現婚姻問題，或人際關係不睦的真正關鍵。

比劫剋財必離婚？錯！是因為財破回了比劫，且當下為身弱，女人才會變得強勢，離婚條件方可成立。

記住這句話：「順成人，逆成仙，玄妙只在顛倒間！」

我能理解，你可能看不懂我在寫什麼邏輯，甚至吐槽不相信，無所謂！此邏輯純粹是個人的體悟心得，你就當作是「走馬看花」吧！

教育的最高境界，不是輸入而是喚醒，永遠要以倒立的文化來觀看世間之事，你才能跳脫二元對立的世界，並突破長年以來對八字的疑惑。

什麼樣的男人，無法駕馭女人和財富

2022 年底，我在一個可變現的元宇宙網站，看到戰友發表了一篇文章，個人覺得很不錯，我將它修改並加入自己的想法，分享給各位讀者。

我們都知道，財星為養命之源，男命如果八字身弱財旺，有很高的機率無法駕馭財富或另一半。

因為，男命的財星除了代表金錢外，也代表女友或妻子。是故，假如本命身弱財旺，歲運又來亂，不但無法駕馭自己的財富，反而會被另一半所牽累。

另外，財也代表慾望，過度追求賺錢，財破印只會把自己累得半死；吃喝玩樂或享受男女之歡，易會消耗身體精、氣、神的能量。

若行運走到身弱財旺生官殺剋比劫，生活中將會有重大的事件發生，比如生病或意外之災，除非大運或流年走到生扶日主的印星，否則男命身弱財旺，又走財大運之時，就得小心妻子不可理喻，大權掌握在另一半手上，這樣的婚姻關係，遲早會出現問題。

當你下次看到一個八字，滿盤財星，比劫被反制，就得小心男人

的婚姻，老婆的能力比自己強，抑或另一半性格蠻橫無理，限制了男人的發展與自由。

人生有三大重要的選擇，其中最重要的就是選對伴侶，而選錯伴侶最大的悲哀，就是找了一個沒有感覺的人，做了一件沒有感覺的事。

網友：「請問老師，人生三大重要選擇是什麼呢？」

文堡老師：「選對伴侶、選對圈子、選對教練。」

網友：「感謝老師的智慧分享喔！」

記住這句話：「選擇決定成敗，最重要的事，不要受制於不重要的事。」

我有一個客戶是個超級工作狂，平常喜愛運動，自我要求甚高，對人生充滿理想，堅持目標，晚上幾乎沒在睡覺，沉浸在事業規劃，如何將公司系統升級。期望中年能安穩退休，享受不同的人生。

此人完全符合財星的條件，而且八字中的正財亦有食神來生助，代表個性獨立且主觀意識高，聽不下他人的建議，好勝心旺盛，專注於事業領域。

將錢當成財是正解，但如果將財當成錢，只能說對了一半，因為財不一定代表錢。

財所代表人、事、物多到不勝枚舉，請看以下：

你的價值

你的父親

男命妻子

女命婆婆

你的情緒

你的資產

你的理性

你的車子

你的寵物

你的成本

你的時間

你的機會

你的目標

你的決策

你的心情

壞財星必定為沉沒成本

不想放棄成為最高成本

好財星為事物最佳 CP 值

小機會隨便錯過

大機會死命抓住

凡事都有成本

萬物皆有成本

小孩出現，離婚再現

身為女人，不知道妳有否過這樣的經驗？

婚前兩人如膠似漆，婚後相處亦融洽，但為何兩人的關係，卻在小孩出現之後，從此豬羊變色了呢？

請別誤會文堡老師的意思！我指的是少數個案，而非大數法則。

你一定會感到一頭霧水，怎麼有了小孩反而夫妻關係更惡化，甚至演變成離婚，照理說應該要更好才對，不是嗎？

這問題的確令人匪夷所思，怎麼說呢？

我們從兩個不同的觀點來分析：

第一，教育小孩的理念不同，有些人只願意享受魚水之歡，對養育小孩較為無感，說白點就是不喜愛小孩。這點在某些男人身上很常見，他們只顧著事業賺錢，鮮少參與小孩成長，身為人父完全沒有責任感。

第二，為母則強，大家對這個詞應該不陌生，你看過母犬生完幼犬發兇的樣子，對吧！女人在沒有小孩之前，對另一半的態度還不至於逞兇鬥狠，頂多唸上兩句。但假如有了孩子後，本性更會表露無遺，甚而對男人殘暴無禮，這又該如何解釋？

我們從八字的角度來看這件事，現在要上課囉！

聽過食傷剋官嗎？

食傷=女命的小孩，代表卵子

官星=女命的老公，代表精子

我曾說過，食傷剋官的女命，不太容易有小孩，因為卵子與精子排斥，所以不易受孕，但不代表女生沒有性慾。

另外，命中帶食傷剋官的女人，性格上通常較為強勢，愛好自由，佔有慾強，不喜歡受到男人約束，取而代之的是，對另一半挑剔或不敬。

你可能會問，這跟小孩影響夫妻感情有什麼關係？

當然有！剛才提到為母則強，女命食傷剋官，若有了小孩（食傷）之後，容易忽視老公（官星）的存在，或者對另一半的行為感到不爽，說難聽點即是要小孩不要先生。

現在，我們再來看一個實證的女命。

時	元女	月	年	大運	流年
甲	辛	辛	癸	甲	丙
午	丑	酉	亥	子	申

70	60	50	40	30	20	10
戊	丁	丙	乙	甲	癸	壬
辰	卯	寅	丑	子	亥	戌

起運：出生後 9 年 6 個月又 24 日上運

交運：每逢戊、癸之年驚蟄後 28 日交脫

八字解析

　　命主是我一位長年的老客戶，天性樂觀、聰穎伶俐，年幼時期家境不錯，衣食豐足不愁吃穿。壬戌大運期間，以極優異的成績，獲得推甄保送，直上高中和大學，求學之路可謂十分順遂。壬水主傷官智慧。運用邏輯推理可得知，午火洩戌土關注了本命亥水，你會說亥水會受傷嗎？當然不會！有酉金這座「小橋」在，戌土剋不死亥水。官洩印，正印關注了傷官，表示能透過學習獲得智慧能力，對命主而言反而是好事一樁。有看沒有懂？還記得「霍桑效應」嗎？忘記的人，趕緊去爬一下文吧！

　　命主於 25 歲認識了男友，後來也結為夫妻，小孩尚未出生前，我斷她 30 歲前與先生感情融洽，婚姻幸福美滿。然而，一交 30 歲甲子大運，可就不是這麼回事了，理由在於有了小孩後，婚姻呈現每況愈下，最終於 2016 丙申年離婚，這又該怎麼看？

　　我們來觀察本命的地支，午火生丑土，丑土生酉金，酉金再生亥水，然後午火監視著酉金，這是一個非常好的排列組合，官星午火有丑土的保護，婚姻不會出事。但問題出在甲子運的子水把丑土收買了，此時地支只剩下午火、酉金、亥子水，這四個五行會形成什麼關係呢？

　　簡單！酉金生洩亥子水剋午火，此時午火已確定熄滅。2014 甲午年開始，婚姻關係即開始發生質變，2016 丙申月丙火出干，兩丙合一辛，癸水、辛金、甲木瞬間全弱，但丙火力量仍在，代表此月必定因丙火之事而煩憂。

再來看地支，酉生洩子水，丑土被子水合已弱，流年申金再洩丑土氣，接著申金生亥子水剋午火，直接跟七殺說聲 bye bye！行筆至此，相信你應該看懂了，當八字身弱，官殺出干亦被滅亡之時，即是簽字離婚的時間。

而離婚最大的導火線，源自於先生的個性太過「龜毛」，起因點為小孩發燒事件，最終鬧到不歡而散，你會說很扯，對吧！後來從命主口中得知，小孩因感冒發高燒至 39 度，老公堅持用自然療法，不准看醫生也不能吃退燒藥，但命主覺得事態十萬火急，非得帶孩子去醫院不可。因價值觀及認知理念不同，從原本的佳偶變成了怨偶，最後以離婚收場，令人不勝唏噓。

小孩為何會影響夫妻感情呢？原因很簡單，有兩種情況，其一是子水（小孩）合去夫妻宮的丑土；其二是當丑土消失時，亥子水剋午火，這可是食傷剋官啊！前面提到，女命若有食傷剋官，會對老公的行為不爽，這也是為什麼食傷（小孩）的出現，讓夫妻感情產生變化的主因，在某些女命可解釋為，有了小孩容易忽視老公的存在。

還有，命主的天生第六感很強，能夠看到平常人眼睛所看不到的世界，是否與八字的比劫及食傷有關？關於這一點，必須再研究一下。

看完以上文堡老師精彩的分析，相信你應能清楚明白，為什麼食傷（小孩）的出現，反而讓夫妻的感情加速惡化了。

再者，假如八字出現印剋食傷，也有可能出現離婚的情況，因為食傷是女命的兒女，受傷的話容易與小孩發生分離；另一種是少見的

「官合食傷」，代表小孩的監護權可能被先生拿走，所以亦可論斷為了爭奪小孩，最後鬧上法庭，促請法官裁決孩子歸屬。

在紫微斗數中，曾見過夫妻宮有化忌星的人，不一定會離婚；但若子女宮出現化忌，則離婚的機率相對提高，此觀念其實與八字的身弱食傷剋官不謀而合。

你說，八字是不是一門有趣的邏輯推理呢？

補充一點，這也是多數人容易忽略的重點，假若一個女命地支，出現了食傷弱但官殺強，食傷無法剋盡官殺，意即官殺破回了食傷，代表女命的先生不一定會疼愛自己的小孩，或者在小孩出生後，父親沒有盡到養兒育女的責任，可能出現拋家棄子。這一點在文堡老師的實務中，有印證過非常多的真實案例，提供給女生擇偶上的參考。

當然了！若妳本身想當一個頂客族，且另一半與妳的思維如出一轍，那麼即可無視官殺破食傷的存在。

最後，文堡老師再次重申，本文只針對食傷剋官，來論述為何有了小孩容易出現離婚，請記得這是少數的情況，不適用在大數法則。我也見過許多夫妻有了小孩，家庭更加幸福美滿的案例，是故，不能以偏概全。

對一個家庭來說，迎接小孩的出生，可以是「禍兮福所倚」，也可能是「福兮禍所伏」。其實，幸福的家庭都有一個共通點，那就是家裡沒有控制慾很強的人。

婚姻，除了要有一次一見鍾情，還允許自己有一次瞎了狗眼。

本節最後，附上影片連結，歡迎掃描以下的 QR 碼觀看。

科學八字輕鬆學直播秀 (第 93 集)：為何老婆突然變強勢

《文堡老師的叮嚀》敬告天下所有的男人：「老婆是娶來疼惜的，而不是用來當出氣筒，如果對方用言語激怒你，請試著換一個角度，想想對方的優點。」冷靜、包容、勿出惡言、重話輕說、狠話柔說。因為疼惜女人的男人才是真男人，當你揮拳 K 了女王，財富也將離你而去。別忘了！離婚吃官司，甚至嚴重到分家產，都必須有破財的心理準備。

5-5　動靜態合的進階心法

　　本單元繼續講解本命與大運生洩的進階課程，其中包括了更深入的流年分析，這是你購買本書最具有價值，能夠學到更高段的五行力量心法，請努力並用心去體悟研讀吧！

5-5-1 生剋合洩的流年心法

難易度：★★

請看以下的案例回答以下問題：

時	元男	月	年	大運	流年
壬	壬	癸	戊	戊	庚
寅	寅	亥	申	辰	子

(1) 計算本命五行的力量。

(2) 計算大運五行的力量。

(3) 流年戊土的力量變強還是變弱？

(4) 流年地支申金是否有洩？

文堡老師解說

(1) 本命：天干戊癸合，請讀者注意，戊土不能與本命的壬癸水打架，因為合是自成一格，外面並無「土橋」可將戊土一同帶出，你只能說本命水的力量大於土的力量，意即比劫旺於七殺，代表命主

315

外表給人第一印象，比較喜歡與人打交道或一同做事。故本命的戊土為 1 分，天干水的力量為 2.5 分；地支部份，寅亥合，申金剋寅木，時支的寅木一樣可帶出日支的寅木與申金對抗，記得五行打架必定是傾巢而出，結合干支結果，金為 -1 分、木為 +1 分、土為 +1 分、水為 +3 分。

(2)大運：天干大運來一戊土，此時土的力量變強，水的力量變弱，3 分土對抗 2.5 分水，得知土為 +0.5 分，水為 -0.5 分。注意！戊癸不會合到完，乃因本命的戊癸合早已自成一格，大運的戊土可是「私生子」呢！地支走辰土，會增強申金的力量，故 4 分金與 3 分木再次交戰，得金為 +1 分，木為 -1 分，因為金木交戰後還有 1 分力量，請記得這 1 分可加到合中的亥水身上 (橋的邏輯)，故亥水的力量為 1.5 分。

批命心法

　　經由本命與大運力量比對後得知，土金過強，偏印的力量變得不可控，你認為哪個十神最倒霉呢？當然就是食神了，起因點是大運的七殺引起的，這又該如何解釋？簡單！工作職場受到上司的提攜與關注，七殺生偏印剋食神。你說，命主的壓力會加大還是減輕？

力量比對	木	火	土	金	水
本命	1	0	1	-1	3
戊辰大運	-1	0	1.5	1	1
本命與大運比對	弱	平	強	強	弱

(3)本命戊癸合為自成一格，大運來一個戊土剋時干壬水，對戊土來說是洩，壬水是重剋。現在流年來一個庚金，戊土生庚金再生壬水，時干壬水通關得救，但你認為戊土有變弱嗎？答案是沒有！為什麼？邏輯不難理解，戊土不過是從原先的剋壬水改為生庚金，力量其實抵消不變，故戊土持平。

(4)本命申金剋寅木，大運來辰土，形成土生金剋木，申金變強但寅木傷得更重。假如與本命做比對，申金不但無洩，反而變強了。本來申金剋寅木，現在變成申金生子水，申金洩的力量不變；但因為多一個龍頭辰土，加強了申金的力量。所以在此大運流年，申金整體的力量變強了。

命主實證庚子年初升官經理，有利財官與食傷。

5-5-2 生洩的反剋力量心法

難易度：★★

問題 1 假設日主為壬水女命，戊土大運可能發生何事？

時	日	月	年	大運
亥	子	午	午	戊

文堡老師解說

　　本命火當令，火1分、水-1分。大運火洩土剋比，火1分、土1分、水-1分，大運會有工作或感情出現競爭者。財洩官剋日主，容易遇上

渣男，心甘情願為感情付出，可惜地支日主受剋，付出無回報，渣男可能腳踏多條船。論工作做死做活，但老闆關注妳的同事，代表出現競爭對手。

《問題 2》同樣女命日主壬水，與問題 1 的結果有何不同？

時	日	月	年	大運
午	午	子	亥	戌

文堡老師解說

寒冬的水旺火弱，火洩戌土剋水，戌土的力量表面上是 1 分，但因亥子水為當令之氣，故須論戌土的力量更弱，水反剋土，假設日主亦為壬水，此時的戌土七殺就會非常弱，代表遇上的男人更糟糕，工作上有人爭奪妳的權益，或者說老闆升遷的不是妳，而是妳的同事。

換句話說，寒冬出生的水，比起夏天出生的火，七殺力量更是不堪一擊。

學生問題集錦

學生：「請問老師，兩個八字的計分力量相同，但為何結果不同呢？」

文堡老師：「因為排列組合不同，需要將月令氣考慮進去。」

學生：「瞭解，但月令的五行需要刻意加上 1 分嗎？」

文堡老師：「不用！計算的邏輯如出一轍，但你必須判定月令在本命所佔的優勢，批出兩者性格上的差異。」

學生：「好的，感謝老師的解說。」

批命心法

1. 碰到的本命兩個五行相剋，大運來一個保鑣，最後最慘的一定是那個保鑣。

2. 本命若有兩個五行相剋，若大運的五行為本命所生洩，則此三個五行的力量必為正負相對。

3. 若是以下的排列組合，三個五行就不是正負相對，得依據龍頭的流通及大運的陰陽而定。

大運走亥水，巳火依然是 2 分不變，但未土為 3 分，亥水為 -3 分，三個五行並非為正負相對。

時	主	月	年	大運
巳	巳	未	未	亥

若將大運改成子水，則巳火 (2 分)，未土 (2 分)，子水 (-2 分)，三個五行皆呈現正負相對。

時	日	月	年	大運
巳	巳	未	未	子

若將月支未土改成巳火，則三個五行亦出現正負相對。

時	日	月	年	大運
巳	巳	巳	未	子

巳火＝2分

未土＝2分

子水＝-2分

難易度：★★★★

問題3

（一）計算丙寅大運的五行力量

時	元女	月	年	大運
丁	壬	庚	甲	丙
未	寅	午	寅	寅

（二）計算乙丑大運的五行力量

時	元女	月	年	大運
丁	壬	庚	甲	乙
未	寅	午	寅	丑

（三）比較兩個大運，哪一柱比較容易碰上好姻緣？

文堡老師解說

我斷她的前夫在甲午年上半年有小三，然後乙未年初離婚，她說好準！命主有外貌氣宇非凡，穿著時尚品味，喜愛美食與美感事物，丙寅大運自認碰上「對」的男人，因先生的能力、地位、事業皆在高峰，但我說你們在婚後，才發現彼此的價值理念差距太大，沒想到命主直呼我太神奇了，連這個也批得出來。

學生問題集錦

　　學生：「此女本命天干食神生正財破偏印，丙寅大運其實印星持平，但在乙丑大運卻加分了。感覺她對事物越是追求，越是做到死，似乎挖坑給自己跳。請問老師，她為何事來求問呢？」

　　文堡老師：「寅大運走到午年和未年為財合官，官失去財的來源，比本命弱，也是看離婚的一種。」

　　學生：「那價值觀是怎麼批的？相合為何價值觀仍不一？」

　　文堡老師：「官弱的起因是被印給合，印星代表價值觀，與弱的官(丈夫)出現理念不合。」

　　學生：「官若強，女命論婚姻，我的看法是虛榮心作祟，因為官代表領導和貴氣。她現在有對象，還是又二婚了呢？」

　　文堡老師：「乙未年離婚之後，到現在一直沒有對象。」

　　學生：「瞭解！本命財破印，是離家還是父母的問題？」

文堡老師：「本命並非是財破印的格局，別忘了食神是命局的事件龍頭，此女小時候衣食豐足、不愁吃穿，父母疼愛有加。」

　　學生：「但我看她這兩柱大運，財不是變強了嗎？」

　　文堡老師：「跟財沒關係，這種地支的排列組合，最怕流年來破壞。簡單來說，就是以自己完美的角度，來看待原本強官變成弱官的失落感。」

　　學生：「我知道了！但若是官合弱印呢？」

　　文堡老師：「官合弱印，即被外來的男人，影響了自己原本完美的價值觀。」

　　學生：「嗯嗯！回想起 2019 年，我就是走到官合弱印，當時與男友交往，發現彼此的性格完全是南轅北轍，直到 2020 庚子年才恍然大悟。」

　　文堡老師：「應用心理學的維度，搭配十神類象，妳會發掘更多的人性弱點。」

　　學生：「也就是說我本來很優秀，但因運勢跑出一個渣男，來拉低我的水平。」

　　文堡老師：「沒錯！原本心目中的好男人，在流年一瞬間拉黑。」

　　學生：「所以我才好奇她的工作，是否從事專業技術類呢？因為感覺命主是那種想不斷往上爬的人。」

文堡老師：「目前的工作仍是 E 象限(備註1)的僱員，但未來想投資創業。地支食神生正財配正官，論先天的性格，容易出現完美，品味高尚的特質，所以這種女人擇偶條件可是十分挑剔的，不會隨便接受男人的追求。」

學生：「我懂了，這樣我又學到了一課。」

文堡老師：「八字可是很活的，妳要懂得運用自如。」

學生：「感謝老師的指導。」

備註1：E 象限是源自**《富爸爸窮爸爸》**提到的現金流四象限，E 是代表僱員（employee）的意思。

邏輯思考

兩柱大運皆是三強二平，差別是乙丑大運官平印強，丙寅大運是官強印平。乍看之下好像是丙寅大運的婚姻最好。其實不然，地支的排列組合不論是哪一個大運，最忌走午年或未年，因為官的力量皆弱，尤其甲午年印的力量也被削弱，故斷婚姻危機四伏，或者說兩人的價格觀差距甚大。

力量比對	木	火	土	金	水
本命	5	7	7	-1	0
丙寅大運	6	9	9	-1	0
乙丑大運	6.5	8.5	7	1	0
兩柱大運比對	強	弱	弱	強	平

5-5-3 學術欲深植人心，必先破舊立新

老實說，分享這些學術，我不怕別人偷學，否則我也不可能寫出這本書讓大家腦力激盪，因為日後我還能生出更多的東西(大運篇共有五本，這是第一本)。最令我擔心、頭痛的是，越是免費垂手可得的東西，容易形成大眾眼裡的「理所當然」。

是故，你可以發現，以 YouTube 目前的演算法，觀看量與前幾年已有很大不同，對於我們這種學術領域的知識，假如你一直墨守成規、了無新意、無從突破……說實話，沒人會願意花時間看你的影片，因為大家要的是「真訣」而不是聽你講廢話。現階段網路的生態，觀眾選擇影片觀看的權利，完全取決於分享者「內容」是否有料，別忘了！網友最主要的目的是學習，你得相信他們的時間很寶貴！

現在，我們回到這個八字，首先看天干的乙木，以寡敵眾簡直是自不量力、自討苦吃，所以答 1 的人可要打屁股！

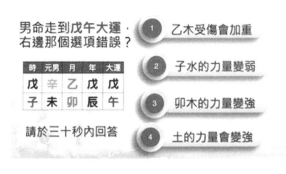

至於水的力量怎麼會變弱呢？那你得先瞭解本命子水的 DNA，

坊間「五行派」根深蒂固的觀念就是子水受傷，沒錯！它的確是沒了氣，但大運卯木洩午火，同時午火又合走未土，卯木在本命同樣也是沒氣。現在洩火更是一洩千里，與本命相較還要更弱，怎麼會變強呢？所以第三個選項才是正確答案！

　　既然卯木都弱了，午火又被未土綁住，辰土不可能得到午火的力量，這是合的規則。此時辰土老大即可帶領被合住的未土小弟一同出征，你會問它們出征要做什麼？用腳想當然是要置子水於死地！本來的子水只有受到辰土老大的襲擊，現在大運多了未土的幫忙，反而雪上加霜，落井下石，故第二個答案子水會變弱是正解不能選，我問的是何者錯誤。

　　最後看土的力量，本命地支土原本也是沒氣的，現在辰土與未土一同「狼狽為奸」，齊力剋死子水之後，居然還「遊刃有餘」，留下了一點餘氣；加上天干多了一顆戊土，看到這裡，請問土的力量，到底要算強還是算弱呢？

　　透過以上的邏輯分析，八字絕不是如你想像得容易，很多人可以在三秒內快速看出問題點，簡單！地支午未合，辰土剋子水，直接論斷子水受傷，沒錯！但這個排列組合，只是剛好被你誤打誤撞批對了。可是，當八字換成另一種排列組合時，瞎貓就不一定能夠碰上死耗子了！

　　綜合以上推斷，印過強，比劫平，財弱，食傷弱，官弱，印為主導神無制，食傷及財簡直無法招架，在論命過程中，須批出財與食傷

的問題，因為天干乙木自不量力剋了戊土，代表印破財，配上食傷弱無法救財星，這十年大運的能力與財運，很難達到平衡點，故斷易處在舒適圈的環境安逸太久，且財運亦不亨通，個人資產的經濟狀況十分緊縮，又或者生活清心寡慾，選擇修行為之。

此題答案為 3，你答對了嗎？

《文堡老師的叮嚀》五行力量計算看似容易，但其實暗藏許多陷阱，你必須細心觀察生剋合洩的排列組合，才能深耕五行八字的精髓。

5-5-4 運用科學八字，訓練你的邏輯能力

提筆寫這本書的其中一個理由，真心不想再見到八字小白，被坊間的視頻荼毒，甚至迷惑學習八字的初衷……

先說好，不論你是師學哪個門派，只要能解的出來批得準，幫助自己的客戶，正是所謂的條條道路通羅馬，功德圓德。

以子平八字來說，看了版上網友的回覆，他們說午未合化火，一氣順生能增強土的力量，這點也能說得通。但條件是午未能否化為火，必須看天干的臉色。另一種解釋為寅午戌三合火，所以土也會隨之增強。然而，「傳統五行八字」對於合化的邏輯，只有合卻沒有化。

學理能否禁得起考驗，需要時間來印證。

當大運走到午火，以下那個選項正確？

時	日	月	年	大運
寅	子	未	戌	午

1 不看大運本命未土不會受傷

2 大運午火消失不見

3 寅木的力量不會改變

4 午大運土的力量變強

　　言歸正傳，我們來看這個地支案例，我以「生剋合洩」的邏輯來分析解釋。若以坊間的「五行派」來解這題，其實非常簡單，午未合，子水生寅木剋戌土，故斷戌土受傷。我不能說這樣的理論錯誤，因為命主的問題點確實發生在戌土；但以「傳統五行八字」的邏輯，我們會論斷戌土「過強」，導致子水「事態嚴重」。換句話說，因為過強的戌土無法得到「控制」，才會釀成子水一發不可收拾啊！

　　我們來看本命一開始的五行流通，子水生寅木剋戌土，這是「五行派」的論法，因為陽跟陽的作用力量很強，所以陰的未土不會受傷；但以「傳統五行八字」的思維，未土其實是奄奄一息的，何以說？別忘了寅木可是有子水的加持，能夠一次打趴所有的土，是故，我們可從本命得知，土的力量為 -1 分。

現在大運來午火，你們都知道午未合，太簡單了！稍微有點八字基礎的都會瞭解，對不對？如果我告訴你，午火會將寅木的氣給洩光，你會相信嗎？哦！不相信！你可能會認為洩的力量太小，根本無須理會，真的是如此嗎？那我再請問你，生完小孩的媽媽需不需要坐月子呢？如果你的答案是 YES，那就無需再跟我反駁了。在這個大運裡，寅木是完全沒氣的，即使有子水在旁加持，仍然是無濟於事，因為寅木的 DNA 原本有 1 分力量，現在洩了午火，然後再跟土打架，其力量反而掉到了 -0.5 分。

奄奄一息沒了氣的寅木，豈有敢在「太歲頭上動土」之理？反而要擔心子水自身難保呢！你瞧！戌未土的力量要打倒子水可說是輕而易舉。很多人會將未土當成消失，這可是錯誤的觀念，只要戌土沒有陣亡，老大仍然可帶領雜魚一同出征，子水只有任憑挨打的份。另外，午火也不可論斷為消失，什麼叫做消失？就是死亡的時候，午未合不過是兩個戀人擁抱一起，「合」代表的是五行力量的「此消彼長」，你只能斷午火弱了，但它可沒有消失死亡！

由以上的推理，我們便可以得知，在這個大運中，寅木弱，子水弱，午火弱，唯有土變強了。有些網友竟然如此吐槽我，他們不約而同認為，土實際上沒有強很多啊！真的是這樣嗎？你得瞭解，本命的土可是被剋得死死的 -1 分，現在變成 +0.5 分，原本負債 1000 元，現在倒賺了 500 元，你認為增加了多少？在我看來，過強的土若不受控制，反而是此大運的問題累贅。

我所以為的科學八字，其實就是五行的邏輯推理。你說它簡單，其實一點也不簡單；你說它難嘛，其實也沒那麼難，你所要提升的，不過是你的思維與邏輯演繹能力。

是故，喜愛推理思考的人，必定會愛上這門五行八字。當然！以上只是針對地支而論，實務上仍須配合天干算出總體力量，才會更客觀瞭解命主的實際情況。

此題答案為 4，你答對嗎？

邏輯推理

寅木洩午火為 0 分，子水生寅木剋未戌土、2 分剋 2.5 分，得木為 -0.5 分，土為 +0.5 分，水為 -0.5 分，午為 1 分，經與本命比對得知，水木土皆為弱，只有土最強 (從 -1 分提升為 +0.5 分)，且土沒有其他五行來控制，必定成為此大運的主導神，強旺的土其行為意識，將會影響到「無形之水」的最後結果。

假設日主為壬水，表現在地支的實際情況，即是受到老闆、上司的關注，從而影響人際關係，內心感到恐懼和壓力，但命主會願意如實陳述嗎？不會！因為地支之象代表不欲人知，苦水只會不斷的往肚子裡吞，抑或喜怒不行於色，然而事實上，無形之物會影響有形之事。

學生：「計算久了，才發覺五行八字真的滿科學的，相等於看某個五行能量出現的時候，如何跟原局全部的五行產生化學作用。但計算方法真的不簡單，實在不容易上手，好處是可以很全面的看到大運，

以及流年流月來的時候，跟本命產生的相互作用。」

文堡老師：「剛開始接觸這一門五行八字，的確需要適應一段時間，不過等你上手之後，即可更精準、快速、全面看到命主當下的問題點哦！」

《文堡老師的叮嚀》論斷女命是否會離婚，不能只看官星的力量，印星的力量也要參考，若力量增加（持平仍有危機），即使官弱了，婚姻關係也能相安無事。丙寅大運看似找到「門當戶對」的男人，其實危機點卻躲在流年之中。故乙丑大運的姻緣，相對會比丙寅大運來得穩定。假如在人生下半場，碰到一個對的男人，其實也不一定要結婚，因為能找到相互扶持的伴侶，比起踏入婚姻更顯得幸福美滿。

八字充電坊 24：《未來 20 年最火的行業》

相信你應能感受到，人類已從物質世界進入了精神世界，接下來的 20 年走離火運，關於探討文化或心靈成長的商業模式，將會成為下個世代的趨勢，誰能夠掌握趨勢，誰就能掌握財富。為什麼我會這樣推斷呢？因為，現代人的生活壓力太大了，情緒易出現焦慮不安，抑或缺乏安全感，嚴重點甚至罹患憂鬱症。請問，你有多久時間，不曾關注過自己內心成長了呢？

你相信未來 20 年，女人的世代即將來臨嗎？又或者，你認為最

夯的行業會是什麼？

若以行業來說，你應該選擇什麼工作最適合呢？其實，每個人都有屬於自己的天賦，你只需要記得以下四個重點，就能夠幫助你創造出財富。

第一，你做的這件事，是你非常有感覺也有愛的。

第二，這件事是你擅長的，並且堅持了 10 年以上。

第三，這件事是有意義的，能夠幫助芸芸眾生。

第四，這件事必須符合未來趨勢，因為趨勢為王。

接下來，我來跟你分享未來 20 年最「火」的行業。

第一個是直播的行業，這無需多說，直播電商網路至少會火五到八年，你的產品如果不能出現在網路直播，很容易被時代淘汰。

第二個跟火有關的行業，比如餐飲、科技、電動車、綠能、新能源等。

第三個是美業，未來的人會越來越愛美，化妝品、醫美、整形、美妝。

第四個是文化業，尤其跟中華傳統文化有關的行業，比如五術、手工藝。

第五個是身心靈成長行業，這個世代人類的物資何其豐盛，但精神世界卻極度匱乏，是故，為人解惑的心理諮商師或命理名師，將是

離火運的最佳首選。

最後一點，就是建議往南方走，因為未來 20 年的商機，適合到南方的國家和城市發展創業。

以三元九運來說，2024 年即將交「九離」運，「離」在八卦的類象為中女，意思是下個世代可能為女性主導的時空，別懷疑！就是女性的世界。另外離中為「虛」，它代表一個元宇宙的虛擬世界，若想搭上「web3.0」元宇宙趨勢的橋樑，現在就可以提早佈局，預約未來的財富機會。

當一個人越處於巔峰，越要低調沉穩，只可惜很多人都無法引以為戒，擁有名利雙收的豐功偉業，更要謹慎自律並戒除誘惑，因為此刻最易得意忘形，造成樂極生悲無法彌補的傷害。

以八字學來說，男人若走到身弱財破印，不是亂搞男女關係，就是做出背叛不道德的事，被抓包然後挨告，不過是剛好而已，一切皆是咎由自取。

你得謹記以下口訣：

身強財破印＝為人實際積極進取
身弱財破印＝為求目的不擇手段

女人當道的世代，沒事千萬別亂搞男歡女愛，她能瞬間反噬男人的前途和名譽，你要警惕「身弱財破印」所帶來的不可逆，要不，就選擇單身貴族，享受個人主義哲學。

記住這句話！趨勢，將決定你變窮或變富！天下大事浩浩蕩蕩，順之者昌，逆之者亡。

　　《文堡老師的叮嚀》男人別輕視財破印的威力，女人能載舟也能瞬間覆舟。

八字微言任督二脈

6-1 吝嗇鬼的十神組合

你曾經碰過殺價高手嗎？八字的十神組合又為何呢？

辛丑年乙未月，我在 FB 看到朋友圈的一則帖子，因為好心借朋友錢，到頭來連朋友都做不成，這種人會到處跟人哭窮，利用人性的善良跟朋友借錢，因為當初沒有借據，即使當他有能力還錢，也寧可出國享樂吃好料，就是不願意還朋友錢，說難聽點就是別有心機，外加貪小便宜。

你身邊是否有這樣的朋友，每當要付帳時，總是躲在最後，或者買東西必得貨比三家才肯下手？

我所以為的吝嗇小氣：

「錢，就像膠水一樣，黏在口袋拿不出來！」
「花錢買高級車很富裕，但要繳停車費卻很貧窮。」

每個人都有屬於自己的心理帳戶，連我也不例外，有時我寧可買書投資自己，也不願意花錢去聽一場演唱會 (棒球比賽除外)；你或許也會看到一些人，平常對自己省吃儉用，但對家人和朋友就顯得慷慨

大方。

在劉潤《**每個人的商學院**》的著作中，有一段內容令我感同身
受……

假如你曾經做過生意，滿懷熱情跟客戶推薦你的產品，剛開始她
確實很心動，但到最後一刻，仍是覺得太貴沒有成交，你當真以為客
戶是小氣巴拉？

可是你發現她買的包包是LV，手上戴的是一般人買不起的黃金
錶，一切看似非常的奢華。但老實說，小氣和大方其實是相對的，世
間上沒有絕對的小氣，也沒有絕對的大方，存在的只有人們對商品價
值的判斷。

也許他會在這件商品小氣計較，但卻在其他消費非常大方。為什
麼會如此呢？一件商品值不值這個價格，關鍵在於「金錢並非是統一
存放在每個人的心裡帳戶」，我們會將金錢分門別類，存在不同的心
理帳戶裡。比方說生活開支帳戶、家庭帳戶、情感帳戶、休閒娛樂帳
戶等等。

至於「吝嗇鬼」有什麼人格特質？這種人除了很貪之外，也會算
計每一分錢，無論碰到什麼樣的人、事、物，總以金錢當第一，不會
輕易消費手上一塊錢，要花錢等於要命似的，他們寧可等到特價的時
候再下手，這些人的八字中，可能呈現什麼樣的十神特質呢？

答案很簡單！就是正官坦護偏財，而且偏財被保護得很好。這樣

的人其實並非「一毛不拔」，優點是善於理財，能為自己存下很多積蓄；缺點是給人的印象過於算計。

網友 A：「老師！本命比肩合財的人不就是超喜歡物質享受？」

文堡老師：「比肩合財的人喜歡與人合作賺錢的感覺，流年運勢不佳容易被人騙走資本。有時合的力量會勝過於剋，所以我很討厭合。」

網友 B：「太準了！我食傷很重，我老公比劫重，明顯我輸了，我常常想的是，錢是要給別人賺點的。但他想的是，為什麼我要吃虧？」

文堡老師：「這也是夫妻互補有趣的地方。」

網友 B：「是啊！我常常怕他生氣，所以不敢亂花錢，結果，就意外的能存錢了。」

文堡老師：「比劫過重的人，若能得到食傷之控制，簡直是如虎添翼啊！」

網友 B：「不過我不確定他是不是對的，因為我的想法是，賺錢是一種禮尚往來，我現在讓你賺我的錢，以後你也會需要我的服務，我也會賺你的錢。但他的想法，有時就沒有後續了。所以有些事，我會問他；但有一些事，我卻不告訴他，哈！看情況而定。」

文堡老師：「沒錯！不去計較得失，反而能得到更多，更是一種禮尚往來。」

網友 C：「老師！我不崇尚時尚名牌，但我還是會破財去買質地

講究和精緻的商品，時尚名牌，不等同質地保證，品質好，多貴都值得；品質不好，虛名無用。」

文堡老師：「是的！有時價格不等於價值，反而會是沉沒成本。」

無論是吝嗇或小氣，沒有所謂的對錯，一切端看人的性格以及心裡需求帳戶而定。

早年為人批命，總認為官殺護財星的人最會殺價，其實不然，所謂貨比三家不吃虧，他們不過是精打細算罷了，通常買東西會上網比價，令人折服的是，官護財的人，通常都會撐到特價或最低價才肯下手，節儉、小氣是其特點，但要稱之為殺價高手，官護財其實還差得遠呢！

另一種則是偏印過重且食傷極弱的人，也會有類似的情況，買東西或決定事情，經常會三心二意顧慮太多，最後把自己搞得烏煙瘴氣。

至於食傷型的人呢？當然是能言善道、辯才無礙，買東西不但會殺價，賣東西也會撒謊，也許你會說，食傷人才是真正的高手，但真正會殺價的十神組合，可能會令你跌破眼鏡。

答案呼之欲出──比劫剋財。

What？比劫剋財不是最會花錢嗎？老師您會不會寫錯了？

我們來玩個文字遊戲，所謂的剋財就是將財給剋，換句話說，就是將價格給砍了，不就是殺價的意思嗎？

傳統的古書都會這樣告訴你，比劫剋財最愛花錢，其實這句話只說對了一半，我又要再次顛覆傳統了，請各位看倌接招！

首先，你必須具備一個概念，比劫剋財有分為靜態與動態，靜態為與生俱來的DNA，雖有破財的特質，但事實上他們的物質慾望很低，還記得嗎？財星代表物質享受，本命的比劫剋財，不過是個名詞而非動詞。

請仔細觀察這些人的穿著打扮，你會發現他們並不崇尚名牌，對！很少玩高檔貨！換句話說，有官來抑制比劫的八字，通常不會輕易將錢花在個人的物質享受，但假如比劫無制，就很容易被親朋好友分財！

既然不買高檔貨，自然就不會花冤枉錢，所以討價還價就是他們的籌碼，能殺則殺，能少花就是賺到。不信？請試著多批八字，即可認同文堡老師所言不假。

真正令人聞風喪膽的破財，來自於動態的比劫剋財，且在缺乏印星的情況下，更會顯得「雪上加霜」，這種被迫或不開心的花錢，才是我們所認知的真正破財。

也許你還會這樣問文堡老師：「印星和比劫過多的人，是否也會如此呢？」

依據我過去的經驗，本命印生比劫過多的人，只要沒有剋到財，為人通常都是慷慨大方；即便是剋到財，也會認為付費是理所當然，

這種人通常不會是吝嗇鬼。

現在，請「肉搜」一下自己的八字，假如本命有出現比劫剋財，千萬別再自己嚇自己了，反而要捫心自問，是否有貪小便宜的性格哦！

本節最後，附上影片連結，歡迎掃描以下的 QR 碼觀看。

科學八字輕鬆學直播秀（第 86 集）：什麼樣的人是吝嗇鬼

《文堡老師的叮嚀》每個人都有屬於自己的心理帳戶，做生意若想從客戶身上賺到錢，當務之急得改變他對商品的認知。殺價是比劫剋財的天性本能，若是太計較就會得不償失，擁有大器才會有大財。

6-2 越是自律的孩子，越容易開外掛

2021 年 9 月，有個媽媽帶小孩來我的店，因為偷錢的事，請我幫她的孩子做心理建設。命理師這行業，除了批命之外，還得學會幫人解惑，道與術並重，才能達到知行合一。

首先，我們從另一個角度來看，孩子做錯事，還願意跟隨媽媽來店聽我解惑，在實務上倒很少見。尚未批命盤前，我一直在猜想，這個孩子八字先天的日主，是否有受到官星的關注？果然不出我所料，小男生的先天性格十分膽小，還好有正官來關注，偷錢只是一時，骨子裡仍存有法治，代表有悔過之心，不至於作奸犯科。

時	元男	月	年	大運	流年
丁	癸	丙	戊	戊	辛
巳	卯	辰	子	午	丑

辛丑年丙申月，跟媽媽偷錢買遊戲點數，從命盤該如何解讀呢？

62	52	42	32	22	12	2
癸	壬	辛	庚	己	戊	丁
亥	戌	酉	申	未	午	巳

出生後 0 年 8 個月又 5 天 6 小時

每逢戊癸之年小寒後 3 日交脫

八字解析

丙申月天干戊土洩辛金，正官的力量減弱，辛金偏印的力量雖強，但被丙火正財合住動彈不得，千萬別從日主受剋來找問題點，因為命主原本就是日主受剋的「帶原者」，主要是流月的偏印和比肩變強了，為了遊戲儲值不惜偷媽媽的錢，天干正財合偏印，容易受到外來的物質誘惑，不顧面子做出偷雞摸狗之事。若是成年的男人，也會受到桃色風波而花天酒地。

地支丑合子，比肩瞬間變強，過強的子水若無控制，必定能傷到午火導致破財。行筆至此，你一定會感到一臉狐疑，子水不是被丑土合了嗎？怎還有閒工夫去滅午火呢？我知道你們的問題點是什麼，這即是傳統五行八字「主導神」的概念，我不是說過了嗎？千萬不要將合當成消失！

假如，一個孩子當下的印星和比肩過強無制，容易相信朋友或商人的話術而被詐騙。故此月購買遊戲點數被騙了 1,500 元，可是你會說本命不是還有一顆巳火嗎？別忘了，申金已將巳火綁架，流年太歲丑土洩了火氣，天干兩丙合一辛，丙火的力量看似不變，但其實早已被大運的戊土洩得一乾二淨，故斷財弱。接著戊土又洩辛金，表示日主能稍微脫困喘息，配上比肩變強，性格會從原本的膽小如鼠，突然轉變為妄作胡為。

剛才提到，這個八字在年幼非常無膽，怎麼看呢？很簡單！地支辰土剋子水、天干財生官剋日主，現在流年丑土救走子水，比肩力量

反而變強了，過強的比肩能否受到控制呢？答案是 NO！天干戊土洩辛金減了 1 分，但地支土力量仍持平，故斷官星弱，人會變得沒有自控力。另外，卯木洩午火，食神在大運時早已減弱。

在財星、食神、官殺皆弱的情況下，此時過強的比肩就會亂來了，最終倒霉的會是誰呢？當然是財星莫屬囉！是故，命主在丙申月膽大及缺乏禮義廉恥的推波助瀾下，即會起心動念想偷媽媽的錢，私下儲值交易。

由以上的推理，我們便可得知，丙申月的食神星、財星、官星皆弱，唯有印星與比劫過強。於是，透過同學慫恿與網路騙子的驅使下，甘之如飴花錢購買遊戲點數，最後損失了時間與金錢。

另外，當印星被合且力量過旺之時，你覺得小孩會在乎媽媽心裡的感受嗎？當然不會！命主仍會自我感覺良好，代表媽媽對小孩偷錢之事無能無力，所以才會找上命理師，尋求開導及解決方法。

千萬別小看財合印的威力，看到喜歡的東西，忍不住下手購買是「身不由己」，也是一種完美主義的「強迫症」。假如合的是偏印，就更容易耍小聰明，甚至鋌而走險。

學過八字人都知道，男命若出現財破印，容易出現婆媳問題，然而八字並沒有如此簡單，你必須將整個八字帶進來看，很多人喜歡談日主受剋，其實七殺若為用的話，事業一樣能中流砥柱，甚而頂天立地！

男命身弱財破印，套用在個人身上，可能為了利益胡作非為，背地做出偷情、弄個三妻四妾，抑或被女王家暴。若是婚姻關係，則主妻子一味追求名利，不顧丈夫死活。

簡單的道理不難懂，別以為八字財多即可享受榮華富貴，還得依你的八字當下有否依靠。如果八字強的話，自然可以賺到金銀財寶；若八字弱了，再多的財也只會是個累贅，尤其沒有朋友或小孩來控制過強的財星，壓力將會瞬間一發不可收拾。如果對另一半又忍辱負重、倍加溺愛，只會加重自己更多的焦慮，安全感全無！

網友：「請教老師，小孩如何抑制過強的財星呢？朋友能理解，但小孩部份不懂？」

文堡老師：「小孩若出現過強的財星，當下的比劫及官星亦無法控制，成長階段易出現身體欠安、圓謊、貪玩、偷錢、不愛讀書。此時可強化小孩的印星，取得與財星力量的甜蜜點。」

孩子的五自十神金字塔

大家都聽過「在家靠父母，出門靠朋友」這句話，但你知道培養孩子最重要的關鍵是什麼？

第一步，讓孩子升起一個夢想，孩子沒有夢想，就像鳥兒沒有翅膀，長大以後無法飛翔，孩子若沒有夢想、缺乏自信就容易自卑，失去方向就會迷茫痛苦。幫助孩子托起夢想並實現夢想，這是培養孩子的第一步。

第二步，就是把孩子的主還給他們，文堡老師跟大家分享一個「五自」金字塔，最底層叫做自主，在十神類象中代表的就是印星。什麼叫自主呢？我們都看過基督徒在禱告的時候會說：「主啊！保佑我吧！」什麼是主？就是當你幫孩子做主的時候，孩子就會失去自主，此時你就是孩子的主；當孩子離開你到學校，老師就是他的主；當孩子找到一個對象，老公老婆就是他的主；生了孩子，孩子就是他的主。很多人一輩子都沒有主見，沒有主見的人，很難成為一個領袖，只能成為社會中 3% 的普通人。所以一定要把「主」還給你的孩子，培養孩子自主的能力。

第二層就是自信，十神類象代表的即是比劫。如果孩子沒有自信，他永遠不可能成功，自信是所有成功的基石，非凡成功者都是擁有自信的人。

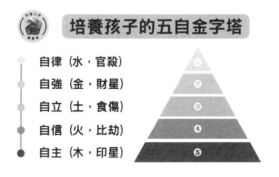

培養孩子的五自金字塔

- 自律（水，官殺）①
- 自強（金，財星）②
- 自立（土，食傷）③
- 自信（火，比劫）④
- 自主（木，印星）⑤

第三層叫做自立，要讓孩子靠自己獨立起來，既不是靠父母也不是靠家裡，十神類象最具代表的就是食傷星。

第四層叫做自強，什麼是自強？就是孩子的復原力，十神類象中

指的就是財星。舉個例子，當一個孩子天天考 100 分，月月考第一名的時候，上了一所頂尖大學，突然只考了 90 分，這個孩子可能就會受不了而自殺。這種案例在華人圈屢見不鮮，為什麼？因為他沒有自強的能力，也沒有復原力，從小若不讓孩子遭受挫折，一旦孩子在自己的道路經歷挫折，他鐵定會承受不了。孩子因為失戀自殺，沒有考上好學校自我了斷，就是沒有從小培養孩子自強的能力。

金字塔的最上層是自律，一個真正的領袖，必須擁有要求自我的自律性，假如他沒有自律性，就不可能成為領袖，而自律就是十神類象的官殺星。

從自主、自信、自立、自強到自律，如果你能把「五自」十神金字塔，從小培養在孩子身上，他們有可能變成一個少年領袖，長大後也會成為一個領導者。

願天下所有的父母，假如真心愛你的孩子，請一定要按照「五自」金字塔來培育，讓他們升起夢想，把主還給他們，然後擁有自信、自立、自強、自律，這也是文堡老師想要與讀者傳達培養孩子最重要的教育核心。

考運該看考試日還是放榜日

23 年的實務經驗，客戶最關心的不是財運就是工作，如果是學生，最常見的就是考運。其實考運好不好，前提在於你夠不夠努力，假如實力雄厚，剩下的才能談運氣。

你也許會好奇問文堡老師：「老師！考運究竟要看放榜日，還是大考日呢？」

經過我多年的觀察研究，考運其實是看「放榜日」，而不是「考試日」，此話何說呢？我們假設題目的難度很高，代表有很多人可能和你一樣，表現差強人意，此時就得看放榜日，由當下的運勢來決定；但假如你完全不會作答，又或者瞎猜一通，那麼就直接「棄械投降」吧！

古書最常告訴你，想要金榜題名，必見「官印相生」，其實大家忽略了「食傷剋官」也能突破困境、披荊斬棘！我能體諒你如此的吐槽：「簡直是胡扯！食傷剋官應該是為禍百端、名落孫山吧？怎麼可能會透過考試呢？」

一言以蔽之，爭論對錯沒有任何實質意義，唯有經歷更多的實戰經驗，才能體悟這門學術心法。

我用一個客戶案例來說明：

時	元女	月	年	大運	流年
庚	戊	癸	壬	庚	己
申	午	丑	戌	戌	亥

此命主擔任代課老師將近 10 年，她問我何時能考上正式老師？

第一：我們首先來看 2019 年，水出來立馬就被土剋，得知破財

完全擋不住，至於破在什麼地方呢？本命有食神來救，代表可能想投資買房，說明了這個破財現象為心甘情願，半點不由人。

第二：你認為她有機會金榜題名嗎？以庚子年看，庚金在三月偷偷溜出來玩，食神出現有利智慧、考試，地支雖有子丑合，但也必須留意將金錢或時間投在家人或朋友身上。

時	元女	月	年	大運	流年
庚	戊	癸	壬	庚	庚
申	午	丑	戌	戌	子

然而，庚子年食神洩於財星，能力未能及時發揮，加上癸未月八字變得弱不禁風，此月不利於考運，乃因弱的比劫生出弱的食神，心理和情緒反覆不定，脾氣易增強意氣用事。甲申月可把握，乙酉月時好時壞，丙戌月印星食神與財星皆弱，心態上宜保守為之，以平常心應對生活瑣事，切勿貪多求快。

我曾說過，比劫生食神的命格，年幼父親疼愛有加，樂知天命，聰穎伶俐，待人親切，樂於與人分享知識，庚戌大運更為明顯，你看見了嗎？五行看似流通順暢，但也意謂著家裡事務繁多，必須花更多的時間陪伴家人或朋友。

看似一氣順生的好八字，除非歲運來加分，否則進步空間不大，除了平常累積實力，運氣也很重要，切勿在本命上打轉哦！

歡迎掃描以下的 QR 碼收聽 Podcast。

八字聽書 EP74：儲值遊戲的十神類象

《文堡老師的叮嚀》你得相信，過強的財星並不會珍惜過去擁有的一切，只會短視眼前的名利，不管另一半生死，男人有再多的努力，最後終將付諸流水，只能選擇淡泊名利，從此遠離塵囂。

6-3 不要等到徬徨，才想要抓緊浮木

說個小故事⋯⋯

2020 年中秋前夕，凌晨 3 點半酣然入夢之際。突然間，手機 LINE 的通知響起，收到一名陌生網友的訊息，要求我立馬為她批命，究竟是哪個「狼客」，如此的殘暴，大半夜擾人清夢？更扯的是，命主是住在台灣而非國外。於是，睡眼惺忪的我，好奇瞄了一下八字，看到偏財的力量強到實在誇張，食傷亦駕馭了梟神，難怪會無法招架！

原來，命主是有夫之婦，與一個有婦之夫的小王，一同「天雷勾動」外加「纏綿悱惻」，怎麼看呢？簡單！

時	元女	月	年	大運	流年
辛	己	丁	辛	庚	庚
未	丑	酉	酉	子	子

70	60	50	40	30	20	10
甲	癸	壬	辛	庚	己	戊
辰	卯	寅	丑	子	亥	戌

出生後 10 年 0 個月又 15 天 19 小時
每逢丙辛之年白露後 15 日交脫

八字解析

庚子年乙酉月，天干七殺合傷官，丁火偏印可說是弱到懷疑人生，地支子合丑，子水亦洩了酉金食神，偏財合比肩，夫妻宮座落的丑土被合走，代表女命易將情感及心思放在小王身上。可是問題是，流月的食神早已洩死了比劫，整體干支綜合來看，八字已呈現弱不禁風。

你一定會問：「老師！最強的十神應該是食傷，對嗎？」

文堡老師：「非也！地支酉金洩出的力量，天干根本無力補回。」

若是如此，請問最強的主導神非誰莫屬呢？答案是讓你意想不到的「偏財」。

啥？子水不是與本命丑土合了嗎？嗯嗯！你可能忘了，合可是不能當消失的，子水在流年跑出來，命主內心的層面看似想分手，事實上仍會因對方的死纏爛打，感到焦躁不安。剛才說過，乙酉月八字已弱，配上流月極弱的乙木偏官，欲合完不旺的庚金傷官，這又代表什麼呢？思考一下並不難懂，意即小王想與命主復合。

於是，命主請求我，將一封信件傳遞給那位有婦之夫，她的目的，只想將事情說清楚講明白，讓自己能心安理得。然而，在我的潛意識的道德裡，這是一件多麼荒謬的事，原本可以圓滿落幕的婚外情，可能因為這封信，從此死灰復燃，甚而衍生更多棘手的問題。沒錯！我當下拒絕了！

記住這句話：「當你勇於向孽緣撇清界線，可禁不起一絲的風吹草動。」

是的！斬草不除根，春風吹又生！

客戶：「老師，可否再問您最後一個問題，我是不是被騙了！」

文堡老師：「沒錯！對方印的確很弱，演技令人讚嘆不如，不過妳也不是省油的燈。」

客戶：「是喔！好可怕！」

文堡老師：「而妳被騙得團團轉仍不自知。」

客戶：「的確演得很真，所以他是見一個愛一個？」

文堡老師：「妳都已經知道了，不是嗎？洗把臉清醒吧！趕緊回歸妳的美滿家庭。」

客戶：「真的很謝謝老師！」

文堡老師：「記住！離他越遠，妳才能睡得越香！」

為什麼我敢「鐵口直斷」她被小王耍得團團轉呢？

來！現在請你坐好，八字課的時間又到囉！

要看一個男人是否虛情假意並不難！只要找出當下有否財破印，而且身要很弱！

什麼是財破印？

財星＝理性觀
印星＝道德感

當理性觀超越了道德感，就會做出不要臉或者喪盡天良之事，此乃財破印，相信如此的解釋，你一定能夠茅塞頓開了。

另外，你一定有過這樣的經驗，身邊三不五時出現口若懸河的朋友？這種人外表說起話來滔滔不絕，散發出能言善辯的自信，亦非常的自得其滿。又或者，曾經給你過多的承諾，答應你會做到的事，結果卻食言而肥，這樣的人在職場很多，你會感到不足為奇，對吧！

說話沒經過大腦只會亂給承諾，八字的組合有非常多種，學過傳

統命理學的人，可能對我以下提出的觀念無法認同，沒關係，你可以隨時放下這本書。

欲看一個女人是否被愛情沖昏了頭，不難！請找出是有否食傷破印，條件是當下的身要很弱！

你會這樣吐槽：「老師！我聽您在胡扯！我只聽過印剋食傷，哪來的食傷破印？」

食傷＝行動力

印星＝安全感

印剋食傷代表安全感勝於行動力，人會變很懶，意志消沉！

食傷破印代表行動力勝於安全感，人會無厘頭，感情用事！

令我匪夷所思的是，大家都相信印剋食傷，卻不接受食傷破印，以寡敵眾。

一言以蔽之，很多觀念必須與時俱進，若執意跟著古書走，最後只會落得作繭自縛，更別妄想化繭成蝶。

下回，若你碰到半夜傳簡訊或打電話求助的朋友，要求你幫他做事（緊急之事除外），趕緊看一下他的八字是否有食傷破印吧！這樣的人多半缺乏同理心，不會顧及旁人當下的感受，對他來說：「只要我想要的，又有什麼不可以？」

再次敬告各位看倌，凌晨 3:30，千萬別找我批命，你夢不到周公，

不代表別人得跟你一樣清醒，若太過徬徨急著找浮木，也請你抓好時機。

本文最後，附上影片連結，歡迎掃描以下的 QR 碼觀看。

科學八字輕鬆學 第 272 堂課：憂鬱症的八字怎麼看

《文堡老師的叮嚀》老楊的貓頭鷹在其著作《熱愛可抵歲月漫長》一書中，有句話令我醍醐灌頂：「喜歡的事情可能讓你賺不了什麼錢，也趕不走壞人和霉運，但只有自己知道，它曾經在搖搖欲墜的人生節點上，默默的拯救過自己，也拉了別人一把。」

6-4 什麼樣的命格會是有錢人

先說好，本篇文章不是教你胡亂投資，而是要跟大家說，每個人賺到錢的方式不一樣，有些人靠股市發財，有些人在生意上叱吒風雲，有些人擁有穩健的上班收入。

學了這麼多年八字，我們所認知的有錢人，你認為符合以下哪些十神類象呢？（答案不只一種）

(1) 食傷生財
(2) 官印相生
(3) 比劫生食傷
(4) 印生比劫
(5) 官殺旺盛
(6) 財剋比劫

參考解答：

(1) **食傷生財**：這點無庸置疑，古書上都是這麼寫，然而賺錢一定輕鬆愜意嗎？那倒未必，別忘了！食傷代表行動思想，要怎麼收穫先怎麼栽，一個食傷如果洩太多財，則為身兼數職，忙碌生財。另外，本命食傷旺無財，歲運走食傷，也容易名利雙收，幸福美滿。

(2) **官印相生**：對女命而言，比起食傷生財，我認為它是最幸運的財運組合，怎麼說？因為官代表女命的人緣桃花，官生印，男生會幫妳介紹客戶，一通電話也許就能成交好幾百萬元。人氣網紅、酒店紅牌，皆須具備官生印的條件。

(3) **比劫生食傷**：依據個人經驗，這種組合為人聰穎伶俐、辯才無礙、廣結善緣、風生水起，簡單來講人脈即是錢脈，即使本命無財，貨仍出得去，錢亦進得來，照樣發大財。

(4) **印生比劫**：實務上給我的感覺就是穩定，假如動靜態皆是印生比劫，沒有其他的十神組合，這種命格一生不易為錢操心，可是你會說，流年走財不是必破財嗎？沒錯！印生比剋財，財註定要破，買房投資置產，出國旅遊 shopping，開心花錢甘之如飴，只要不碰賭，錢會自動流回來。

(5) **官殺旺盛**：此乃我多年的體悟，條件是官殺不能剋到日主，只要官好財也必定好。也許你會一頭霧水，用官怎麼能發財呢？這麼說吧！如果你是生意人，客戶就是你的官，若能掌控及管理得當，財源自然滾滾而來。不信？請多去實證，即可證明文堡老師所言不虛！

(6) **財剋比劫**：你一定覺得我在唬爛，哪來的財剋比劫？應該是比劫剋財吧！沒錯！比劫剋財的人，的確有機會在某個動態一夕爆發。然而財星並非完全是金錢，它也能代表一個品牌與商品價值。當財星強過比劫，意即財星「控制」了比劫，此時客戶就會傾向購買你的商品或服務，這即是運用「敵弱我強」的優勢，讓你開心數鈔票。

至於食傷剋官呢？當然也有發財的機會，但性格脾氣是其罩門，適時的「戒急用忍」，勿意氣用事仍可成大器。

別讓財星洩死你的食傷

瞭解食傷生財後，我們來探討一個鮮為人知的食傷洩財。

你一定感到很納悶，財星怎麼會洩死我的食傷呢？食傷不是應該生財的嗎？

2021 年 9 月，我在其中一期的《商業週刊》，有篇文章提及中國實施了禁令政策，為了抑制未成年人網路成癮的問題，平日禁止打遊戲，僅能在週五、週六、週日晚上玩一小時，並且要求以「實名制」做為驗證，這項政策讓許多家長樂見其成。想想看，身處在自由的國家，你是否贊同呢？你的孩子受得了嗎？

根據新聞媒體報導，玩手遊的人似乎超過全國總人口數的一半，我相信這個數據是真的，因為現代人的壓力太大了。

我，曾經也是一名遊戲重症者，然而，這幾年忙於教學、寫作及出書，幾乎沒有玩遊戲的時間，說實話，與其玩物喪志，不如將時間拿來投資自己。

年幼時期什麼都不多，最多的是時間，但口袋卻是空空如也；當時還得偷偷躲起來玩，在台灣經濟正在起飛的年代，很多父母都將電玩視為洪水猛獸；直到五十知天命的年紀，經濟雖然許可了，然而時間卻減少了。

你瞧！科技世代的遊戲，無論手遊或桌機，哪個不精緻？我曾做過統計，一個遊戲要玩到破關，得花上一百小時以上，看到 YouTube 開放世界的遊戲影片，有些直播主日以繼夜瘋狂玩上數百個小時。我常想這些人的時間何其多，如果是靠直播賺錢倒還說得通，但如果是純興趣買來自我休閒，對沒有時間觀念及自制力的人，我覺得太浪費

時間了。哦！不！應該說是浪費生命。

八字學中，身弱食傷旺無財之人，最容易沉溺在遊戲的世界，非旦無法自拔甚至醉生夢死。

別忘了，現代的遊戲太過精緻了！想想看，遊戲公司若不進步，玩家可能會買單嗎？

其實，主機或遊戲 APP 並不貴，最貴的是時間，遊戲買回來，你得有時間去消化它，如果將這些時間挪來提升技能，你覺得人生是否有機會扭轉乾坤？

這幾年來，我始終在思索一件事，為什麼有些人總是喜歡花錢買煩惱……

你一定會覺得很奇怪？花錢買煩惱是什麼意思？

正確來說應該是浪費時間、做一些毫無價值的事。

以手遊為例，工作之餘放鬆玩一下是好事，但太過沉迷反而是物極必反，你可能會說，我不會花錢儲值購買 DLC(註 2)，只是享受娛樂的感覺。沒錯！你也許是一個懂得控制時間的人，但在我看來，比起金錢，專注力更為可貴。

花時間玩遊戲，在八字的類象中，代表的就是食傷洩財的行為。然而，食神洩偏財與傷官洩正財的意義截然不同，這部份未來有機會再著書分享。

我們要探討的是，為何花時間或金錢玩遊戲，反而更容易出現煩惱，讓自己活受罪呢？這個邏輯很好理解啊！因為你的食傷被財洩了精光，弱的食傷生出一堆沒路用的財星，指的就是因為享受聲光娛樂，導致你的精神出現渙散，消耗了注意力；假若遊戲又遲遲無法破關，情緒也會大受影響，甚至衍生出「強迫症」，這叫做沒事花錢買煩惱，這年頭，沒什麼東西比注意力更值錢的事。

是故，有一天你發現不是在玩遊戲，而是遊戲在玩你，那麼你得當心財星正在洩死你的食傷，別忘了，財星並不一定代表錢，花時間玩遊戲看似休閒娛樂，但如果你無法「控制」食傷，它就像是一帖毒品，先慢慢讓你成癮，再將你的能量消耗殆盡。科技日新月異，你很難把持住遊戲帶來的魅力。不信？自己肉搜一下，是否曾經玩到天亮，才捨得去睡覺的經驗。

除了遊戲之外，男人花錢上酒店找女人偷情，或者花時間談一場不可能的戀愛，也是食傷洩財的表現。

嚴格來說，食傷洩財的行為，猶如經濟學上的「沉沒成本」。

我曾是重度的電玩迷，市面上發行的 3A 大作幾乎都玩過，但現在卻成了電玩逃兵，最大的因素在於食傷太弱，無法克制自己的慾望，於是就乾脆不碰了！寧可將「食傷」轉移到提升專業的技能上，目的是不再自找罪受，你說對吧！

對那些沒有自制力的人，最好的方法就是將這顆遊戲球投出敬遠（註3）。

註 2：DLC 表示除了主線遊戲之外，必須額外付費或者免費下載的支線遊戲。

註 3：棒球比賽中，代表一個投手對一個打者，故意投出四壞球保送的戰術。

《文堡老師的叮嚀》每個人賺到錢的方式不同，請找到適合自己的天賦，這將是你賺錢的軌道。

6-5 豬羊變色的公務員

客戶故事

你曾碰過幾近全弱的八字嗎？人在萬念俱灰的情況下，會做出什麼樣的決定呢？

辛丑年戊戌月，一個客戶帶著一顆疲憊的心來店找我，坐下來一句話也不說，沒事！這正是我要的不問而批，看完命盤後曉以大義，我告訴她：「一個濫好人，終於在 2019 年徹底覺醒！」

聽完我說的話，她的淚水瞬間奪眶而出，原來這幾年來好心為老公的家人背債，不但得不到感恩，還慘遭惡言相向，傷心難過之餘，只能藉由身心藥物緩解焦慮的情緒，人生頓時失去方向，一心想結束生命……

在六神無主的情況下，命主於丁酉月毅然買下了一間房子，你會說 2021 年房市正燙，買房子有什麼好稀奇的，但我要跟你說，這是我算命以來，看過史上最無厘頭的買房法，怎麼個無厘頭呢？

客戶帶著萬念俱灰和傷心欲絕的情緒，一心只想遠離那個曾經讓她搖搖欲墜的家。丁酉月中秋節前夕，她回到年幼成長的一個社區，看到大樓的陽台外牆貼著「售」字，你相信嗎？她只花了幾分鐘的時間，瞄了一下周遭環境及管理室，當下馬上聯絡仲介說要買房，然而仲介一到現場，想帶她進去看屋況，我的客戶竟然回答：「不必看了！觀察了周遭環境，我已經決定買了，我們直接簽約吧！」

她入手的這間房子，價格居然低於實價登錄……

記住！這並不是法拍屋或凶宅，而是一般的中古屋。房仲的朋友，你是否正在閱讀這本書呢？我想請教在你職涯這麼多年，曾碰過連屋況都不看就直接下訂的「好咖」客戶嗎？

其實，我認同客戶此刻的心境，她會選擇如此做，原因其來有自，她一心只想盡快離開那個傷心地，在八字身弱財星過強的情況下，唯一的選擇就是破財買房，讓自己一切回歸初心，時光倒流回到那個曾經讓她快樂的原點。

故事說完了，我們來總結一下動靜態的重點。

時	元女	月	年	大運	流年
壬	癸	癸	甲	丁	辛
戌	酉	酉	辰	卯	丑

66	56	46	36	26	16	6
丙	丁	戊	己	庚	辛	壬
寅	卯	辰	巳	午	未	申

出生後 4 年 7 個月又 15 天 1 小時

每逢甲己之年立夏後 1 日交脫

八字解析

1. 命主職業為標準的公務人員，此八字命主曾在辛丑年來店諮詢，因為家家有本難唸的經，讓她萌生離開的心念。

   命主回到小時候居住的地區，找仲介看一眼旋即將房子買下。

2. 壬寅年辛亥月再來找老師，過程中命主回饋，我在辛丑年批準壬寅年發生之兩件事。

   壬寅年的癸卯月和丙午月。

   命主求問壬寅年與癸卯年相比，哪一年運勢較好？

3. 辛丑年，我曾批斷命主於壬寅年癸卯月，會有人找她合作投資，此為印驗之事。

   命主回饋：弟弟無法負擔房子的貸款，故將整間房子轉讓給她，於是她便出現了負債。

   因天干流年丁壬合，比劫把財星全合弱了，代表有人來利用你的資源，浪費你的時間，或者向你借錢或倒債。

4. 本命八字組合分析，天干兩個比劫生食傷，地支正官生偏印且官

361

合印。

戊土可帶出合中辰土的力量生助酉金，意即官生印，個性較為乖巧、按規則做事、腳踏實地有責任感。

官合印，為人較有赤子之心，凡事會替別人著想。

5. 過往之大運，命主運勢極為順利。

辛未運：地支走土，官的力量加強且可生印。

庚午大運和己巳大運：地支走財，可生旺官星再生旺印星。

命主回饋：以上大運讀書、考試皆很順利，班上排行均前幾名，且順利考上公職人員。

戊辰大運：地支來辰土，雖然辰酉合，但官的力量仍加強，故印也沒弱。

※ 命主於己巳大運，36 歲生育女兒首胎，己合甲，即官合食傷，意即食傷較弱。命主回饋女兒在 4 歲時發現內向自閉，但讀書學習沒問題，只是無法與人溝通互動。

官合弱食傷，食傷減了 1 分，可論命主的能力發揮受限，抑或子女身體較弱。

6. 從 2019 年交至丁卯大運，命主的運勢發生了很大的落差。

天干丁壬合，甲木洩丁，又少了壬水的生助，力量減了 2 分，比劫食傷均弱。地支卯戌合，卯土補回 0.5 分，但是天干減了 2 分，故食傷仍是弱的。

另外，地支食傷合官，官殺力量受限，代表官印均弱。

地支可論內心世界，因家庭之事讓她很費神。命主回饋因幫助婆家而感到操心，最後卻遭家人嫌棄而傷心欲絕。

　　辛丑年，命主自認無法在婆家居住，認為待不下去，故自行去看房子，在外圍看了一下但沒有進屋內，即已決定買下該房子。命主認為該區域是年幼成長的環境，心中較有安全及歸屬感。

　　辛丑年丁酉月，八字的五行全弱，故命主會出現自救，想回到初生的原點，不時翻閱兒時照片，一心想回到年幼成長的地方。

7. 丁卯大運八字弱了，本命官生印，但官星被合，無法生印。此大運很多事，都由命主自己一人承擔。

※ 本命官生印：命主的丈夫對她不錯，且有身份和地位。

　　流年壬把丁合之後更弱，且壬水是本命存在的五行，故為命主熟識之人。流年丁火已弱，流日再走丁就會發生破財。流月走癸水且出干，比肩也會剋財，命主回饋當月弟弟想套現，希望她買下他的房子，總價約台幣 800 萬，最後不得已幫弟弟承擔。

　　若以流年看，地支只剩酉金，流年多一寅木，酉金剋洩寅木，印洩食傷，故印很弱。本命印為 5.5 分，當下為負分。

食傷破印：行事無厘頭且較為衝動。

8. 食傷洩財破印，印星受傷是受到源頭食傷影響所致，人當下的決定都會較為衝動。但是大運官印均弱，辭職也是遲早的事，所以不能說是壞事，本命無財，流年流月走財，當財不好時，命主易做出不理性的行為或決定。

本命為官生印的八字，代表先天 DNA 不能任意被改變，否則容易出現問題。身弱，財過強必破印，人會出現睡眠障礙，且家庭問題多，母親身體亦不佳。

9. 癸卯年的運勢與壬寅年比較，主要考慮印星和食傷。

女命與父親的關係看財；與母親的關係看婚姻。本命八字官生印，印強，假如印不好時，女命的婚姻和家庭就容易出狀況，可能出現離婚，與家人關係不好，或者身體不佳。

此案例可以了解八字的印星非常重要，它是一切生命源頭的根基。

學生問題

丁卯大運的丁火力量到底是 0.5 分，還是 3.5 分？如果丁火是 3.5 分，那丁火就不弱，是嗎？老師的計算邏輯為甲木洩給丁火，丁火得 1 分。但甲木前面有壬癸橋，丁火只能得到 1 分嗎？

學生的計算邏輯為，天干壬癸水生甲木洩給丁火，丁火得 5 分，但丁壬合，丁火少了壬水 1 分的來源，且丁壬合再減 0.5 分，丁火總共要扣 1.5，所以丁火最後為 3.5 分。

學生的計算邏輯是否有誤？敬請老師指正！

文堡老師解說

此題大運的部分，丁火正確應為 3.5 分，代表火過強了，因為癸

水可帶出 1 分壬水生洩給丁火，故丁火為 3.5 分，其他五行全弱，唯獨丁火過強。財主導會破印，故這個大運，跟以前的大運落差很大。

然而，十神強弱仍為正確，差別在計分結果，請讀者做筆記並修正。

文堡老師後語

人在萬念俱灰的情況下，擁有多少名利都是虛假的，唯有努力活著才是真的！房子不就是印嗎？是故，我支持她的選擇！

千萬別在「印強財弱」的時間買房，否則妳可能從此入住「套房」。

「別懷疑！印破財在現實生活中絕對是存在的。」

文末，附上影片連結，歡迎掃描以下的 QR 碼觀看。

科學八字輕鬆學直播秀（第 81 集）：當你想要放棄人生時

《文堡老師的叮嚀》唯有經歷一場大病的人，才能體會印星的重要！此刻正深陷人生低谷的你，永遠要相信一件事，總有一天，一定可以離開那個曾經讓你摔得人仰馬翻的坑。

6-6 什麼樣的女人慾望較強

學生曾問我一個敏感話題:「如何從八字看出一個女人的性慾較旺呢?」首先,有個觀念必須釐清,女人性慾強不代表會紅杏出牆,因為這還得看人品。

記得多年前的國文科預官考試,曾經出過一個題目。

子曰:「食色性也」,請問這句話出於何人之語?

1. 孔子
2. 孟子
3. 曾子
4. 告子

相信你一定會回答孔子,沒錯吧?

告訴你!正確答案是告子。

很傻眼,對吧!當年很多人都栽在此題而名落孫山。

許多人避談性事,但你可知道,網路上除了綜藝、美食、八卦之外,最夯的莫過於性話題了。不信?請到 YouTube 輸入關鍵字,你會發現這些影片的點閱率至少都超過百萬以上,大家都吃飽太閒嗎?當然不是,而是這些 YouTuber 懂得抓住人性慾望的最底層,也就是我們常言的「馬斯洛需求層次論」。

明明是一對佳偶，為何卻演變成怨偶呢？這個問題的確令人匪夷所思。可是你會說，影響婚姻最大的元素又是什麼？

性格不合？婆媳問題？小孩教育理念？老實說這些不過是冰山一角，最大的問題出在性事不協調，我看過很多夫妻都是過著「無性生活」，假如彼此能有共識當然不會有問題，怕的是一方有需求，但另一方性事缺缺，此時的婚姻關係就會出現變質。

回歸主題，什麼樣的女人性慾較強呢？從八字該如何看？

請讀者坐好，我們開始上課囉！

還記得我曾講過的食傷嗎？

什麼是食傷？千萬別跟我說是食道受傷，這只會令人啼笑皆非。

我們將這個詞拆成兩半來看，也就是食神加上傷官。

公式：食傷＝食神＋傷官

不論食神還是傷官，在女命代表的是自己的兒女。

你一定會問，這跟性不性又有什麼關係呢？

當然有！小孩未成型以前不就是卵子嗎？所以食傷也能代表女人的生殖功能以及性慾望。

請觀察一下自己的命盤，如果妳的八字食傷很旺或為用的人，一生與小孩的緣份都會很深，關係形影不離。換句換說，食傷很旺的女

人，性的慾望通常也會比一般人來得旺。

假如有一天食傷跑去合了官星呢？那就得小心避孕了，因為懷孕的機率很高！

什麼是官星呢？就是妳的阿娜答(男友或老公)，也能代表男人的精子。

公式：食傷合官＝想談戀愛，想要男人，卵子與精子結合，容易懷孕。

等等，如果一個食傷跑去合太多官星的話，男士們可得當心了，你的女人可能會用情不專，甚至劈腿哦！

食神與傷官在性格的表現上，其實有很大的差別。

食神＝含蓄靦腆

傷官＝大膽奔放

食神旺的女人，假如喜歡上男人，多半會表現出含情脈脈，展現被動式的追求；但對傷官旺的女人來說，可能就是豪放、主動了。

你可能又會問文堡老師：「老師！如果是食傷剋官，等於不容易受孕？這種女人也會性趣缺缺，對嗎？」

只能說答對一半！不容易懷孕是事實，乃因精子與卵子相互排斥；但論斷性趣缺缺可就不一定了，個人實務經驗中，食傷旺且剋官的女生，除了性格強勢之外，也可代表掌控性事的主導權，我曾碰過

老公被老婆霸王硬上弓的案例。

其實不單看八字，從女人的面相也能看出其性慾，通常嘴巴大的女人慾望也會比較旺盛。

看到這裡，女性讀者可能會用力吐我槽：「老師！您簡直胡說，我的八字食傷很多，但我卻是性冷感的人啊！」

沒錯！食傷多不代表性慾旺，因為妳得瞭解，本命「得分」越高的八字，可禁不起動態一絲的破壞。

什麼樣的女人容易性趣缺缺？男人必須敬而遠之？

文堡老師先留個伏筆，讓大家動動腦思考吧！

娶到這種女人，男人會倒大霉

你還記得財生官的女命嗎？雖然她們對感情甘之如飴的付出，但性格上也會頑強有原則，男人們要注意了！如果背地裡偷吃小三，當心怎麼死的都不知道。

你得記住！財生官的女人無法忍受男人的背叛，後果請自行負責。

可是你會說，食傷剋官的女人不也有相同的傾向嗎？

不！兩者可是有所區別的。

食傷＝強勢主觀

官星＝妳的老公

食傷剋官，說難聽一點，就是把老公踩死在自己腳下。

過去大家對八字的認知，始終認為命帶食傷剋官的女人，有很高的離婚機會，對吧！

這是因為女人身懷強悍的性格，能夠強壓著另一半喘不過氣，男人很難有自由與主見，通常在家裡的地位都是居於下風，如同哈巴狗一般，一個願打另一個願挨。

其實，別被古人的思維給羈絆了。根據文堡老師長年的觀察，這樣的婚姻反而沒什麼大問題，除非老公是個大男人，硬碰硬則另當別論。

我也曾說過，食傷不一定能剋得了官，有時官也能反噬食傷，此時的姻緣可能就會出現變質。

回到本篇主題，你覺得一個男人娶到什麼樣的女人，容易倒一輩子霉呢？

答案可能令你瞠目結舌，第一名竟然是身弱財破印。

什麼是身弱財破印？

財星：物質享樂

印星：道德風俗

身弱財破印的女人，在家待不住，為了賺錢情願下海或者不擇手

段，簡單來說就是要錢不要面子。

另外，也能代表妻子不要丈夫，嚴重時會將全部財富佔為己有，拿到財產之後再拍拍屁股走人，說難聽點就是不管老公的死活，男人千萬別將這種女人娶進門，否則人生將會悽慘落魄；另一種解釋代表錢賺得越多，媽媽的健康可能就越不好。

第二名呢？當然是食傷合官莫屬囉！

什麼是食傷合官？我很討厭合，記得嗎？

食傷：起心動念；女命小孩

官星：老公情人；男命小孩

瞧！不就是代表妳想著男人嗎？若妳想懷孕，找到食傷合官的時間就對了！

而且，偷偷告訴妳，食傷可拆解成食神和傷官，對女人而言，這種追求感情的動機可謂截然不同，前者為被動、含蓄，後者為主動、大膽。

假如一個女人，出現一顆食傷合兩顆官星，男人可就得當心了！對一個已婚的人，請隨時將家裡的牆架高一點；若是未婚，請提防對方暗地腳踏兩條船。

術語：食傷貪官，用情不專（前提必須身弱）

當然了！看女命出牆的方法不單單只有這兩種而已。

其實，不論男女，我認為會出軌的人，絕大多數皆與本身性格，還有年幼的成長環境息息相關，未來若有新作，再與大家分享吧！

《文堡老師的叮嚀》以上內容乃為多年實務經驗分享，個人心得不代表本書立場。

6-7 銷售致富的十神高手

如果，你今天仍然一無所有，經常感到很迷茫也很痛苦，既無事業也尚未存到第一桶金，那麼你一定要看完這篇文章。

這個世界上有兩種人，第一種人叫銷售者，第二種人叫消費者，97% 的人是消費者，而 3% 的人是銷售者，想要學會買，一定要先學會賣。富爸爸曾說過一句話：「任何一家公司和任何一個人，在這個社會上都扮演了兩個角色，一個是銷售者，另一個是消費者，你在公司上班，你就是銷售者，當你出去消費或吃飯，你就變成一個消費者。」

哪怕妳只是一個負責在百貨公司掃地的阿姨，妳也是一個銷售者，妳在銷售自己的體力，而賣體力是這個世界上最不值錢的工作，所以，妳到底能賣什麼呢？

首先，從賣產品、賣能力、賣智慧、賣頭腦開始，接著變成了賣自己，到最後就變成了賣夢想。所有創業者的老闆，以及上市公司的

總裁，其實就是在證券市場賣自己的夢想。

全世界所有的人都是從銷售做起的，比如李嘉誠賣房子，馬雲賣互聯網、比爾蓋茲賣電腦軟體、賈伯斯賣蘋果手機……這些人都曾是銷售者。若你想成為 3% 的人，就一定先要學會銷售，因為銷售是成立一個事業的開始，銷售等於收入，其他全是成本。

我們都知道，食傷代表銷售口才及能力，你若懂得行銷技巧，才能吸引人們向你購買東西，在八字中可解釋為「比劫生食傷」，也就是說因為你的智慧才能而聚眾，如果你仔細去觀察那些行銷高手，除了懂得人性，也懂得銷售技巧，不就是利用八字「比劫生食傷」的道理嗎？

很多人非常有才華，但是卻不善於推銷自己的才能，一個不善於推銷的企業註定會倒閉，即便它擁有大量的存貨；如果你現在仍處於「單身漢」，尚未找到自己的真命天女，是因為沒有學會如何與人交流，當你正在與一個女生約會，實際上就是學習如何推銷自己最好的機會。

八字中有比劫生食傷的人，通常都是一等一的銷售高手，他們懂得學習克服自己對銷售的恐懼，而不會讓這種恐懼主宰自己的生活。

富爸爸商學院《銷售致富的財商教育》這本書中，有句話講得非常傳神：「世界上到處都有孤獨貧窮的人，究其原因就是從來沒有人教育他們如何行銷、怎樣與人交流、如何克服被拒絕的恐懼，以及被拒絕後怎麼重新振作起來。」

「很多害怕推銷的人都不願意承認這一點，因此他們經常排斥推銷員，輕視銷售的職業，這些人往往都是窮人，他們在事業或愛情上表現差強人意，生活不盡如人意，經常等到清倉大拍賣才會去購物，他們始終過著非常節儉的生活，追究其根源，是因為他們害怕退休，也因為恐懼，他們缺乏推銷技巧的能力，造成了一貧如洗。」

你知道嗎？你能讓多少人相信你，你就能成就多大的事業。你之所以沒有成功，證明你還沒有進入自己的軌道，還沒有找到適合自己的位置，也沒有把自己的天賦發揮出來。

無論是企業、員工、顧客、家庭、婚姻，都是在經營相信，沒有人會全力以赴做自己不相信的事。

記住！客戶不跟你買單，找藉口推託太貴了、我再考慮一下，這些幾乎都是假象，因為他還不夠相信你。

永遠記住一句話，賣產品不如賣自己，消費者買你的東西並不是買你產品的功能，而是買對你的信任，認同你這個人，所以你要想成為銷售者，第一個核心是什麼？請把它記下來，叫做自信。

所謂的銷售，就是信念的傳遞和情感的轉移，那麼，想讓別人相信你，有兩個先決條件。

第一，你必須先相信你自己，如果你都不相信自己，別人又要怎麼相信你？全世界所有的成功者，他們都有共同的特性就是自信，換言之，食傷若要好，比劫不能受傷。

第二,相信自己是一種能力,相信別人是一種智慧,商業的本質,不就是在搞懂相信這兩個字嗎?信與不信之間,永遠沒有中間地帶。任何東西,你相信就會有力量,你不信就沒有力量。

若你能理解「比劫生食傷」所帶來的人脈財富,你也必須學會「比劫洩食傷」的銷售技能與心理學。換句話說,如果你善於銷售,也就能購買任何東西,學習遭受拒絕,然後修正自己的行為,換得最終的成功。

最後,送你一句話:「你所排斥的,正是你所需要的。」

這句話的境界很高,各位看倌好好體驗一下吧!

本節最後,附上影片連結,歡迎掃描以下的 QR 碼觀看。

科學八字輕鬆學直播秀(第 90 集):如何讓客戶付錢給你

《文堡老師的叮嚀》看完富爸爸窮爸爸《**銷售致富的財商教育**》,在八字的十神生活類象,我又學會了一課。原來,比劫生食傷的人,才是真正的銷售高手。

6-8 一日渣男，終生渣男

辛丑年己亥月，新聞報導某個台灣女立委被男友施暴的事件，這種爛咖的男人，在社會上隨處可見，一點也不覺得驚奇，若非立委是名人，在忍無可忍下爆料，相信媒體也不會大肆炒作。

所謂的「一日渣男，終生渣男」，會出手打女人的男人，本身就有暴力傾向，狗永遠改不了吃屎，唯有經歷錐心皮肉之痛，一記當頭棒喝，才能徹底的離開。

你可能會問，從八字中可以看出男人有暴力的潛在因子嗎？

當然可以！首當其衝即是「比劫剋財」，且比劫必為當下的主導神，這種人多半存有大男人主義的優越感，以及駕馭對方一切的齷齪行為，奉勸各位女生，千萬別被帥氣的「天干」外表蒙蔽了，妳應該多瞭解「地支」真正的實相。要不，就等著後悔莫及吧！

女生對於老實古意的男人，通常都是謝謝再聯絡；然而一旦碰到壞壞的男人，免疫力症候群就會急速下降。令人匪夷所思的是，這些女人在結束一段戀情或離婚，依然會選擇投入「壞壞男人」的懷抱，而且屢試不爽！

男人，總是用下半身思考

辛丑年開春不久，有個客戶來店找我，想幫新生兒取名字，但堅持要跟隨母姓，媽媽離了兩次婚是單親家庭，最近生了第二個小孩，

然而很不幸在懷孕之後，枕邊人即不負責任離她而去。

我經常想，這些女生為何如此「魂牽夢縈」？男人又為何抱持玩玩的心態，真有如人家說的「射後不理，用下半身思考人生？」

昨天看到一篇文章，我瞭解有些女生為何情不自禁，甘願墜入情網……

很多人一開始和對方相處，立即展現強烈意圖猛烈追求，希望對方愛上自己。但有趣的是，這樣的人，一輩子可能連別人的手都牽不到。所以很多高手明白這一點，他們會選擇聚焦在對方的感受上，於是你會發現，這些「愛情騙子」在情場上總是無往不利。

身為女人，妳必須相信：「負心的男人非常懂女人心。」

這也是為什麼，老實的男人在情場上吃著悶虧，因為他們並不懂女人的內心世界。

回歸正題，我來看這個女命，你會說八字有兩個財啊？為什麼生了卻沒有父親陪伴在身邊呢？

時	元女	月	年
癸	丙	庚	辛
巳	戌	寅	丑

事實上小孩子在尚未出生前，父親早已離媽媽而去，這在八字中又該怎麼看？

以下這個八字也如出一轍：

時	元女	月	年
辛	辛	辛	辛
卯	巳	丑	丑

過年期間一直左思右想，白天想、晚上想、吃飯想、走路想、睡覺想……

最終讓我突發奇想，總算是茅塞頓開，解開陰陽生洩的迷惑。

兩個案例其實不難！大家可以先動動腦，再看以下的解說哦！

文堡老師簡批 1

時	元女	月	年
癸	丙	庚	辛
巳	戌	寅	丑

(1) 天干財生官剋日主，地支偏印生比肩生食傷，寅木監視戌土，寅丑亦暗合。

(2) 財生官剋日主：不負責的父親帶給小孩很大麻煩。

(3) 偏印暗合傷官：命主受到母親的關注及影響甚大。

文堡老師簡批 2

時	元女	月	年
辛	辛	辛	辛
卯	巳	丑	丑

(1) 命格主身強，但天干辛金缺乏保護神，可謂危機四伏，隨時都可能減弱或受傷。

(2) 當巳火被合或力量減弱之時，卯木的保護神也將隨之而去，形成丑土破回卯木，此為印破財，意即由母親主控了一切。

(3) 依傳統命學來看，卯木坐在辛金之下，我們便可推理得知，命主與親生父親的緣份較為淡薄，或者話不投機。

如何？是不是跟爬山一樣輕鬆呢？

我所以為的江湖一點訣，正是說破不值錢！

小心！偷瞄美女的男人

親愛的女仕們，妳是否曾有過這樣的經驗？

當男友陪伴妳逛街 shopping，自己在小店裡精心挑選喜愛的飾品，一轉頭便發現，他目不轉睛盯著街上的美女看，此時妳的雙眼渙散且臉部模糊，我的男人竟然是一個活脫脫的癡漢。

妳可得當心了！

如果妳的男友在路邊看到美女，三不五時偷瞄一眼，請留意一下阿娜達的八字，是否有「食傷生財」的組合哦！

我曾說過，食傷生財的男人慾望強盛，假如妳是印剋食傷型，可要當心婚姻不美滿，為什麼？因為食傷生財的男人通常對性的需求較大，女生若是出現食傷受剋，代表不喜歡魚水之歡，甚至排斥厭惡。

還有，別以為妳的本命食傷很多，就急著吐槽我不準。要知道，只要讓其中一個食傷減弱，當下就會感到自己很衰不順，又或者怨天尤人。切記！人最怕拿到一手好牌，然後不斷抽到爛牌。

市面上很多書都會跟妳說，男人命中若有食傷生財，將是女人一生幸福的依靠，可享受富足的人生，果真如此嗎？事實上賺錢的方式千奇百種，食傷生財不過是其中一種組合，這門課請聽我娓娓道來吧！

食傷生財雖說能夠發大財，但其實這種組合，是所有賺錢模式裡最辛苦的，何以說呢？我們知道食傷代表一個人的起心動念，必須付出勞力與行動，才能辛苦賺到錢。八字中有食傷生財，懂得享受人生之餘，也是一個熱愛賺錢的人。

對了！他們同時也是美食主義者，生活可以沒有休閒娛樂，但絕對不能沒有吃吃喝喝。身強食傷生財，男人多半會疼惜老婆；若是身弱食傷洩財太過，性格極易輕浮、拈花惹草，即使家財萬貫，未踏入婚姻之前，建議妳趁早將他三振出局！避免婚後夜長夢多。

能分手算是好事，只怕妳鑽不出來

很多女生經常跟我抱怨，感情路上不順遂，總是遇上大男人，因性格不合最後分手或者離婚收場。

老師！這是命運捉弄人，還是此生都會碰到這樣的對象呢？

對於男女心理的差異，我一直深感興趣。直到有一天，終於讓我找到了答案！

我們常說物以類聚，大多數女生心中的白馬王子，不就是**壞壞型**的男人嗎？

為何非得找比自己能力強的男人，而不去欣賞務實的男人呢？妳會說老實的男人像個呆頭鵝，壞壞的男人充滿情趣，才能享受一場**轟轟烈烈**的戀愛大餐。

沒錯！但妳是否想過，這類的男人嘴巴通常很甜，也是情場的追花高手（很抱歉！妳不會是他的對手），問題是妳也非省油的燈，一旦出現意見分歧，最後因不瞭解而相識，因瞭解而分離。

能分手算是好事，只怕妳鑽不出來。

OK！從八字中，哪種女生的另一半會是大男人？請先思考再看解說。

1. 官星洩於印星
2. 官生印剋食傷

3.官殺剋回食傷

4.財生官剋日主

5.七殺直剋日主

6.正官剋合日主

7.以上皆是

8.以上皆非

參考解說

1.官星洩於印星

因為妳過於完美，另一半可是很累哦！

2.官生印剋食傷

這個答案只能說對一半，實務上見過老公放縱溺愛，最後導致老婆亂搞。

3.官殺剋回食傷

當然！食傷被另一半壓制了，怎麼能管得住老公？

4.財生官剋日主

這不必解釋了！心甘情願付出，就得承受男人的壓力。

5.七殺直剋日主

比第四點好一些，但碰到的男人多半是爛桃花。

6.正官剋合日主

愛妳但也不願放手，有恐怖情人的味道，不會構成大傷害，可歸類為大男人。

你答對了幾題呢？在我看來，這些話題值得深思研究，讀者若有任何心得，歡迎寫封 e-mail 給我，說不定可以解開你愛情世界的真正痛點。

誰說世間沒有好男人

這是我 2017 年的一位客戶，事隔 6 年暮然回首，使用傳統八字論斷凡夫俗子的性格，準確度會高到嚇死你。

很多女性朋友找我諮詢，都會抱怨自己的男人有多糟糕、多爛，其實人無完人，我經常告訴她們，妳會死心踏地愛上妳的「阿娜答」，代表這個男人身上有獨特的魅力，存在妳身上不曾擁有的特質。男女的感情能一拍即合，性格上多半是相輔相成且投緣，能當夫妻皆是百年修得同船渡。

是故，請多欣賞對方的優點，包容其缺點，甚至視而不見，妳的婚姻一樣可以過得很美滿哦！

以下這個男命實例，是我的忠實客戶，八字非常淺顯易懂，來 Test 傳統八字的讀者，如果全部答對，代表你的八字功力爐火純青。

言歸正傳，以下的內容皆經過實證……

時	元男	月	年
庚	己	甲	癸
午	亥	寅	卯

問題

(1) 外貌性格如何？

(2) 與小孩的關係？

(3) 與長輩的互動？

(4) 對金錢的概念？

文堡老師解說

(1) 己土生於初春不當令，命主身弱官殺重，八字木氣非常旺，甲木代表巨樹棟樑，木旺通根之人，通常身材較高大壯碩，甲木正官個性敦厚務實，行事一步一腳印，為人正派守紀律，喜靜不喜動惜字如金。

也許你會問文堡老師：「天干庚金不是會剋甲木嗎？性格上容易呈現好強不服輸，對嗎？」

沒錯！但是甲木身旁有癸水幫身，雖然助力不大，乃因陰陽相生較不順，但仍可當成金木交戰的「和事佬」，別忘了五行四時春旺木盛的邏輯。所以庚金想打倒甲木不是輕而易舉的事，且甲木

通根有力，我們可以立馬得知，此命有上進之心，以及不服輸的人格特質。

(2) 本命中帶有財生官的男人，通常都會比較疼小孩，或者說辛苦賺錢供養小孩，一生與孩子非常有緣，但前提是財要好、印也要強。官星亦代表一個人的自律，這種男人通常在有了孩子之後，會懂得自我約束，再者喜歡小孩的男人，婚姻多半比較穩定。

(3) 地支亥午暗合，亥中的壬甲會與午中的丁己談戀愛，形成丁壬合及甲己合。丁為長輩，在時支亦代表兄弟，丁壬合即是財合印，可解釋以財、心力助長輩，故此命是一個懂得尊師重道、且有孝心的真男人。

(4) 亥午暗合雖有錢財助長輩之事，八字官星旺可以保護財星，除了疼愛小孩也非常疼愛老婆。官星亦能比喻為警察，財星有警察看管，不論男女都有節儉不亂花錢的性格，這樣的人對物質慾望也比較低，重視精神生活外，也能將財富留住。

對一些八字進階的讀者，論斷分析應能夠得心應手，假如你答不出來，或許換個學習的方式，運用邏輯推理思考，許多難題將可迎刃而解。

《文堡老師的叮嚀》偷瞄美女的男人不一定會亂來，但亂來的男人鐵定會偷瞄美女，爛咖的男人通常都很花心，陪妳玩玩千萬別太認真。

6-9 財富自由但心不自由

我們經常在報章雜誌或者社群媒體，看到一些專家提倡財富自由，擁有錢才能讓人更幸福，其實這句話不完全正確，因為這必須關係到人類心智模式的啟動。

古典在其著作《拆掉思維裡的牆》一書中，曾提及「幸福指數」與「心智模式」的觀念，我截取其中一小段，並加入自己對八字的體悟，與讀者共享之。

沒錢或者負債累累的人，被生活早已壓得喘不過氣來，三餐能求溫飽就可偷笑，若是長期入不敷出，幸福感只會越低落，於是我們會想賺更多錢，讓自己獲得更多幸福感，然而賺錢一旦達到一個臨界點，漸漸已達成退休生活所需，如果此時再拼命賺錢，幸福的指數將會每況愈下，因為他們無法打破賺錢等於幸福的「心智模式」，在貪婪及空虛心理的推波助瀾下，最終將完全燃燒自己寶貴的生命，這也是有錢人為何賺越多越不快樂的原因。

以八字十神的組合來說，財跟印永遠都是相對的，當一個八字身處全弱的環境，代表命主可能生了一場大病，不論是生理還是心理的疾病，他會開始思索人生的真理，想盡辦法讓自己回歸至生命的原點，也就是利用印星重新找回初心的幸福。

第二種模式即是財破印，在身弱財星力量大於印星的情況下，努力賺錢的背後卻忽視身體的健康，說難聽點就是要錢不要命，印星一

且變弱，代表幸福感也跟著消失，因為財與印早已失去平衡，若要重拾幸福感，就得增強印星之力，取得兩者間的甜蜜點，意即用最小的代價，來升級並替換舊有的心智模式。

以賺錢這件事來說，我覺得並不是壞事，然而一旦超過了臨界點，錢賺得越多的有錢人，他們的幸福指數只會離得越遠。是故，當你下回看到一些有錢人躺平，每天遊山玩水，快樂當志工，歡喜分享助人，不再複製以前的努力賺錢，代表他們已打破原本的心智模式，將金錢與幸福指數調到了正比，這樣的人才稱得上真正的幸福，因為他們早已懂得運用財與印的平衡點了。

2022 年丁未月，有個學生拿了一個案例問我……

時	元女	月	年	大運	流年
庚	辛	丁	壬	癸	壬
寅	丑	未	戌	卯	寅

64	54	44	34	24	14	4
庚	辛	壬	癸	甲	乙	丙
子	丑	寅	卯	辰	巳	午

出生後 3 年 1 個月又 15 天 10 小時

每逢乙庚之年立秋後 24 日交脫

學生：「老師，命主應該走身弱的運，但是聽她說現在過得很爽，可以說是財富自由，我也看到她的財變旺了，對嗎？」

文堡老師：「雖然已經財富自由，其實內心並不快樂，生活易沉

浸在紙醉金迷，或者醉生夢死的世界，這個流年在我看來，不過是窮得只剩下錢的組合。」

學生：「老師，我覺得您說對了，也看懂您所要表達的涵義，內心的感受不是物質可以真正滿足的，雖然表面看似不錯，但我感覺命主十分沒安全感，心裡經常感到發慌。」

文堡老師：「內心的感受不是物質可以真正滿足的，這句話是真的，所以你得建議命主，必須讓自己先充滿鬥志，努力實踐幫助更多的人，方能生扶身弱之象，撐起財星真正的價值。」

此八字為學生所提供，為何財富自由，心卻不自由呢？主要是地支組合問題，生於夏令土旺，一木剋三土，木弱土強，即財弱印強，論印破財。

1. 印洩財，年幼時易跟隨母親的生活模式，與父關係較弱，或者母親個性較為強勢。

2. 先天 DNA 會隨動態而改變，當下走癸卯大運壬寅流年。地支戌卯合，土會減分，流年再多一財，即財強印弱，當下財破印，印弱。由於天干無木，財星均在地支。

3. 第二個問題，本命天干丁壬合剩庚，動態來壬癸水，庚金比劫洩穿。劫財洩食傷，地支再無比劫，即比劫弱。

4. 印比均弱，即命主當下身弱。須找出主導神，即可得知當下的問題點。學生回饋命主當下生活很爽，每天均是吃喝玩樂，但是老

師批命主當下沒有安全感很焦慮，主要是地支當下財破印，天干比劫又洩食傷。故命主會努力展現自己的能力，比劫洩食傷，性格表現較為自大狂妄。

補充：比劫生食傷在天干，代表個性臭屁，巴不得全世界知道自己的能力，或者喜愛展現賺了多少錢，負面情況會變成小人得志，或一朝得志語無倫次，高傲冷漠。實際上財富自由了嗎？財旺當然有錢，但身弱內心卻沒有安全感。

天干與地支呈現的類象截然不同，故單看表面容易被迷惑。

5. 財、官、食傷的力量強弱為何？

→食傷(水)：比劫洩穿食傷，壬水氣在，食傷為強。

→財星(木)：本命土強木弱，動態相反為木強土弱，即財強。

→官殺(火)：本命丁壬合，動態多一壬須視為多出，但流年壬水出干易拆合，五行流通形成比劫生食神剋七殺，丁火被放出反而受重傷，論壬亡時破官，壬在為平穩。

6. 已知身弱，食傷生財，財星過強必破印星。

→食傷為龍頭，即好大喜功愛表現，有話藏不住，喜愛將賺錢的方式公開。

→聚氣在財，財旺會剋印星，財破印之人，行為易呈現過貪而不知足。

由以上得知，命主當下財運雖佳，但內心焦慮不安。意即財富自由，但心不自由。**批命時須由地支查看內心世界，天干只是表象，**

無法看出真正問題的端倪。

7. 本命：天干傷官合七殺剩比劫，地支正財剋洩三顆印星。印強於財，代表成長環境母親較為強勢，個性喜愛收藏、學習及享受安逸。

8. 癸卯大運：天干來食神生洩比肩，地支來偏財合正印，加重了財星力量破印。此大運須承擔經濟壓力，故易辛苦賺錢，休息享受較少，主勞碌奔波。

學生：「本命丑未戌三刑，請問老師該如何解釋呢？」

文堡老師：「根據子平傳統學說，所謂的恃勢之刑，代表命主仰仗著氣勢，性格表現過於自信、自負、欠缺思考，只憑感覺做事。」

學生：「瞭解！看到地支丑未戌三刑，剛好命主的土為印星，是否也能代表家庭問題多多？」

文堡老師：「沒錯！三刑也可視為命主與家庭關係的先天因果，或者說因迷信鬼神而無正信，容易剋傷六親，與父母的緣份較為淡薄，乃因持刃恃勢之緣故。」

學生：「本命存有寅丑暗合，正財合偏印又該怎麼解釋？」

文堡老師：「財暗合印的人，容易為家人、房子、學習付出和追求，亦可解釋命主有收藏戀物癖好。」

總結：本命財剋洩印，論個性較為享樂，喜愛舒適之生活。大運食傷和財均強，機會來了需要靠自己拼搏，個性會變得積極進取，但內心永不滿足。流年比劫弱食傷強，論人際關係易失人和，命主因過度努力，從而把朋友或身邊人都低估，進而失去了人心。

財富自由的邏輯思維

　　這些年，財富自由一詞，已儼然成為線上課程的無限商機⋯⋯

　　我所以為的財富自由，並不是有錢之後從此不工作、遊山玩水、吃遍山珍海味、放任自己不再學習⋯⋯

　　2017 丁酉年，我曾被廣告媒體洗腦，付出很多無謂的時間和金錢，學了一些完全用不到的技能，為的就是有朝一日能夠達到人人稱羨的財富自由。6 年後的癸卯年，我發現完全錯了，不按照「道」的規律做事，下場就是倒大霉。

　　老子曾在《道德經》中講過一句話：「持而盈之，不如其已」，這句話的意思是說，無論你要做什麼事，如果把內在裝得很滿再去做，那麼就會沒辦法做，所以你不如放下它。後代的子孫把老子的這句教誨稱做「持滿之戒」。

　　手中的沙子，如果握得越緊，流失得越快！

　　你多少看過身邊的朋友，為自己的人生列出非常多的理想與斜槓，「我的年收入要達到一千萬」、「我想要開更多的分店」、「我

的公司要進入前 500 大企業」。沒錯！生而為人要具有理想和抱負，但也不要計畫太滿，將自己逼入絕境，你要為自己留點空間，除了工作賺錢，還必須懂得享受生活，挪出時間陪伴家人，度過美好時光，唯有如此，人生才會顯得更從容。

從八字來看財富自由的命格，以官印相生型的女性最佳，因為人緣桃花旺，加上貴人多助，故業績表現最為亮眼；另一種即是婚後能得到老公的疼愛不愁吃穿。食傷生財型的人屬於忙碌奔波，財運雖然不錯，但相對也比較辛苦，不過因為生活力求變化，所以賺到錢也容易享受生活。

你曾經想擁有茶來伸手、飯來張口、豐衣足食、無憂無慮，不為五斗米折腰的愜意生活嗎？

從此刻起，我已徹底升級了舊有觀念，你也應該和我一同顛覆思維，千萬別再被書籍和媒體洗腦了。

此話何說？絕大多數的人都想坐擁金銀財寶，達到財富自由的生活品質，不再為錢而工作，不再為金錢而煩惱。然而，達到真正財富自由後，以為就能吃遍美食、環遊世界、從此過著安居樂業的人生嗎？

事實上，不論是財富自由抑或被動收入，這些不過是個噱頭，你一定見過許多身價好幾億的企業大老闆，在一般人的眼中，他們其實已達到自由境界，但為何仍要選擇持續地工作，為社會不斷貢獻呢？

從事房地產或網路行銷的老師，假設真的已經達到「財富自由」，

為何還要出來招生教學？你也許能理解「與其一枝獨秀，不如百花齊放」的為善助人之理，有錢大家一起賺。但是透過招生收費，充其量也是一種變相的「工作收入」，而非「被動收入」，因為在這個過程中，必須付出自己的時間成本，最終才能獲得既有的利益。

嚴格來說真正的「自由」，指的是不再為錢工作、不再為生活煩憂，然後選擇自己真心熱愛的工作，專注投入並轉換為心流，享受工作樂趣之餘，亦可同時賺到錢，生活隨喜甘之如飴，我覺得這才是真正的自由。

財富自由的觀念，假若不再修正 Update，只會讓年輕人的道德感漸行漸遠。換句話說，財富自由將會害死未來的主人翁。在他們的價值理念中，想過著富有的人生，唯有經常出國、吃高級餐廳、開超跑、住豪宅，才能達成心中的願景，然而為了快速達到目的，加上貪念慾望的驅使，極容易鋌而走險，想不勞而獲！

我曾看過一些「少年咖」，年紀輕輕即少年得志，然而這只是紅一時而非紅一世，僅適用在少數人身上，並不適用在大數法則，你得記住：「十年一輪，好壞照輪」。如果照單全收別人成功的經驗，一絲不苟地複製在自己身上，最終可能會慘遭受騙和失敗，為什麼？

因為你不是他，沒錯！適合他的不代表一定適合你，況且過去也等於過時，**這個世界唯一不變的就是變，道理就是這麼簡單。**

從今而後，別再思考如何實現「財富自由」，你該學習的是如何打造「被動收入」，當被動收入大於支出，你便可實現財富自由了。

所以，絕不要受到商人的廣告和文案洗腦，你應該將更多的時間投入在自己熱愛的事，不計較的付出，待時運一到，上天將會被你的熱情與執著感動，自然就能將這些努力轉化變現，當金錢流向你之時，再持續投入熱愛的工作，周而復始、萬象更新、樂此不疲！

假如你認為賺到一筆橫財，就可立馬辭職不幹離開討厭的老闆，不再上班工作，這樣的人生思維，只會加速生命的損耗。你瞧！那些退休沒事做的人，以為從此達到財富自由，事實上都在幾年後夭折升天，此乃印證八字學理的「印剋食傷」。

《通往財富自由之路》的作者李笑來曾說：「財富自由不過是個里程碑，而非人生的終點站，之後要走的路其實還很長。」

你得知道自己的未來是長什麼樣子，你要認真考慮自己的商業模式，你所擁有最寶貴的財富是什麼？究竟是什麼在決定你的命運？從平庸走向卓越的最佳策略是什麼？什麼樣的市場決定你的價格？你以為投資都是靠冒險賺錢？年輕人是否能不要那麼看重金錢？

2022 年，我曾發表一篇關於「情緒與財富」的能量層級表，有個粉絲頁的網友問了我一個問題。

網友：「老師好！請問這個東西準嗎？我身旁的人有喜歡炫富和貪婪，他們都活得好好的，也喜歡跟別人比財富。」

文堡老師：「感謝你的回覆，你所看到的，很多時候都是表象，天干為虛，地支為實。這個世界是由看不見的決定看得見的，真正富

有的人不會輕易炫富，他們行事都非常低調，記得內在豐盛，外在才能富足。」

批命的職涯中，我見很多物質豐盛但心靈家園卻是非常貧瘠的「偽富人」，他們總覺得有錢才能代表成功，而且總是把錢看得比命還重要。在我的認知看來，這些「偽富人」不過是窮得只剩下錢，因為他們的精神維次並沒有隨著物質生活而提升，心裡永遠只有金錢，有如城市裡的螻蟻。有時，我真的很想問這些人：「你生而有益，為何卻要天天爬行？」

一個真正富足的人，他們的物質財富會與精神修為形成正比，所謂德不配位，代表一個人的物質層次跟不上精神維次，即使賺再多的錢，最後都會扛不住，這也是八字學所講的「身弱財破印」。

你會問我不愛錢嗎？我當然愛錢，但我只賺我認知以內的錢，打從被加密貨幣狠狠賞了一巴掌後，我從此不再貪婪，也不再恐懼。

今天，我要告訴你一個真相，如果你把這幾句看懂了，你的人生可能從此發生翻天覆地的改變，請仔細聽好囉！

（一）財商的最高境界，不是錢越多越好，而是夠用就好。

（二）財商的最高智慧，不是讓你擁有錢，而是要讓你放下錢。

（三）人這輩子最大的悲哀，就是拿帶得走的去換帶不走的；人這輩子最大的福報，就是拿帶不走的去換帶得走的。

（四）人類發明錢的目的，只是為了讓我們生活變得更便利，但是我們今天卻非常悲哀淪落成工具的工具。

與其追求財富自由，不如投入一份熱愛的工作，願與大家一起顛覆財商觀念。

本節最後，附上影片連結，歡迎掃描以下的 QR 碼觀看。

科學八字輕鬆學直播秀 (第 92 集)：別鬧了財並不是錢

《文堡老師的叮嚀》財多不一定是好事，它得有印星及比劫來控制才能成為好事，我所以為的「身弱財破印」，代表一個人雖已財富自由，然而心卻不自由，擁有再多的錢也背不住你的德，唯有提升自己的精神修為與認知，方能不斷增長你的財富。

6-10 負氣的男人，骨子裡其實很脆弱

妳的男人外表是否看似鐵漢，但內心卻是柔情的小孩呢？面對孩子氣的男人，妳要選擇冷戰還是熱戰？

話說幾個月前，打烊之前來了一位女客戶，批算完後文堡老師仰天長嘆，因為拉不下臉想結束婚姻，妳以為離婚就能解決當下問題？

別鬧了！婚姻非兒戲，此刻的妳需要的是冷靜！冷靜！再冷靜！

客戶：「老師，今天在老公的包包找到一份離婚協議書。」

文堡老師：「離婚協議書？什麼原因讓妳想要離婚呢？」

客戶：「我跟老公已有兩個星期沒有講話了。」
（新婚時文堡老師曾與師母冷戰兩個月，兩個星期算哪根蔥？）

文堡老師：「為了什麼事？」

客戶：「父親身體不好，近來進出醫院，但感覺老公漠不關心。」

文堡老師：「瞭解！但私下溝通好即可，這問題不大。」

客戶：「但我感覺他不再愛我，婚前他不是這種人啊！」

文堡老師：「看了妳的八字，今年一個人扛起責任是好事，但在整個過程中，卻忽略了周遭人的感受。」

客戶：「什麼意思，不懂？」

文堡老師：「代表妳的主觀意識太強，聽不進別人的建議，一意孤行。」

客戶：「老師您說得沒錯！但老公為了一點小事不再低頭，我實在忍無可忍，昨天我跟他說，如果我們持續保持冷戰，不如早點簽一簽離婚算了。」

文堡老師：「妳以為來找我，我會支持妳離婚？」

客戶：「啊！老師也不支持我？」

文堡老師：「當然！做這一行必須有職業道德，多半是勸合不勸離，除非他有小三或家暴、離家，但妳老公什麼都不是！」

客戶：「沒錯！但他就是死愛面子不跟我講話，寧可分房睡，也絕不認錯服輸。」

文堡老師：「他不低頭可以換你低頭啊！妳也知道老公從小被呵護長大，這男人其實很孩子氣，外表看似堅強但骨子裡卻很脆弱。」

客戶：「是的！他就是這樣的性格，實在讓人受不了。但為何他刻意將離婚協議書放在包包呢？」

文堡老師：「當妳搜出這張紙，上面已經簽字了嗎？」

客戶：「沒有耶！紙上一片空白。」

文堡老師：「那妳不必擔心了！他也是負氣在等妳說出口，若真想離婚的話，早就簽好不必等妳開口。而且妳來找我，不也代表妳想要挽回走下去，心裡仍默默愛著這個男人，只是妳也拉不下臉，提不起勇氣，不是嗎？」

客戶：「老師！我沒有給你老公命盤，你怎麼會知道？」

文堡老師：「我當然不知道，也不會通靈，但有一種感覺告訴我，妳還深愛著妳老公，從今天起到年底以前，千萬別意氣用事傻傻簽字，否則夫妻緣可能從此煙消雲散。」

客戶：「謝謝老師！我知道該怎麼做了，感謝您的提點，我會努力！」

故事說完了，從這個八字中，你能看到什麼？

你可能會說，老師好簡單，不就流年子水剋流月午火嗎？

真的這麼簡單？

如此的推理也不能說有錯，但也只能說對一半，最大的問題在於整個八字變弱了，當身弱以食傷當主導神，人會變得衝動不理性，只想到自己的付出，卻忽視他人的感受。

壬午月的確難熬，我給她的用神為印星或比劫，利用長輩、人脈、包容、體恤，化解現階段的難題。

時	元女	月	年	大運	流年
己	辛	癸	癸	丁	庚
亥	酉	亥	亥	卯	子

64	54	44	34	24	14	4
庚	己	戊	丁	丙	乙	甲
午	巳	辰	卯	寅	丑	子

出生後 2 年 8 個月又 12 天 19 小時
每逢丙辛之年立秋後 3 日交脫

《文堡老師八字解析》

首先從本命八字開始分析。

重點 1

地支一酉金生三亥水，即比劫生食傷。此八字生於寒冬，亦無火照暖除溼。可推斷命主的個性較為獨立，且亥水為傷官。

天干一己剋兩癸，代表印剋洩食傷。但只能論己土不自量力，印是剋不動食傷的，乃因水為當令之氣。

重點 2

何謂比劫洩三個傷官？要怎樣解釋酉金的力量？

比劫生食傷，而比劫有洩的情況，須論食傷強於比劫。

本命有傷官的女性，個性較為獨立，自我意識較強，想怎麼做就怎麼做，不在乎身邊人的感受。故可推斷命主與家人或兄弟姐妹有代溝，經印證為事實。命主有一個弟弟，但沒什麼往來交集。

可推斷命主小時候，或學生時代，行事較為我行我素，想做什麼就會去執行。

但也不能評論命主的品行是好或壞，只是有自身的思路，對命主而言是 OK 的。可以說命主有能力，主觀意識較為強大，故容易忽略身邊人的感受。

因應命主的個性而給予的建議，做事前不要單單考慮自己，首

先要考慮身邊人的感受和想法，別過度我行我素。與其一枝獨秀，不如百花齊放。從本命八字分析命主的個性，從個性分析其利弊之處，再給予命主肯定和建議。

重點3

丁卯大運：

天干丁火進位會生旺己土，故可推斷此大運命主的官殺力量增強了。

※ 官生印：女命容易有感情對象，或伴侶出現。

地支來卯，流通改金生水生木，對酉金來說沒有影響，但對亥水而言生洩會減弱水的力量。對木之財星而言卻是好的。

命主回饋：當下的工作和財運皆有不錯的收穫。

重點4

庚子流年：

天干庚金氣進，天干原本為火生土剋水，改為火生土生金生水。即己土有洩，己土在庚子年庚辰月就會洩出去，即庚氣在時，己土印星力量減弱。

本命八字印比有己土和酉金，現在天干印星已減弱，故地支酉金比劫就不能再減弱、不能被洩或被合，甚至被剋。

而庚子年，地支太歲來子水，必然洩酉金的力量，故酉金必弱。整體而言，庚子年庚金和木水進氣，本命八字的印比均洩，八字變身弱。

前題，命主天干己土先天就洩癸水，但大運有丁火生旺變強，可是流年又洩庚減弱。

即先天己土為-1分，大運為0分代表己土變強了，流年生洩變為-2分為弱，故己土當下比本命還要來得弱。

酉金本命為1分，但要生助3分亥水，可知悉酉金為弱。大運來卯，對酉金沒有影響，但流年再來子水，酉金就必須面對生洩顯現更弱的情況。即當下為-1分。

心法：庚子年印星及比劫的力量與本命做比對，絕對是弱的。

重點5

命主當下身弱，做事方式全依靠食傷，結果或所做的事較為亂七八糟，衝動且無計畫，容易忽略身邊人的感受。

身弱，意即印星比劫均弱。印弱的人處事焦急，欠缺深思熟慮。比劫弱的人缺乏人際網絡，容易有小人。食傷之人才華洋溢、自視甚高、完美主義。簡單而言，命主做事有目標、有遠見，能力也夠強，但可惜缺乏計謀和人脈，結果自然差強人意。

化解用神為印星或比劫，多接觸長輩和朋友的意見或幫助。亦可調整其性格，即包容和體諒，來化解當下的難題。

命主當下的問題：與丈夫的關係緊張，另一個重點，本命八字無財星，丁卯大運地支走偏財。

重點 6

命主本身與父親關係很好，但己亥年，父親就開始生病。因為己亥年太歲亥水會全部受剋，亥水不在時，酉金會剋卯木，即比劫剋財。

命主回饋在己亥年底帶父親去檢查，已發現身體不適。在庚子年陽曆 2 月 5 日檢查後發現父親罹癌。從八字來看，己亥年亥水不穩定，即已暗示父親身體出狀況。

心法：八字無財，表示與父親關係平穩，或可能交集較少。但動態財出干則須留意，若食傷再不理想，問題則會更加顯現。

重點 7

本命八字無官殺，命主與丈夫的關係較為平穩，問題點為流月官星出干且受剋，故命主易對丈夫心生不滿。

本命八字可學會如何批論本性，結合大運流年所呈現的利弊之處。批命重點並非論述好與壞，而是讓命主更瞭解自己的心性、脾氣，以及與人接觸時所產生的蝴蝶效應。

重點 8

壬寅流年五行強弱：

印星（土）=> 弱，天干丁壬合，少了丁火生助，再有壬水助力，印弱。

比劫（金）=> 持平，地支酉金不受影響，故不變。

食傷（水）=> 弱，大運流年減弱了，流月再補也不夠，為弱。

財星（木）=> 強，大運流年流月均來財，論強。

官殺（土）=> 弱，本命無官，大運來官剋洩，流年被合仍論為弱。

學生問題 1：老公堅持離婚該怎麼處理？

文堡老師回覆 1：規勸命主堅持不簽字離婚。若丁壬合的期間，命主被老公逼到無法忍受時，可直接回娘家。但這只限用一次，而且命主真的離開，丈夫有可能把她找回。由於命主印已弱，建議她多去學習；食傷弱，建議她多運動。

切記！命理師職業道德為勸合不勸離，除了家暴或欠債，應盡量勸合。尤其流年短暫帶來的問題，能夠覺察到自己的情緒，忍一忍即可過去。

學生問題 2：命主伴侶很好嗎？為何要挽留丈夫？

文堡老師回覆 2：因為本命無官，大運出現官星為弱，故論丈夫不成才或不長進。命主回饋，丈夫為媽寶男，先天家庭物質豐沛，只要生活有所不如意時，就會諸多抱怨。而命主本性不會包容這樣的伴侶，好在大運食傷減弱，本性就有所收斂不會立即爆，另外天干為食神，而非傷官。

學生問題 3：她的婚姻真的能保住嗎？

文堡老師回覆：婚姻較難保住，乃因大多問題出在老公身上。

學生問題 4：丁卯大運官星並不佳，為何在 2016 年能夠結婚？

文堡老師回覆：2016 為丙申年，命主為辛金，流年申可指異性，2016 年與丈夫認識即開始處於比劫關係。另外，命主比劫強，流年官殺剋合日主也無須擔心，能受到控制。總之，2016 年官殺運佳，也可說 2016 年，乃為上天安排她進入婚姻的課題。

總結

面對孩子氣不肯低頭的男人，最好的方法就是不要跟他一般見識。老公若沒優點，一開始也不會選擇嫁他，這與當初瞎了狗眼扯不上邊，因為一時衝動，意氣用事離婚，實在得不償失。

有個段子十分有意思：「妳是他願意一擲千金去逗笑的好姑娘，他是妳一籠小籠包就能哄好的少年郎，在你們的眼中，人世間的奇珍異寶實在太少，而對方是其中之一，並且還名列前茅。」

《文堡老師的叮嚀》條件好不代表婚姻一定美滿，擁有高EQ才是幸福的關鍵，太計較投入的情感成本，會讓你在未來損失更多。記住這句話：「百年修得同船渡，千年修得共枕眠。」

6-11 斷人生死需要很大的勇氣

以下要講的故事，是我算命生涯一段無法抹滅的記憶……

約莫12年前，有個女客戶拿了先生的八字找我批命，她說等老師先排好盤，過幾天再帶先生來聽。大約過了兩星期，這對夫妻來到我的店，但不巧當天有事外出，於是說改天再來，隨後即悻悻然離開。

直到某天的下午，當事人帶著妹妹一同來店，說要聽先生的八字，一坐下來時，感覺兩人眼神呆滯，不發一語，只說要看一下先生的八字。我拿起命盤仔細推敲，發現此月天干地支皆無比印護衛，七殺直攻日主，心中雖有底，但批八字最忌談生死……

文堡老師：「此月工作壓力大，上司會找妳老公麻煩，生活很難稱心如意。」

客戶：……

文堡老師：「不宜投資做決策，容易受小人侵害。」

客戶：……

文堡老師：「還有，須留意突發的意外事件，此月不宜遠行。」

突然間，客戶的妹妹說話了……

客戶妹妹：「老師！您不要再講了！」

文堡老師：「啊！為什麼不講呢？」

客戶妹妹：「姐夫已在今日清晨車禍往生了……」

此刻的我頭皮一陣發麻，有如晴天霹靂，頓時難過得無法開口，現場籠罩一片低氣壓，死氣沉沉，姐妹倆早已泣不成聲。

客戶的妹妹拭著眼淚說，今早姐夫出門上班，在路口等待紅綠燈，一輛校車突然失控從後方追撞，導致整排停紅燈的機車，有如保齡球般應聲倒地，姐夫被壓捲在車底動彈不得，被抬出時早已血肉模糊，當場氣絕身亡。

語畢，她們旋即將命盤帶走，留下一臉錯愕的我……

對於深鎖在心裡的內疚，直到有一天，一位網友私訊一段話，我才漸漸從低谷走出來。

他說：「老師其實您不用內疚，這就是緣份跟命了，至於日主受剋的意象，我覺得這就是八字比較大的限制點，八字就那幾個字，就算有百萬種組合，但其實日主受剋、貪財破印、食神制殺等主要論斷就那幾十個類象而已，但世間之事卻是包羅萬象，要能涵蓋沒什麼問題，但要精準涵蓋就不容易了，若想讓八字確實的幫助人，除了命理師得須博學多聞及觸類旁通，問命者本身也要有一定的素養才行。」

對於網友提出的觀點，個人十分認同。提筆寫這篇文章雖然不是很正能量，但一直令我匪夷所思的是，客戶先生是在清晨往生，為何當事人會有時間在下午來店取回先生的命盤？抑或存心來考驗命理師的功力？

世上有太多無法解釋的常理，但有一件事我能非常肯定，那就是當下的八字，若呈現身弱日主受剋，必逢大凶！

很多人對日主受剋唯恐避之不及，但其實日主受剋不一定會出大事，只要你的「印星」、「比劫」、「食傷」，其中一個存在你的八字中，根本無須畏懼日主受剋，因為這三個十神代表你的家人，隨時保護你不出問題。但假若三個十神同時弱了，或者全部受傷不見，此時的日主受剋就得小心駛得萬年船，尤其是突如其來的七殺，更須提防意外或死亡。

我的那位客戶，當下即是出現三個保護神同時消失，看到命盤那一剎那，當下的我根本無法思考，也說不出內心想說的話，我知道這個月命主的確很不順，但始終不能妄下斷語，對命理師來說，斷人生死需要有很大的勇氣，同時也是一個很大的禁忌。

一旦你體會命運交織的悲歡離合，會更懂得看待有限的人生，因為命運總是很無常，人又何其渺小，生命又何其脆弱，且行且珍惜你所擁有的一切。

現在，換你來批以下的女命，你覺得庚子年可能會發生何事？

時	元女	月	年	大運	流年
辛	丁	丙	庚	癸	庚
亥	巳	戌	午	未	子

65	55	45	35	25	15	5
己卯	庚辰	辛巳	壬午	癸未	甲申	乙酉

出生後 3 年 8 個月又 3 天 20 小時

每逢甲己之年芒種後 17 日交脫

八字解說

　　早年幫人批八字，總認為食傷剋官的女人會剋夫、婚姻不好、佔有慾強……

　　是的！古書都會這樣告訴你，大多數的案例也是如此，但一定會按照劇本來走嗎？那可就不一定了！別忘了本命的基因，隨時可能被大運流年衝擊，這也是我一直強調非宿命論，八字看的是當下的運勢，命雖定然而運卻未定也！透過後天努天，培養自我能力，有天也能改變命運。

　　學過八字的人，一看到這個女生命盤，通常都會直斷婚姻不好，但我可不這麼認為，原因出在本命的戊土並不強，雖有午火相助，亥水受傷是事實，但我仍要強調，此例命主非出生在立冬前 18 天，所以戊土並不是當令之氣。

　　於是在這樣的立基點，當大運未土合走本命午火，戊土即會開始感到徬徨無助，此時你若告訴我，流年的子水不也是重剋嗎？如果你存在這樣的思維，那可就大錯特錯！五行生剋哪有你想的如此簡單？

沒錯！子水有「一定」的受傷時間，但只考慮到子水受傷，那請問戊土呢？你不管嗎？一個體力虛弱耗盡的人，即使再使出吃奶的力氣打子水，豈不是自不量力？

行筆至此，相信你應該看懂了吧！為何先生想在庚子年重獲單身自由？因為球早已不在妻子身上了。換句話說，老婆不可能永遠壓著老公，證明男人不是塑膠做的！

別懷疑！食傷不會永遠剋官，官殺也能反噬出頭天，他已非當年的吳下阿蒙……

實證：庚子年戊子月，命主發現其丈夫在外面結交小三，最後以離婚收場。

命理解析

本篇重點在於探討，為何命主在此大運流年，官殺反變剋回了食傷。我們從上述女命的八字，發現本命地支為火生土剋水，意即比劫生傷官關注正官。

切記土的強弱，必須查閱出生是否於四立前十八天之內，命主若出生在庚午年的丙戌月立冬前十八日，土即為當令的氣。假若土非常旺，水就會受傷。

女命傷官剋正官，抑或食傷當旺，交往期間或婚後佔有慾非常強。當然也會有溫柔浪漫一面，但對伴侶的要求亦多。

癸未大運：

地支午未合，戌土力量便減弱，午火力量亦歸0。

本命火生土剋水，當下龍頭午火被合走，龍尾戌土沒有來源就會減弱，且要獨自剋亥水，論命主當下的感情婚姻運就不如從前，同時命主的伴侶當下會有自己的想法，也會漸漸改變自己的思維與行為。

庚子流年：

地支多一個子水進來，仍是食傷剋官的排列，但原本是比劫生傷官關注正官，當下沒有比劫的來源，且要剋陽子水，即一土剋兩水自不量力，當下即是所謂的官殺破回傷官。

命主回饋庚子年丈夫非常有自己的主見，這一年命主無法控制夫妻二人的婚姻關係。丈夫在這一年對命主提出許多要求，甚至提出離婚的想法，要求命主還他自由。

天干方面，讀者們須留意天干癸水有兩個庚金生旺，意即癸水力量很強。本命丙辛合，大運流年財生官剋回日主，即日主受剋。一旦日主受剋之時，須注意地支食傷、印星及比劫的力量。

地支傷官減弱，命主容易受到伴侶反制。地支午火比劫雖弱，但好在對印星並無影響，故不可斷命主當下身弱，只能批其伴侶或上司的掌控慾較強。

批命心法：日主受剋無需過份擔憂，重點在於印星、比劫、食傷的力量，可否抗衡官殺。

看到這裡，相信你一定能搞懂，何謂官殺破回傷官的邏輯了，對吧！並非先天八字組合食傷剋官就一定能剋到官殺，仍得觀察靜態的排列組合，與大運流年當下的互動，所帶來的衝擊效應，這樣的批命法才能如魚得水。

總而言之，女命會出現離婚，並不是因為本命的食傷剋官造成，而是官殺突如其來破回了食傷，同時別忘了比劫是地支的龍頭鍊，先天的性格除了膽小之外，對婚姻其實是既期待又怕受傷害，當比劫一弱，內心即會充滿恐懼，假如印星當下亦弱，離婚的機率則會大大提高。

想學好八字並不簡單，唯有顛覆傳統思維，你的功力才能更上層樓。

《文堡老師的叮嚀》從現在開始，欣賞和喜歡你擁有的東西，而不是追求你沒有的東西，生命才能活出一道光！

6-12 女人的任勞任怨，男人總是視而不見

曾有一個十分認真的香港學生，於 2022 年辛亥月，傳了一個命例給我……

學生：「老師，我又來做批命練習交功課給您了，不知道我的推斷正確嗎？請老師指教一下。」

這是一個我朋友的朋友，有婚姻問題，但這個人我不認識。聽說

她與丈夫感情不好，不帶小孩還與她有金錢糾紛的問題。

時	元女	月	年	大運
庚	甲	戊	辛	辛
午	寅	戌	未	丑

70	60	50	40	30	20	10
乙	甲	癸	壬	辛	庚	己
巳	辰	卯	寅	丑	子	亥

出生後 9 年 3 個月又 0 天 15 小時

每逢乙庚之年小寒後 6 日交脫

我看到這是一個日主受剋的命，天干是財生官殺剋日主，地支是比肩生傷官生財。

我想她應該是一個常受到欺凌、受傷或者是壓力大的人。性格是較硬朗、獨立的，性格直率但沒什麼貴人及知心朋友。但是她其實是一個做事主動的人，工作上較有野心、有點貪（會走捷徑），想要透過自己努力，讓別人看到自我價值的人。

她會遇到感情的問題，應該是因為日主受剋，被官殺欺凌，加上她是財生殺，即是她會付出很多，她自己是有本事去幫助丈夫的（財旺生官），但丈夫不會感恩，反而會剋日主。

「老師，您認為我這樣理解有沒有錯？謝謝老師指正！」

文堡老師：「看完你寫出她的性格及內心的想法，我覺得你批得

413

很棒哦！地支有比肩生傷官生財的人，內心世界是渴望有朋友，也喜歡幫助人，但同時也希望別人看到她努力付出的價值。」

文堡老師：「本命的偏財生官殺剋日主，靜態的命盤只用來批斷性格，代表這個女生先天愛上一個男人容易任勞任怨，或者桃花多，但要出現老公不負責任，或者婚姻問題，就得視當下的強弱而定。」

學生：「哎呀！對！記得老師說過本命只是論述性格而已，怎麼到實戰時又忘記了！」

文堡老師：「主要是今年壬寅年，壬水偏印出來就不是好事，走到戊申己酉月，天干加重官殺力量之時，日主壓力就會應驗，身弱官殺當主導，容易出現夫妻感情不好，或者丈夫沒有責任感的情況。」

文堡老師：「很不幸在壬寅年容易出現身弱的問題，尤其在戊申及己酉月，就會種下因。基本上壬寅年須留意婚姻經營，沒有處理好情緒的問題，癸卯年可能會出現離婚。」

學生：「今年壬寅年，壬水進來是可以當橋通關，老師說不是好事，是否因為遇到戊己土就會由好轉壞呢？」

文堡老師：「是的，本命沒有印，在流年出來，人容易出現焦慮、壓力、胡思亂想，不順之事，對感情也沒有安全感。」

學生：「老師實在太厲害！從前學子平的時候都沒有那麼細緻，都不會說流月的，也沒有提及流年進氣。」

文堡老師：「上半年通關是好事，但下半年就豬羊變色。你再去實證並記錄，如果有得證，這些案例我會再團隊教練課時解說。」

學生：「好的！但我覺得自己批得還不夠全面，批的時候忽略了流年，十神出干會造成什麼問題，或是會造成身弱等等。要多跟老師學習，謝謝老師用心指導！」

文堡老師：「不客氣，經由實戰累積經驗，你可以學到更多的東西，未來也會變得很強。記得！學習八字是一條永無止境的路，切勿貪多求快喔！」

學生：「沒錯！我也覺得從實戰學到很多！謝謝老師上回幫我批命的時候提醒我要多去 output。 所以有機會就想要試試學到的能否好好運用，謝謝老師指導讓我更進步，我會繼續努力加油！一邊批一邊學習！」

過了幾天，學生再次將她印證的心得傳給我……

學生：「老師午安，這個八字我去跟朋友認證了！朋友給我看她的相片，然後說，命主常常都被人欺負和騙財，來的朋友都不懷好意，總是向她借貸，但又不還款。我從相片中看出她是眉頭深鎖，看似冰冷不願意和人交談似的。朋友說她看似冷淡，但實際認識後，感覺她是一個樂於幫助別人的濫好人。」

文堡老師：「嗯嗯！本命有財生官殺剋日主的組合，多半都會外表看似冷漠，但其實內心是一個甘之如飴、為人付出不求回報的濫好

人。」

學生：「是的！而且她有能力提供給丈夫無限的金錢援助，小孩都是她一人負責帶，跟丈夫結婚分開住之後，感情開始轉差，丈夫並不負責任，甚至連小孩都不探望，自己也跟夫家的關係不太好，丈夫甚至要求她借款給自己的朋友，但最後都不還款。」

文堡老師：「今年農曆七月後，丈夫就想要離婚，經常玩手遊，什麼事都漠不關心，搞得她壓力非常大。」

學生：「認證過後真的很準確啊！老師真是厲害！」

文堡老師：「妳客氣了，其實批命久了，都會靠著長年的經驗累積出一種高我的靈感，印證後若是準確的話，這個案例就可以在課堂上解說。」

學生：「對的！想不到這個案例這麼值得研究和學習！本命是典型的日主重剋啊！所有人都想欺負或佔她便宜，真的挺辛苦的，她一直都過得很不開心。我從這案例學到很多，又長知識了！謝謝老師從旁指導及帶領。」

文堡老師：「不客氣！希望妳能從我身上學到更多的八字新思維，加油喔！」

《文堡老師的叮嚀》欲算出一個人心坎裡的性格，除了學術涵養，仍要透過大量的批命練習，天賦若棄之不用，連老天爺都會收拾你。

6-13 與子女漸行漸遠，媽媽該如何是好

以下這則案例，文堡老師公開了許多五行八字的珍貴心法，完全沒有藏私，有幸買到本書的讀者，且行且珍惜！

問題1：「為何在乙卯大運和甲寅大運，與子女的感情漸行漸遠呢？怎麼看？」

答1：「首先看乙卯大運，本命缺木，地支藏干內亦無五行木，這個八字如果沒有走木大運反而更好，為什麼？」

時	元女	月	年	大運
辛	壬	庚	戊	乙
丑	午	申	戌	卯

69	59	49	39	29	19	9
癸	甲	乙	丙	丁	戊	己
丑	寅	卯	辰	巳	午	未

出生後 8 年 2 個月又 23 天 13 小時

每逢丙辛之年立冬後 17 日交脫

這個問題很容易理解，我常說缺的五行不等於要，瞧！乙卯進來必需要完整的 2 分才算及格，可是你會發現，天干乙庚合，地支卯戌合，干支的陰木變成只有 1 分，但問題必需要 2 分才能算及格，我們先記錄起來，乙卯大運是 1 分。

接著來看甲寅大運，很多人會說，甲寅為陽木不是要更好嗎？錯！那得考慮到排列組合。天干戊土生庚辛金剋殺甲木，此時的甲木呈現奄奄一息的 -3 分。再看地支，寅木此時變成龍頭，寅木生午火，午火生戌丑土，再生申金呈現一氣順生。

時	元女	月	年	大運
辛	壬	庚	戊	甲
丑	午	申	戌	寅

69	59	49	39	29	19	9
癸	甲	乙	丙	丁	戊	己
丑	寅	卯	辰	巳	午	未

你可能會問文堡老師：「老師！寅木有洩嗎？」

答案是 NO！為什麼？所謂的洩，指的是靜態的五行生洩給動態的五行，如果是動態的五行生給靜態，則不算為洩，因為動態出現的五行，我們只能將它認定為一個新的 DNA，也就是說，它是一個全新的獨立個體，知道這個原理之後，可得知地支的寅木是完整的 2 分。

你可能又會問：「如果是這樣的話，那麼寅木何時會洩呢？」

簡單！即是流年或流月出現巳午火的時間，寅木就會洩得很夠力。寫到這裡，我知道你會吐槽：「老師！巳申不是合住了嗎？」沒錯！巳申必定合住，但你得思考巳火是誰生下來的，不就是寅木嗎？巳火被寅木生出來之後，才能再去跟申金「私奔」，所以你得搞懂生洩的順序。

OK！既然寅木維持 2 分不變，但甲木卻是傷痕累累的 -3 分，現在我們將兩個加總起來，甲寅整組力量居然是 -1 分，可是你要知道，甲寅大運的食神要好，必需要維持在 4 分或 4 分以上才能論斷為佳。

乙卯大運是 1 分，甲寅大運反而倒退至 -1 分，現在你應該瞭解，子女緣為何會越來越差了！所以缺不等於要，陽大於陰不等於變好運，排列組合很重要，不是嗎！

除了子女緣不佳，命主的脊椎和筋絡也容易受傷，辛丑年庚寅月腳痛到無法走路，怎麼看呢？你必須知道，辛金尚未進氣，流月進到流年位置會出現很大麻煩，庚金氣在，甲木倒霉；庚金不在，官印皆弱，工作、生活缺乏安全感。地支寅木雖在城牆外，但也代表出干，受傷的話，也會造成腳的問題。

問題 2：庚子年戊子月北上幫子女店內生意，最後為何離開工作？

答 2：首先本命的申金洩於流年和流月子水，申金早已弱不禁風。當戊子月庚金氣不在，戊土則會進到流月位置，戊氣在時易出現食神破官；戊氣不在食神會破回辛金正印，代表子女會帶給命主壓力；地支子丑雖合到完，但此月有拆合的現象，當子水受傷時，代表地支日主受剋，與店內員工相處出了問題。

綜觀整個干支，此月八字呈現身弱之象，可想而知為何心情煩躁，最後對子女失望離開工作。

另外，子丑合代表劫財合正官，此年極易講義氣，為人付出甘之

如飴，意即有人主動邀約合作。當子水受傷，對人性就會看清看破，或者說失望而歸。

學生提問

學生：「請問老師，在計算大運的庚金力量時，乙庚已合，庚減1分，卯戌合，申少了1分來源，所以金的力量由12分減2分，變為10分。但學生計算乙卯大運的分數是，天干戊生辛，戊2分，辛3分，辛3分可以過給乙庚合中的庚金，所以金的總力量為4分，乙為0.5分。」

文堡老師：「大運天干的計算方式是正確的，其實只要將本命的金直接減去1分即可。」

學生：「地支卯戌合，卯0.5分，戌1分。龍頭為午火，午生丑生申，午監視申，所以午2分，丑3分，申3分。土的力量為丑3分加戌1分，土力量等於4分。或者午2分，丑3分，申等於丑1分＋戌1分＋申2分＝申4。」

因此，乙卯大運五行力量如下：

(一)木1分，火2分，土6分，金8分，水0分
或者是
(二)木1分，火2分，土6分，金10分，水0分

以上兩者何者正確？敬請老師釋疑？

文堡老師：「地支午火並無監視申金，因為丑土可將合住的戌土

1分帶出來計算，2分午火生2分土，可通關午火對申金的監視，所以申金的力量與本命做比對，只會減少1分。另外，申金仍須加上午火的龍頭2分，所以地支金的力量應修正為6分，加上天干的4分，乙卯大運金的總力量為10分，故第二個才是正確的。」

力量比對	木	火	土	金	水
本命	0	2	7	12	0
乙卯大運	1	2	6	10	0
強弱	弱	平	弱	弱	平

通關與監視心法

火2分、土1分、金2分，火會監視金；火2分、土2分、金2分，須視為通關，火不會監視金。

技法：先計算出土的總分，若分數與相剋的兩個五行相同，則陽火不會監視陽金，須以通關來計算五行的流通。

力量比對	木	火	土	金	水
本命	0	2	7	12	0
甲寅大運	-1	4	9	12	0
強弱	弱	強	強	平	平

總結與用神

這個八字最大的問題在於食傷不好。

心法：命主是幫女兒做飲料店，從商、待客、製作均要食傷，與子女相處之道也是食傷。

其實最大的重點，是命主不能跟隨年輕人的想法，人不但固執，事情又做不好，情緒和表達也不佳，所以才會引發與子女相處與認知的問題。

命主希望幫子女，但越幫越忙，子女說她不好，她絕對滿心委屈，嘴巴又忍不住頂回，這又何苦呢？

大運已知食傷不好，就別讓自己去撞牆，也就是說別去做食傷的事，因為根本是在自曝其短。

《文堡老師的叮嚀》此命用神，即提升食傷力量。1. 生活：多運動、多學才藝、多補水。2. 心態：別搬石頭砸自己，做能力範圍內的事。3. 說話：別輕易脫口而出，要懂得圓滑和修飾。

6-14 校花憑什麼不會離婚

客戶故事

以下這則故事，要從 2020 炎夏 6 月談起，一個客戶，帶著全家來店找我批算八字，屁股尚未坐熱，對方劈頭就問：「老師！老公離家出走，婚姻是否還有挽回的可能？現在可否離開先生的公司，另謀新的工作機會？」

女主角曾是一名校花，外貌天生麗質，身材穠纖合度，通常美如天仙的女生，對感情不是執著就是挑剔，我跟她說不愛則已，愛上即至死不渝，她說沒錯！老公的能力是吸引她步入禮堂的最大主因。

你一定很好奇，如此美好的天賜良緣，怎麼會搞到瀕臨離婚呢？這可不意外！端看干支的排列組合，即可得知先天的性格為何。

於是，我問她有否老公近期的照片，她隨即掏出手機，當我看完LINE上的老公顏值，我直接告訴她：「老公會記住妳曾說過的每一句話，尤其當情緒不穩時更甚之，論口才妳不會是他的對手，此人性格陰沉吃軟不吃硬。」

話一說完，她用一種不可置信的表情望著文堡老師：「我沒有給你老公命盤，老師怎麼會知道？」

哈！我也是普通人，當然不可能知道囉！既然不知道，又怎能批出這些重點呢？該不會有通靈體質或是唬爛吧？

老實說，我沒有通靈體質，但不知從何時開始，批命時總會靈感泉湧，似乎感到有人為你開啟一扇窗，即便在對方沒有提供命盤的情況下，也許是靠著長年的閱人經驗，也或許是突然乍現的靈感，不管結果如何，奇怪的是，這些靈感在客戶離開之後，當下就會煙消雲散。

八字解析

時	元女	月	年	大運	流年
丁	甲	乙	庚	壬	庚
卯	申	酉	午	午	子

64	54	44	34	24	14	4
戊	己	庚	辛	壬	癸	甲
寅	卯	辰	巳	午	未	申

出生後 2 年 8 個月又 1 天 21 小時

每逢戊癸之年立夏後 12 日交脫

首先，請讀者批一下此女命，我們可以知道這個八字，天干有一個乙庚合。OK！這個丁火基本上沒有什麼作用。假如你說丁剋庚，這可是剋不動的。因為它是被包在金鐘罩裡的一個合，我們先不予理會，只需知道這個八字裡，存在一個「七殺合劫財」即可。

接下來第二步，我們要看本命的地支五行怎麼運作。切記！我們不是要去批本命。我們只是要在這個八字的動靜態之間，求一個現在的數據。

這個數據就是要跟本命做一番比對，打個比喻，意即你生下來是什麼樣子，後來就可能變成什麼樣子。所謂後來的樣子，就是你的動態，即大運流年。它有可能是好，但也有可能是壞，一切都是與本命力量增減後的比對，然後再判斷當下的五行強弱。

在這個地支中你會發現，午火剋申金，陽剋陽，那麼酉金要幹

嘛？當然是打卯木囉！

你們要先知道，我曾經講過的五行四時，這個申金酉金就是秋天的金，它是當令的氣，所以你說要用午火來剋盡酉金或申金，談何容易？

所以，我們就可以知道，這個申金是不會完全重剋的，你只能說這個女命，先天帶有如此的性格特質。這個特質是什麼？傷官剋官啊！外表看似柔順，因為天干有丁火，這個丁火就是傷官，人看起來就是比較會打扮自我，或者說花枝招展，然而，實際的情況是午火剋酉金，這樣的人外柔內剛，性格十分好強不服輸。

再來地支的部分，你發現酉金又剋了卯木，是故，這樣的人基本上來說，人際關係也不會太好，因為酉金是當令的氣，絕對可以把卯木給幹掉。

這是本命的情況，現在，我們一起來看她的大運。

大運再來一個壬水，這個壬水會把本命的丁火合掉，丁壬一合，代表外來的偏印合走本命的傷官，傷官就會減弱。此時印星想進來，也不得其門而入。換句話說印星進來，本來是要幫助甲木成長，現在反而越幫越忙，反而將時干的丁火合走，然而一合掉，便可批論這段時間命主的傷官變弱了。

其實，這個情況也能解釋偏印合傷官，代表外在新的環境，限制了命主的思維與行動。

接下來看，地支出現一個午火，這是什麼意思呢？本命是一個午火去剋一個申金，現在大運再來一個午火，那申金在這段大運，必定會減弱。

但是減弱歸減弱，它一樣沒有辦法完全剋盡啊！為什麼？因為它是當令的季秋氣，申金和酉金都是當令的氣，若要真正完全得到傷害，必需要等到申年或酉年，尤其是申年，代表太歲的氣跑出來，流月從背後狠補一刀，所有的申金都將呈現一面倒。

這個大運來午火，其實只是讓申金的力量減弱而已。它沒有完全重剋，而且大運維持十年，當中的流年會有所變化。所以在這個大運裡，我們可以知道命主的食傷強過於官殺，但有把申金和酉金徹底給打倒嗎？沒有！不過是兩敗俱傷罷了。

流年是庚子，流年進來必需要結合流月一起觀看。因為庚金氣必定會在辰月進來，也就是農曆三月進氣。這也代表，天干的流年正式進氣點是在庚辰月，然而一進氣，庚金到底有沒有跟本命的乙木相合呢？沒有！這個流年流月庚金必須視為多出，是故，在這種情況下，流年庚金勢必在第一時間會跑去傷害日主甲木。

這是因為在大運丁壬己合，天干沒有保護神，兩個庚金就會伺機而動，去攻剋日主甲木，所以命主會感受到在這段時間，生活種種的壓力特別大。

我們繼續來看地支，你可能會對辰土產生疑問，辰土有什麼作用？辰酉會合嗎？

NO！我曾說過，大運流年只會擋在前面，如果你沒有學過，可以去購買我的《科學八字輕鬆學》處女作，本書中我講得非常清楚，什麼叫做城牆觀念。

言歸正傳，這個辰土基本上只能對子水產生作用，它沒辦法進來，所以無法合住酉金。所謂的城牆理論，假如你搞懂了，就不會產生亂生、亂剋，或亂合的情況。

OK！當庚辰月辰土剋子水的時候，你會發現子水受傷，對吧！當子水受傷後，地支又回復到本命的午火剋兩金，金指的就是申金和酉金。當子水存在時，可以剋掉一個午火，然後讓原本的力量持平，回復到原本的午火剋一個申金，酉金剋一個卯木，是否真是如此呢？

假如，我們將子水拿掉不看，它不就會更發凶了嗎？因為兩個午火剋申酉金，命主正好在這個月和老公鬧得不歡而散，而且老公也不想回家。當然了！命主老公的本身性格也有問題，但如果從這個角度來看，這個命主跟老公的互動，基本上就可以從八字看得十分清楚。

讀者是否有觀察到，地支回復到兩個午火剋申酉金，命主就會回復本質的不服輸性格。不服輸的情況下，卻硬要講道理，但命主本來就是打不贏也吵不贏老公，然後天干的官殺亦不斷施加壓力，庚金剋日主甲木，庚金對甲木來說正是七殺，所以此月老公要求離婚，然後一直用言語刺激命主。

讀者務必記得，官殺剋日主，不代表老公一定會動手施暴，有時會應驗老公以一種冷暴力、言語暴力，或者尖酸刻薄的話去刺激命主。

俗語云：「言語傷人，勝於刀槍。」

這真的是事實！

綜合以上所述，我們便可得知，批斷命主在庚辰月，切記不要說日主受剋，客人不一定聽得懂，因為一般人沒學過八字。同學遇上這種情況，可以批斷命主在這段時間會承受很大的壓力，其壓力可能源自於以下幾點：

1. 工作，因為庚金為官殺，可代表上司、主管。
2. 最親密的男友或老公，這段時間會讓妳難堪，甚至可能想與妳切乾淨，一刀兩斷或離婚。
3. 人際關係不佳，因為官殺剋日主，代表受到小人的傷害，與人相處出現裂痕，自己也會變得比較低沉無助。
4. 可能出現卡陰，官殺可解釋為不潔之象，應用在生活層面也能代表疾病或細菌，或者不良的環境磁場，從而導至命主不適，甚至出現莫名的發燒或生病。

官殺星之類象，同學可以透過上述情況去做實證，更甚者，也會出現嚴重的意外、心情糾結，一整個月都不愉快，搞不清自身狀況，迷迷糊糊不知道自己在做什麼，無緣無故感到心慌……等等的感覺。

以上的情況均可據實告知命主，批論命主在庚辰月可能出現的生活類象。

當然，命主老公仍在氣頭上，不斷給命主施加壓力，在公司裡老

公一直不給好臉色，於是命主就當機立斷，想要離開這份工作，你猜她能否順利離開呢？

我們繼續看下去，此月流月天干辛金在城牆外。這個辛金用來幹嘛？就是用來保護流年庚金，讓庚金不會輕易受傷，代表庚金給日主甲木的壓力仍然存在。但地支呢？走到辛巳月，這個巳火可以抓進來作用嗎？答案是無法進入本命，或者說合到本命的字，因為城牆概念。

城牆概念十分重要，文堡老師一直重覆說了好幾次。

流月巳火主要是用來洩太歲子水的氣，包括午月一樣去洩太歲子水的氣，所以一旦你的子水不夠完美、不夠好，那麼在這個時間，八字裡的午火一樣會伺機而動，跑去剋本命的申金。比如說在這個時間，命主一樣會有換工作的想法。

同學們覺得在這種情況下換工作，運勢是好還是不好呢？

時	元女	月	年	大運	流年
丁	甲	乙	庚	壬	庚
卯	申	酉	午	午	子

當然不好啦！我們剛才不是講這個八字裡的水，是命主的印星。子水進來立馬就剋午火，它本身就不完美了，而且一次還要剋兩個（論力量只能剋一個），但現階段的八字裡存在兩個，所以這個子水一進來就會馬上剋洩掉了。

你可別忘了，申金本身也會洩，但是在這個八字裡的情況並不是

429

洩的問題，為什麼？因為申金本來就是被午火打的，現在請求救兵，用子水來打午火，讓申金可以好過一點。所以對申金來說，它的力量似乎變強了，因為本來申金是重剋，現在從重剋的狀態變成洩出去，所以基本上這算是好事一樁。

所以這個生洩邏輯，讀者可以這樣批。其實在農曆一月和二月的時候，意即寅月、卯月，這個子水早已呈現不完美了。

現在走到辰月又重剋，走到巳午月亦被牽制，太歲要剋出去也存有洩的情況。所以命主其實在前面這幾個月，內心就會感受到沒有安全感，正是因為太歲子水氣不穩定的因素。

是故，讀者在批八字時，必需要注意流年與流月的關係。

OK！我們現在回到問題原點，假如你是命理師，你會建議她離婚嗎？

其實命主是不會想離婚的，她只是想鬥嘴。為什麼？想要贏嘛！因為嘴巴硬，但也得承受老公非常大的言語暴力。你不要忘記了！命主是在秋天出生，本命的金還是非常旺盛的。

庚金在流年氣跑出來，且又剋了日主，肯定是老公勝出！所以命主即使嘴巴夠硬，也很難得碰到高手了。

我當時就和命主說，妳碰到一個難纏的對手，同時也很難馴服自己的老公，妳不被老公算計，已經是很幸運了。

透過這個八字，讀者便可明白五行力量的增減，包括五行四時以及秋天的旺氣，將會導致命主婚姻產生很大的反差變化，所以請不要看到食神剋官，抑或傷官見官的女命，就鐵口直斷批人離婚，這是很不道德的事。

因為從頭到尾，這個女生其實根本不想離婚，她來找命理師時，內心的壓力非常大，況且又被老公情緒勒索。當然了！也要看命主本身交往的是什麼人，嫁的是什麼人，這個人很重要，也就另一半的性格。

命主之前曾將老公的八字給我看過，我發現此男人的八字有很多偏印，當我看到她老公有一大堆偏印時，我頓時也一頭霧水，不知該如何向命主講解。

因為，偏印旺的人，不論男女，多半都會比較有心機，容易將生活所見的人、事、物，詳細記載在大腦裡。說狠一點，代表這種人容易記仇、記恨。

透過以上案例，讀者就會瞭解，為什麼命主會在這個時間求助於命理師，你也會瞭解她的婚姻為何會出現裂痕？同時你也學到了偏印過強的性格，相信以上的解說，你一定看得懂也能融會貫通了。

邏輯思維

1. 天干官殺合劫財，剩傷官。地支比劫生傷官剋官殺。
   →為人較為膽小怕事，須得朋友支持，故喜愛團隊合作，享受好

勝感。

→比劫合官殺，工作上常與人打交道，喜歡與人合作共事。

→官殺混雜，先天破官，個性較為直率，雖有能力，但也容易出口傷人，野性難馴。

2. 壬午大運，天干來偏印合住傷官，本命無印，代表印星弱；地支比劫洩傷官剋官，官亦弱。

此大運印比弱，傷官過強易剋官。女命論感情及工作較不理想。適合從事業務類，喜歡奔波，不喜歡受拘束，故容易與另一半或上司發生意見分歧。

印合食傷，須注意家庭或自身健康問題，從而影響能力發揮。

3. 庚子流年，天干來殺，日主受剋。地支來印通關，但印會監視食傷。

流年動態日主受剋，諸事不順，是非較多，女命易有工作或感情變動。

地支印剋傷官，流年不得志，容易受委屈或能力發揮受限。但流年官旺，容易因工作或感情影響情緒或決策。

學生問題集

(1) 庚子年庚辰月，日主是否有受剋？

文堡老師：「有的！本命乙庚合，流年庚為多出，且丁壬合掉，天干保護神全被牽絆。當庚金進氣時，日主即會受剋。但庚辰月，庚金進氣月，力量不穩定。」

(2) 庚辰月可能發生何事？

文堡老師：「庚金進氣，變為日主受剋。地支流年有印通關，但流月財破印，導致食傷剋官，女命可論不滿感情或工作，有想換工或分手的想法。」

(3) 如果你是命理師，你會建議離婚嗎？

文堡老師：「不會！當下只是流年問題的引動，如果離婚的話命主容易後悔。另一方面，女命當下大運和下柱大運均走食傷大運，且均為破官，婚姻生活多波折，故建議最好調整自身對另一半的要求，且不要時刻緊盯另一半，否則婚姻問題多。」

《文堡老師的叮嚀》批命須靠學理而非靈感，但是，待在這行這麼久，很多事很難用科學常理去解釋。無論如何，天地之事就順勢而為吧！莫待時逝方恨晚，人去樓空已惘然。

6-15 為何妳一直嫁不出去

請問，妳現在仍是單身貴族？抑或剛經歷了一段失敗的婚姻？

努力了 N 年，也交往了幾任男友，但始終嫁不出去？

「老師！請您告訴我，問題究竟出在哪裡？」

親愛的女性朋友，妳是否曾有這樣的困擾呢？也許妳自認工作能力強、天生麗質、身材窈窕、穠纖合度、口才絕佳、財運也不錯啊！

為何沒男人要？哦，不！有很多人搶著要，但最後仍不歡而散，明明條件並不 low，但一碰感情卻 down 到不行，妳有否認真想過這樣的問題？

有趣的是，當妳想挽回男友的心，聽人說道家的合體復合術很有用，於是妳想花錢一試，然後問我這個方法是否能奏效，我只能苦笑回答：「當心復合不成，卻搞得人財兩失！」

感情婚姻不順，妳是否認真想過與性格息息相關？七殺若控制了食傷，女人的心裡始終認知了一件事：「千錯萬錯都是別人的錯，無法冷靜思考自己的過錯。」

妳也知道心直口快，但始終改變不了，別說姻緣了，人際關係也不好，八字提供的只是運勢值，真正的問題出自於原生的個性，性格沒經歷一番寒霜，何得梅花撲鼻香？

從八字流年的確可看到何時有好的歸宿，但想要好姻緣卻不願意改變自己，一心只想要改變別人，可能嗎？

事實上，妳永遠無法改變世界上的任何一個人，妳唯一能夠改變的就是自己，只有當妳改變了，這個世界才會因妳而變。我不會告訴客戶全陽的女命八字，愛情運有多爛、有多糟糕，我曾看過全陽的女生也十分幸福美滿，但假如妳想有個好姻緣，請先專注在工作，提升自我的能力，培養自信魅力，並將自己的身、心、靈修到一個維次，才是現階段最重要的事。

若然，只想著何時能遇上真命天子，神都很難拉妳一把！

斤斤計較的人生，感情必定不會長久，我們經常忘記自己擁有的緣份，是多麼的來之不易！

現在，請你思考以下的八字，為什麼命主在戊午大運，總是與姻緣擦身而過？

時	元女	月	年	大運
庚	辛	甲	癸	戊
寅	卯	寅	亥	午

61	51	41	31	21	11	1
辛	庚	己	戊	丁	丙	乙
酉	申	未	午	巳	辰	卯

出生後 0 年 9 個月又 8 天 22 小時
每逢戊癸之年大雪後 5 日交脫

文堡老師解析

命主是一個敏感、心思細膩、善解人意的濫好人，因為不好意思拒絕別人，經常覺得自己不夠好，所以行事雖努力，但也較消極容易放棄，她需要放下自我然後追求無我，無須事事追求完美，而是要先跨出第一步，從錯誤中慢慢修正並提升自己的能力。

為何戊午大運七殺旺，卻一直與姻緣擦身而過？簡單！大運戊土合本命癸水，甲木的來源或者說保護神被切斷，庚金剋甲木，造成天

干的正印、食神、劫財、正財全弱。

地支：本命寅亥合為傷官合財，對自我的要求甚高，努力付出並專注在自我成長，2020 庚子年到 2022 壬寅年學了三年英文，午火七殺被本命寅卯木所生洩，代表財弱七殺強，我們可以發現，命主在戊午大運，除了七殺過旺之外，其他的十神均弱，值得一提的是，天干的戊土正印合走本命的癸水食神，這段時間除了住在家裡，也代表被母親限制了行動自由 (都已經 40 歲了)，做什麼事都要先報備，不能太晚回家，也不同意命主到外地工作發展。

劫財剋正財，一直為朋友付出時間，但做的都是一些沒有價值的事，相對意志力也較薄弱，所以一直感到懷疑人生。

另外，傷官合正財的人，不輕易展現情緒，取而代之的是壓抑，七殺當了主導，配上八字身弱，內在潛意識一直想談一場轟轟烈烈的戀愛，但最後仍無疾而終，此乃正財洩七殺的特質。

你可能會問文堡老師：「既然如此，該怎麼改變命運？」

首先，必須勇於跳脫安逸的家，因為過於舒適的環境，容易出現限制型思維，嚴重時更會阻礙一個人的成長。值得一提的是，戊午大運即將在癸卯年結束，戊土不再擁抱癸水，這對財星來說可是好事一樁。你也許會吐槽文堡老師：「老師！己未大運的印星簡直是弱不禁風，甚至不堪一擊，身弱真的可以走出去嗎？」沒錯！正是印星弱了，我們才會建議命主補印換個環境，然而，印星本來就不是命主的「天賦」，況且還有庚金劫財護衛，哪來的身弱之說？是故，己未大運唯

有走出去改變圈子，才能擴大自己的認知，並打開境界與格局。

我所以為的財破印：「沒有觀世界，又何來世界觀？」

《文堡老師的叮嚀》假如你的內在沒有安全感，但是又急迫需要安全感，於是，你只會慢慢轉向尋求外界的寄託，這麼做雖然不會讓我們的自信完全被摧毀，但是恐懼必然會打從心底慢慢滋生。因為我們的潛意識知道，外界的事物是無法完全被掌控的，但是我們又無比依賴這些東西，希望強化內心的安全感，滿足別人對我們的期望，這即是印星變弱時最佳的詮釋。

6-16：看書，不要成為作者的奴隸

最近幾年，我特別喜愛買書、看書，享受知識經濟，一個星期一有空，就會跑到書局買幾本書回家，你可能會這樣酸文堡老師：「老師！您買那麼多書，看得完嗎？而且，現在的實體書也不便宜，為什麼要花錢買新書呢？到圖書館借閱或者網路隨便搜尋一下，不就可以免費獲取知識嗎？」

你還記得「偏財合正印」有什麼潔癖嗎？當他們喜愛一件事物時，大多時候都有收藏的戀物癖，全新的東西拿在手上，有種踏實的滿足感。沒錯！書的確是拿來閱讀吸收知識，但比起老舊的二手書，抑或沾滿污漬的借閱書，他們更勝於購買全新的書，並收藏在家裡的書櫃，即使買回家後很少翻閱，他們仍舊感到心滿意足。當這些書都

看過用過，累積一段時間之後，我就會把書本捐贈給圖書館，給需要學習看書的人，這也是一種很棒的分享，或者說積福修慧，不是嗎？

其實，市面上這麼多的書，我們不太可能全部都看過，我個人閱讀的方式，讀者們可以參考之。

方法是，我只看我需要的部分，將吸收得到的知識輸出到數位筆記，接著寫上讀書心得，然後再分享到社群網站，最重要的一點，我一定會「實踐」書上所學到的知識，將它應用在我的工作或解決生活的難題，提升我的大腦認知與能力。

你還記得 80/20 法則嗎？一本書只要吸收 20% 的知識，就可以獲得 80% 的內容，因為一本書的「核心價值」可能就只有那幾段文字，但你千萬別小看短短的幾句話，它可能會喚醒你長年被封印的疑惑。

相信我！真的就只是幾段文字，也許將從此改變你的一生。

然而有些時候，書上寫的理論不一定對，必須觸類旁通，甚至實證驗收，絕不能照單全收。

我們來看一個十神組合：「七殺配正印」

你認為這個十神組合好嗎？

曾在傳統學的書上看過一個理論，七殺配正印原本是一個絕妙的組合，但假如本命或動態遇上財星，可就會非常的糟糕。因為將會出現財星剋正印，以及財星生七殺兩個不佳的結果，於是七殺配正印，

本來的吉神組合就會被破壞，因此由吉轉凶了。

此時命主從文武雙全，變成粗魯無文、貪財忘義之人，**運勢也由旺轉衰。**

但……真的是如此嗎？

I don't think so！

我用以下兩個例子解說，讀者即能明白。

(1) 戊辛丁甲

(2) 己庚丙甲

日主分別為庚辛金，請問兩個天干有何差別呢？

第一個五行的流通為甲木生丁火生戊土，戊土受傷沒錯，當丁火在時，亦可洩甲木之氣，意即在這個排列組合中，原本七殺配正印是好的結果，但因甲木正財生丁火七殺，同時間甲木正財剋戊土正印，丁火為甲木與戊土的居中橋樑，然而丁火力量未曾改變過，辛金日主會受剋嗎？

若是依照上述傳統理論推理，可就行不通了！大家可以仔細思考一下，天干的戊土正印並沒有傷盡。假如是完全受傷，則偏財生七殺剋日主的條件才能成立，亦可符合由吉轉凶，不是嗎？

現在來看第二個八字，甲木偏財生丙火七殺剋日主庚金，己土能夠保護日主嗎？能！只是力量較小，日主受剋的現象依舊存在，但起

碼有己土保護，可讓傷害減輕。由此可知，由吉轉凶的觀念，在這個八字中，邏輯似乎也講不通。

無論學習或看書，必須與作者稍微保持一點距離，同時在過程中發揮思考力，最好的方式就是吐槽，就如同你正在看我寫的這本書一樣。

因為唯有這樣做，才不會完全被知識吞沒（印剋食傷），也不會變成作者的奴隸（比劫洩印），更能在學習中保有自己的創新思維（印生比劫生食傷）。

幾個月前，有個學生看了「十神類象組合」PDF，提出了她的疑惑。

學生：「看過您寫的食傷和財星講義，除了代表人與物品，老師也標註了「學生」和「我的學生」。想請教您這兩者的差異，指的是受國民教育的學生，或者付錢學習的學生，對嗎？」

文堡老師：「這有兩種含意，假如我是學生，我就會成為老師的財；如果我是老師，學生就會是我的財。假如收到不好的學生，代表這個財就是一個壞財，或者說無法控制的財，那麼這個時候，學生就能夠駕馭老師，然後破印讓你感到煩躁。所以，你就能理解，為什麼有些老師要用學費來過濾學生。以大數法則來說，一門課程的學費越高，學生會更加努力學習，獲得的成果也會越大。」

學生：「瞭解！那麼食傷所代表的學生，指的又是哪方面呢？」

文堡老師：「這方面即是透過老師的喚醒，讓學生們生發出自己的智慧。換句話說，這一類學生多半都是靠自學，而不是付費給老師。比方說，我在粉絲頁開直播，來上課的人雖然都不是付費的學生，但他們卻願意花時間跟隨老師學習，這就是食傷的學生。」

　　學生：「喔喔喔！瞭解了，謝謝老師說明。」

　　文堡老師：「不客氣，妳也是很好的學生喔！」

　　另外，也曾有一個學生問文堡老師：「老師！為什麼您能持續寫九百多天的文章不中斷，是想刷存在感嗎？」

　　文堡老師：「其實，很多時候我真的想放棄，也很想中斷，只是你沒有看見而已。人都有意志薄弱的時刻，尤其當你的作品始終只有小貓兩三隻在關注。」

　　學生：「既然想放棄，為什麼還要堅持寫下去？」

　　文堡老師：「這也說不上來，感覺一天沒寫，生活好像少了點什麼，很多人之所以無法持之以恆，我覺得跟意志力沒有多大的關係，而是因為你不知道持續下去的方法。」

　　學生：「持續下去的方法？老師倒說來聽聽。」

　　文堡老師：「每當我的食傷卡關，第一件事就是轉移注意力，也就是說當我寫不下去、也沒有靈感的時候，我會選擇做一件讓自己開心的事，比如吃一頓好料、閱讀一本書、玩一場大老二、與老婆外出

散心。」

學生：「我瞭解老師的意思，就是努力但不要太費力，累了就轉移注意力，讓自己的腦袋放空。」

文堡老師：「沒錯！食傷很弱缺乏靈感之時，正需要利用比劫的環境，重新將已沒電的食傷充飽。有些事真的很神奇，每當自己陷入低潮的窘境，突然信手拈來打開一本書，總會不可思議在書中找到卡關的答案，而且我還發現，一本書只要吸收 20%，就能掌握剩下的 80% 內容。」

學生：「所以老師喜歡買書、看書，對嗎？」

文堡老師：「沒錯！十幾年前我曾將時間及積蓄花在音樂 CD 上，現在回想起來，是一種弱印合弱財的糟糕行為。現在，我做了很大的改變，將賺來的一部份錢，拿來投資自己的腦袋，每天讓自己進步一點點。」

學生：「我瞭解你的意思，但買那麼多書看得完嗎？」

文堡老師：「當然不可能看得完，我們每一天都有其時間限制，而我只吸收自己需要的部份，只要在書中找到一兩個金句，便足以改變並通透你的思維，這樣就很夠力了！還記得我剛才說到的 80/20 法則嗎？」

學生：「原來如此，所以說一本書不用從頭看到完？」

文堡老師：「正解！重點不是你讀了多少書，而是你吸收了多少知識，而且我覺得，有完美的輸入，才有完美的輸出，印與食傷也需要一個 Balance 的甜蜜點，方能更有效率鍛鍊邏輯思維與表達能力。」

學生：「感謝老師的分享！聽完您的見解，感覺自己獲益良多，我也要努力讓自己每天進步 1%。」

文堡老師：「加油！我相信閱讀可以提高收入、擴展人際視野、不但能豐富人生，也足以改變人生。」

《文堡老師的叮嚀》你還記得「偏財合正印」有什麼潔癖嗎？沒錯！當他們喜愛一件事物時，大多有收藏的戀物癖，唯有將喜愛的東西拿在手上，才能有踏實的滿足感。20% 的輸入決定了 80% 的輸出，你只需要每天進步一點點。

6-17 官洩印，珍惜點亮妳的老公

以下這則客戶案例，即將喚醒並顛覆你八字的「原本具足」，以下是我們的對話內容。

時	元女	月	年	大運
庚	己	戊	乙	壬
午	丑	寅	丑	午

65	55	45	35	25	15	5
乙	甲	癸	壬	辛	庚	己
酉	申	未	午	巳	辰	卯

出生後 4 年 9 個月又 26 天 8 小時
每逢甲己之年大雪後 8 日交脫

客戶：「老師您好！今日看到您的文章，想請教我的時柱傷官，大運走正財，代表傷官洩財，是指愛花錢的意思嗎？」

文堡老師：「愛花錢享受是其中一種，但也可以解釋忙碌生財，享受生活，抑或把時間花在小孩身上，這部份得因人而異。」

客戶：「瞭解！另外再請教老師，您上回有提到，我的地支官生印生比劫，可從事業務工作，開口生財，但我卻覺得自己朋友很少，想開口卻沒有自信，這是因為財剋比劫的關係嗎？」

文堡老師：「非也！乃因財官過強，導致比劫很弱。」

客戶：「官弱不是應該比劫強嗎？」

文堡老師：「壬午大運恰恰顛倒，如果學會五行力量計分，妳就能看到問題點了。」

客戶：「原來如此！目前努力在拜讀您的書，想從中瞭解更多，謝謝您！」

文堡老師：「不客氣！另外這個大運，假若沒工作在家帶小孩，也是一個很棒的生活模式。」

客戶：「此話何說？為何老師認為我這個大運很好呢？」

文堡老師：「天干官殺脫困，地支正官洩偏印，兩者互其取暖，老公對妳百般依順呵護，不是嗎？」

客戶：「沒錯！他確實對我不錯，我們的婚姻也很穩定。事實上，今天找您批命，其實並沒有什麼疑難雜症，只是想單純瞭解這門五行八字。」

文堡老師：「這樣也不錯！每個人來找我的需求皆不同，只要對當事人有啟發，都會是一件好事。」

客戶：「好的，感恩老師的解惑！」

文堡老師：「不客氣！」

文堡老師詳解

命主的職業是保險業務，為何我會斷她壬午大運比劫弱，對人際交友沒有自信呢？該怎麼看？

首先看印星，本命寅木生午火生丑土，氣聚集在丑土比肩，代表此女命容易受到另一半的討喜與照顧，加上一寅暗合兩丑，兩個比肩己土私下拉住了正官，丈夫對妻子存在任勞任怨（別忘了丑土為地支日主）。大運午火洩掉了正官之氣，官洩印，**對午火偏印而言，力量其實並無增加，**但對正官來說卻是弱了。所謂洩，是一種能量的漸進式消耗，但一般人往往後知後覺，這代表什麼？表示另一半對命主甘

之如飴付出，或者說疼愛有加。

　　且慢！官殺真的有弱嗎？假如真的 weak 了，對命主就不會是一件好事，因為老公會感覺自己沒有安全感抑或一無是處。然而事實上並非如此，因為天干的官殺力量過強了！本命是戊土生庚金關注乙木，劫財生傷官剋七殺，我們便可得知，命主先天的膽子很小，適合走業務工作，若是離群索居，則會增添更多的恐懼。

　　現在，大運來了一個壬水正財，五行流通發生了驟變，首先必須瞭解，壬水是外來的私生子？還是為本命的母親所生洩？答案是被庚金傷官所生，沒錯吧！故壬水的力量可獲得庚金 4 分，然後再生給乙木，此時的乙木不再受制庚金的威嚇。換句話說，因壬水的出現，改變了本命的龍頭起序，形成了戊土生庚金，庚金洩壬水，壬水再生乙木，最後乙木獲得壬水的 5 分而顯得更加茁壯。於是，我們再與本命的乙木做比對，發現足足多出了 8 分 (本命的乙為 -3 分)，意即地支的正官雖減了 2 分，但天干的官殺卻加回了 8 分，一增一減間仍多出了 6 分，我們即可得知，壬大運的**官殺星須論為旺**。

　　接著看比劫星，你可能會問：「老師！地支的比劫力量有增加嗎？是否多了一個午火來生助呢？」

　　文堡老師：「午火為本命的寅木所生洩，當火的力量沒變時，則土的力量也不會改變。」

　　天干的戊土依然是龍頭 2 分不變，故可推斷壬午大運的**比劫力量為平**。

繼續！我們來看天干的傷官，本命是土生金剋木，金的力量有 3 分，現在大運壬水洩掉了庚金 2 分，本命剋 1 分陰木，大運卻洩了 2 分陽水，由此可見**傷官的力量減弱了**。

　　最後，我們來算一下壬水財星，本命無財無庫，倒不必自己嚇自己，因為藏干仍存有兩顆偏財，代表命主的財運很平穩。然而，大運壬水為本命庚金所生，力量共有 4 分，以本命 2 分為基準，4 分很顯然是過強了，故斷**正財為旺**。

　　綜合以上的推理，我們可以清楚的觀察到，命主在壬午大運的十神強弱，即**偏印平、比劫平、傷官弱、正財強、官殺強**，有看到兩個強旺的十神嗎？沒錯！正是財星及官殺星。於是，我們便可推論，在這個大運中，比劫的力量必定很 weak！

　　是故，財生官剋比劫，你就能了然於心，命主為何在這個大運，總感覺自己朋友很少，想開口卻沒有自信了。

　　行筆至此，相信你應能體悟五行八字「主導神」的厲害之處，對吧！

　　還有，命主對玄學五術充滿濃厚的興趣，這又該怎麼看？剩下的就留給各位看倌動動腦喔！

凡事觸摸到規津，就能學以致用

　　大家都知道「學習」這玩意兒，在八字十神指的就是印星，相信

應該沒人會否認這個亙古不變的道理。

沒錯！學習是一種輸出的行為，但你以為不斷的強化印星，真的就能學會一門知識嗎？

當心「印剋食傷」所帶來的食古不化，演變成不知變通的兩腳書櫃！

記住這句話：「你需要閱讀來輸入寫作，也需要寫作來輸出閱讀。」

我們常說天下無難事，只怕有心學習的人，但真正要將一門知識學以致用，除了要不斷用食傷輸出，來控制過強的印星輸入之外，你是否還能想到更 Smart 的方法？

答案是存在的，否則我也不會寫出這篇「開悟覺醒」的 bug，哦！不！是 blog ！

想像一下，小時候的你是怎麼學會騎腳踏車的？是不是自摔了好幾次，然後在某次偶然的狀態下，忽然間就開竅學會了，沒錯吧！為什麼會這樣呢？因為你掌握到騎腳踏車背後的「規律」，而這個原理規律，正是我此篇文章所要教授的官殺星。

所以，當你無意間看到一名職棒選手，突然在某年化身為全壘打的製造機，在不討論服用禁藥的情況下，表示他完全掌握了擊球技巧的「規律」。於是你瞭解到，為什麼他能成為開竅的強打者，而其他選手仍是望塵莫及。

是故，無論是騎腳踏車、打棒球、游泳、開車、學八字、投資、理財、追求女友……通通適用這個「官殺規律」。

　　我所以為的官印順生，其實不單單象徵人們的學識淵博，也能引申通曉一件事物原理的必備條件。

　　從一開始的學習輸入，到最後能力的輸出，最終仍要歸咎於印星的源頭「官殺星」。換句話說，如果你能掌握學習背後的原理，就能輕易觸摸到知識的規律，然後將它學以致用。透過假以時日的輸出練習，你也能成為一名家喻戶曉、聲名大噪的專家。

　　本節最後，附上影片連結，歡迎掃描以下的 QR 碼觀看。

科學八字輕鬆學直播秀（第 87 集）：哪些女人看不起老公

　　《文堡老師的叮嚀》有學到新的知識嗎？有的話，代表你已經掌握我所要傳授給你的思維。一個人若失去做事的原則和規律，他將無法成為一名卓越的管理者，也無法掌握一門學問背後的真正知識。

6-18 好命的人，禁不起風吹雨打

假如，有一天你中了樂透彩，你會如何分配這筆意外之財？

幾個月前，我在網路看到一則真實的新聞，事件發生在 2019 年，故事的主角是一位巴西 74 歲的老翁，因為中樂透獨得約新台幣 4,833 萬元的獎金，可是他不想將這筆意外之財分享給家人，於是在中獎後短短一週狠心拋下妻兒，轉而與一位 18 歲小女友交往。

就在老翁認為未來的日子充滿無限光明時，卻意外在與小女友的床事中逝世，起因是女方激情時擁抱住老翁的頭，結果不慎掩蓋住口鼻，導致最後窒息死亡之憾事。

老翁離世之後，生前他苦苦隱藏的那筆樂透彩金以及名下的財產，最終全部由 69 歲妻子和孩子繼承，故事情節峰迴路轉，著實令我感到嘖嘖稱奇。

財多會是好事嗎？當然這得因人而異。有福報的人，會懂得運用印星來控制過強的財星，又或者，他們會應用比劫，將一半以上的錢捐助社會公益，而非一人獨享這筆財富。

記住這句話：「德不配位，當心巨財壓死你！」

故事中的老翁，選擇了拋家棄妻找了小三，結果卻意外死在小三手裡，這倒讓我聯想到「貪財破印」。也許，他真的是命不該絕吧！

換作是我，首要任務就是將三分之二的錢捐出去，剩下三分之一

再塞給老婆，你會說老師何來那麼大器？這並非大器小器的問題，而是這些錢本來就不屬於我的，突然來了一筆巨大的財富，說實話，我可承受不住，我總覺得，一個人身上只要留有夠用的錢即可。在我看來，貪字頭上可是插著好幾把刀呢！

中樂透，隨時在考驗著人性！命都沒了，你要錢幹嘛？當心置人於死地的「財破印」。

你或許會感到一臉疑惑，財破印怎麼會置人於死地呢？很簡單的一個邏輯，因為印星代表一個人的健康壽元，除了吃虧上當之外，也得當心過勞而終。

記得有句話是這麼寫的：「人為財死，鳥為食亡。」

意思是說，人為了追求金錢，連生命都可以不要；鳥為了爭奪食物，寧可失去生命，引申為「生物在難以保全自身生命的情況下，會用盡全力嘗試去保護自己，以致於不擇手段。」指的就是被慾望所驅使，最後因貪婪而亡。

以下的內容比較專業，對十神組合有興趣的人，可當作學習參考。

學生：「身弱，財破印，命主容易犯錯沒誠信，不知悔改。若您是命理師該如何搭救？」

文堡老師：「此乃品德問題，我們只能指引正確的方向，但無法參與命主的運程，要知道性格伴隨命運。」

學生：「破印之人相對比較不相信命理宗教，記憶中老師曾有財破印的案例，若是命主的家人前來求問，當事人在不相信命理的情況下，如何給其建議解救方法？」

　　文堡老師：「當事人若不信命理，就不會與家人一同前來了，一般來說都是長輩私下代問，命理師只要指出流年的危機點，以及講出性格上缺失，代問者大都能曉以大義，與當事人建立良性溝通，並找出改善的方法，記得命理師的每一句話，皆扮演舉足輕重的角色。」

　　學生：「再請教老師，身弱食傷旺的人，意志不堅定，不能控制自己的慾望繼而被慾望驅使，所以這樣八字的人容易心術不正，對嗎？」

　　文堡老師：「身弱食傷旺不一定會心術不正，但容易起貪念而被慾望驅使，所以很難控制自己脫序的行為，甚至出現只要我喜歡，有什麼不可以的想法。」

　　親愛的讀者，請看一下自己的命盤，你是否也是屬於這樣的人呢？

　　是故，當你下回見到一連順生的八字，可千萬別以為一生便是順風順水……

　　沒錯！命主可能終其一生非常有福報，心地也十分善良，但最忌動態來攪局，改變了原始的 DNA，命主就會叫苦連天。

欲瞭解命主當下發生何事，我們必須先從本命計算其力量，然後再跟動態結合做個比對，即可得知發生何事了。

OK！運用邏輯推理思考，你會發現科學八字的奧妙之處。

時	元女	月	年	大運
甲	戊	庚	戊	丁
寅	午	申	辰	巳

69	59	49	39	29	19	9
癸	甲	乙	丙	丁	戊	己
丑	寅	卯	辰	巳	午	未

出生後 7 年 10 個月又 3 天 7 小時
每逢丙辛之年芒種後 28 日交脫

八字解析

一開始，我們先算出本命個別五行的力量：

木官殺 (0 分)： 天干戊土生庚金剋甲木，甲木重剋為 -2 分；地支寅木為龍頭，雖生了午火，但本命畢竟是先天的代號，也就是我們俗稱的 DNA，所以本命生給其他五行不能論洩，只能將它看作一個號碼。故地支寅木為 2 分，計算干支總力量為 0 分 (-2+2)。

火印星 (4 分)： 天干無火只須算地支，寅木生午火，故火的力量為 4 分 (2+2)。

土比劫 (8 分)：天干戊土 2 分；地支寅木生午火生辰土，辰土的力量為 6 分，計算干支總力量為 8 分 (2+6)。

金食神 (10 分)：戊土生庚金剋甲木，天干的庚金為 2 分 (2+2-2)，這邊請大家留意，生出去不能論為洩，但跑去剋其他五行則須論洩；地支寅木午火生辰土生申金，金的力量極強為 8 分 (2+2+2+2)，計算干支總力量為 10 分 (2+8)。

OK！現在將大運丁巳放進來！

木官殺 (-3 分)：甲木會優先洩丁火，甲木的力量須減去 1 分，請注意此時的龍頭變為丁火，五行流通變成丁火生戊土生庚金再剋甲木，為何不是甲木生丁火生戊土再生庚金呢？不是貪生忘剋嗎？現在你必須修正這個觀念，因為本命是三個陽的五行作用，大運來陰丁火只能當作龍頭來看，不但洩了甲木的氣，同時也生助了戊土的力量，故丁火生戊土生庚金，只會再次剋死奄奄一息的甲木。故甲木的力量轉變為 -4 分 (1-5)；地支寅木生洩了大運巳火，寅木的力量變為 1 分 (2-1)。計算干支總力量為 -3 分 (-4+1)。

火印星 (+4.5 分)：甲木會優先洩丁火，甲木的力量必須減去 1 分，請大家再次留意，丁火會得到甲木的所有力量嗎？答案是不會！為什麼？因為本命的甲木在出生時早已被剋的奄奄一息，甲木根本沒氣，意即丁火是由甲木洩出來的，所以丁火的力量為 1 分；地支當巳申合時，巳火的力量為 0.5 分，然而午火此時只能得到寅木 1 分的力量而不是 2 分，原因出在寅木生洩給大運的巳火 (2-1=1)，故午火的力量

掉回 3 分 (1+2)，此時地支火的整體力量為 3.5 分 (3+0.5)，計算干支總力量為 4.5 分 (1+3.5)。

土比劫 (8.5 分)：天干丁火生戊土，戊土的力量變為 3 分；地支木生火，火生土，辰土的力量為 5.5 分 (1+2.5+2)，計算干支總力量為 8.5 分 (3+5.5)。

金食神 (10.5 分)：丁火生戊土生庚金剋甲木，當甲木一洩丁火，甲力的力量會減 1 分，等於庚金少剋甲木 1 分的力量，這 1 分的力量會補回庚金，所以此時天干的庚金為 4 分 (1+2+2-1)；地支巳申雖合，但可別將它們當成消失了，此處需留意申金被合尚有 1 分力量，同時也能得到全部土的力量，故申金的整體力量變為 6.5 分 (5.5+1)，計算干支總力量為 10.5 分 (4+6.5)。

力量比對	木	火	土	金	水
本命	0	4	8	10	0
丁巳大運	-3	4.5	8.5	10.5	0
強弱	弱	強	強	強	平

行筆至此，我們來比對本命與大運五行力量的增減情況。你會發現什麼？除官殺變弱，財星為平之外，其餘的五行都變強了。代表命主在這個大運受到眾人擁戴，擁有行動力且不按牌理出牌，生活感到稱心如意，財運亦亨通。官弱了又如何呢？重點在於整個八字變強了，不但能突破困境賺到錢，更能享譽名聲，人也會變得光彩有自信。

你可能會問：「老師！現在官弱了，是否會影響到感情婚姻出現問題呢？」

關於這個問題，就得視先生的個性而定，假如另一半的性格溫和彬彬有禮，這樣的婚姻多半不會出現問題，雖然天生的性格比較強勢且性子急，但實際上婚姻卻很幸福。最大原因出在官洩於印，印過強仍有比劫做為「靠山」，故可斷婚姻狀況穩定。但如果比劫弱了，官又洩太多印，印星強亦無財星來控制，此時的官星就會洩得很夠力，老公會感到老婆過於古板務實、缺乏浪漫、求好心切、碎碎唸，長期下來易造成內心缺乏安全感，或者在家待不住，如果先生的八字當下又有桃花來亂，出現離婚的機率就會提高了。

《文堡老師的叮嚀》我是一切問題的根源，愛是一切問題的答案，設計什麼不如設計自己的人生。

6-19 破解熵增定律的十神組合

　　站在宇宙的高維來看時間線，人生所有的成功，只是順道了宇宙規律；人生的所有失敗，都是逆道了宇宙規律。當你不知道什麼是宇宙規律的時候，你的成功只是偶然，你的失敗卻是必然。

　　尚未解說這篇文章前，我們先來認識一下什麼是「熵增定律」。

　　簡單而言，在一個孤立系統，如果沒有外力做功，總混亂度（熵）會不斷的增大。在熱力學中，永遠是高溫流向低溫，有序走向無序，新生走向毀滅。

　　我們穿的衣服只會越來越舊，手機只會越來越卡，住的房子也會越來越老，代表世間沒有一件事情是永恆的。換個思維來說，假如你學習了一項技能，沒有持續不斷的練習，慢慢會變得生疏，最後落得生鏽，套用在八字十神類象，即是所謂的「印剋食傷」。

　　很多人學習八字，皆是按照古書的思維不脛而走，對於新的觀點總是拒於千里之外。於是，思維固化只會讓熵增不斷擴大。**若欲破解熵增定律，必須「開放」食傷與財星的能力，並「打破平衡」控制印星過強的混亂程度，此種方式即為「熵減定律」。**

　　顧名思義，「熵減定律」就是八字學所談及的「喜用神」。比方說，當你見到一個「比劫剋財」的八字，你會有什麼反應？一般人的直覺，會以為要倒大霉破財，但實際上真的是如此嗎？

NO ！你得觀察這個財星，是受到比劫的關注，還是真的被比劫所傷？

你一定會問我，這有什麼不一樣嗎？

當然不一樣！兩者的區別可大了。

這麼說吧！當你能獲得比劫的持續關注，便能打起精神做好事。或者說，你在這件事的表現即將更好，什麼意思？我用一個天干例子來解說。

時	元男	月	年	大運	流年
甲	辛	壬	癸	丁	庚

大運丁火合走本命壬水，甲木洩丁火。此時庚金劫財，就會立馬關注甲木。先前說過，這種排列組合，甲木是不會應聲倒地的，因為它不過是受到比劫的監視(或者說關注)。在這種情況下，通常被關注的一方，反而容易在一件事表現得更好，因為人總會把最好的自己，展現在眾人眼前的心理傾向，一旦意識到自己不斷被關注、被觀察、被看見的時刻，便會刻意改變行為舉止，然後呈現出最完美的自己，這即是霍桑效應(註4)的反饋。

註4：又稱做霍索恩效應，是心理學上的一種實驗者效應，意指當被觀察者察覺自己正在被觀察，會傾向於改變自己的言行。套用在管理上，主管只要密切注意員工的工作情況，就能讓對方自覺特別受到重視，因而盡可能符合上司的期望。

出處來源：https://www.managertoday.com.tw/articles/view/47544?

霍桑效應

是故，對於你的工作績效表現，勢必會有所提升。你知道為什麼嗎？因為大多數的人，總希望能獲得他人的期望和肯定，對我們所做的事產生價值上的認同。

我們再回過來看，你瞧！甲木正財被庚金劫財關注，這意謂著什麼？道理不難懂，用白話來講，代表你若要實現夢想，創造回饋賺到錢，首先必需要讓庚金發揮效益才行。注意！有癸水在，庚金是剋不死甲木的，雖然正財洩了七殺一分，照理說甲木應該要更弱，不是嗎？

沒錯！甲木的確是弱了，但壬癸水也相對變強了，你看到了嗎？對甲木正財來說，唯有不斷得到庚金劫財的持續關注，命主的賺錢能力，以及對一件事物的價值呈現，方能如虎添翼。

沒事千萬別鐵口直斷，甲木財星為爆弱或重剋，唯有在被關注和監視的情況下，人們的表現才可能越來越好。別忘了！兩者間仍隔著一座「食神小橋」，它可是啟動成功模式的飛輪跳板。

可是你會問，若是食神的小橋斷了呢？簡單！庚金不就直接剋死

甲木了嗎？此時就不能稱做關注，而是起了不好的情緒念頭。

美國 MLB 洋基隊已退役的傳奇球星李維拉，曾在一本書提到：「如果你無法控制你的情緒，那麼情緒便會控制你的行為。」

YES！你沒看錯！這正是比劫剋財的最佳詮釋，此時的剋與先前被關注的邏輯不同，前者因為得到眾人的掌聲，其表現將會更為出色；而後者易被觀眾的噓聲起鬨，引爆了情緒失控，最後表現大為走樣。

無論是「財洩死食傷」、「印剋食傷」、「身弱財星過強」、或者如本篇所陳述的「比劫剋財」。這些十神的組合，皆會讓一個人的情緒，在瞬間被瓦解並控制，進而影響食傷的行為表現，真是如此的話，可就大事不妙了！

現在，你只需銘記這段思維：「關注與被剋，是截然不同的邏輯，情緒有如一線之隔，運勢更是天壤之別。」

最後，你可能會再次吐槽文堡老師：「老師！那麼傷官剋官與比劫剋財，兩者到底有何區別？不都一樣指情緒失控嗎？」

我瞭解你的想法，現在，我一言以蔽之，來結束這篇文章，請看以下的叮嚀。

《文堡老師的叮嚀》傷官剋官，是爭奪道理的自我高傲反應；比劫剋財，是無厘頭的本我獸性發洩。

6-20 五行八字卜卦法大公開

　　有時，客戶所提出的問題，代表他目前所面臨的困境，雖說不問而批可推理其事物根源，但假若客戶不打自招，直接說出內心痛點，此時我們可直接針對問題協助解決即可，實務上稱為批命懶人包。

　　你曾辭職換工作嗎？如果出現以下八種徵兆，代表你開始懷疑人生了！

　　根據統計數據顯示，有 85% 的人不喜歡他們現階段的工作，每天早上被煩人的鬧鐘吵醒，只為了重複上班塞車的節奏，以及被同事激怒的情緒。

(1) 下班回家抱怨你的同事和老闆，把負面情緒帶給家人。
(2) 你每天都不想上班，總期待假日到來，為了週末而活。
(3) 你的工作效率不斷下降，經常感到煩躁而且缺乏熱情。
(4) 公司正在計畫裁員，你擔心會是下一個被炒魷魚的人。
(5) 這家公司無法讓你發揮所長，工作內容完全不適合你。
(6) 陷入瓶頸並感到無助，享受不到成就感也看不到未來。
(7) 我目前沒有時間找到新的工作，先暫時多待幾個月吧！
(8) 你不被當成人來看待，你的公司不愛惜重視你的才能。

　　你有符合以上八種現象嗎？如果答案是肯定的，你可以開始計畫何時該辭職了。

有句話非常寫實，我十分的認同！

「Comfort Zone=Income Zone」
「你的舒適圈有多大，你的收入就有多少。」

實務經驗告訴我，大多數客戶所提的問題，代表他目前所面臨的困境，雖說不問而批可推理其事物根源，但假若客戶不打自招，直接說出內心痛點，此時我們可直接針對問題協助解決即可，實務上稱為批命懶人包。

請先看底下這個八字：

時	元男	月	年	大運	流年
壬	辛	丁	戊	辛	庚
辰	未	巳	午	酉	子

70	60	50	40	30	20	10
甲	癸	壬	辛	庚	己	戊
子	亥	戌	酉	申	未	午

大運 9 年 4 個月又 7 日上運
每逢丁壬之年白露後 7 日交脫

文堡老師解說

　　為何我會特別強調批命懶人包呢？因為多數人會求助命理師，只想瞭解目前的處境，這些問題通常都以財官居多。以財來說，他們可

能想知道投資能否賺到錢？與朋友合夥做生意是否可行？哪一個大運流年財運較好？如果是問官，通常指的是工作與事業運，他們可能想瞭解下一份工作的可行性，換與不換的運勢優劣，何時有機會受提拔升官等等。

依過去個人實務經驗，客戶一進門直接點出內心疑惑，此時則不須不問而批，而是直接針對問題核心解答即可，若能解決客戶當下的難題，指引他該怎麼做(用神)，如此的快速批命方式也無妨。

神算，無法解決當下的問題，唯有釐清並開條道路讓客戶去選擇，才是命理師首要的任務。對當事者來說，解決現階段內心的疑難雜症，勝過於批斷未來運勢的起伏，進一步說，解決現實生活所面臨的困境，才是客戶真正想瞭解的重點。

此命主經由太太介紹而來，八字流年雖可推算流年運勢的好壞，這部份等會兒再另行說明。

現在，我跟大家分享一個少為人知的測命方法，此下統稱為「五行八字卜卦法」，若配合天、地、人得當，準確率可大大提升。

因事先已約定晚上 7 點半，所以在此之前，我早已排好當天的八字盤，等待客戶的到來，當日時辰命盤如下表：

分	時	日主	月	年
丁	甲	甲	庚	庚
卯	戌	辰	辰	子

客戶尚未登門前，我早已摩拳擦掌，看過了八字後心中已有譜。客人一到店，坐下來開始批命的時間是晚上 7 點 35 分。

　　文堡老師：「你是否要問工作的事呢？」

　　客戶：「對啊！您怎麼知道？」

　　文堡老師：「運用五行八字卜卦法推得類象。」

　　客戶：「是的！最近的確有別家公司來挖角，現在換工作是否適合呢？」

　　文堡老師：「時間點不恰當，若轉換跑道，我擔心你將吃悶虧判斷錯誤。」

　　客戶：「瞭解！最近一直思索這個問題，所以才來請教老師。」

　　文堡老師：「你滿意你目前的工作嗎？公司是否穩定？」

　　客戶：「公司很穩定，只是一直猶豫是否要跳槽？」

　　文堡老師：「若你滿意現在的工作及公司體制，不一定非得跳槽。」

　　客戶：「老師從命盤中看到了什麼？為何不建議我轉換跑道呢？」

　　文堡老師：「印星及比肩很弱，缺少朋友和貴人之助；七殺反制了傷官，容易被新的工作迷惑，甚至出現判斷錯誤，造成日主的壓力很大，我覺得時機點不太對。」

客戶：「好的！感謝老師指點，我還是不要想太多，持續待在原公司好了。」

看完我們的對話，相信你一定會有疑慮，怎麼沒看本人的八字，即可推斷出不適合換工作呢？

其實，我仍有批算客戶的八字，只是搭配了「五行八字卜卦法」一同參考。

然而，從五行八字卜卦法，如何看出不適合換職呢？

首先看天干，兩庚剋兩甲，日主受剋也；再看地支，卯戌合為劫財合偏財，辰土剋子水為偏財破正印。當日主受剋時，最忌比劫與印星消失或受傷，天干表象為官剋日主，以及七殺破傷官，代表現階段容易因工作決策問題，帶來不知所措的壓力和煩惱；地支實象為偏財破正印，表示內心焦慮沒有安全感。八字已呈現身弱兼日主受剋，故不適宜當下做決定選擇，如此的解說，你是否能感到淺顯易懂呢？

現在，我們回到原命主的八字，運用邏輯推理，分析一下今年是否適合異動。

時	元男	月	年	大運	流年
壬	辛	丁	戊	辛	庚
辰	未	巳	午	酉	子

70	60	50	40	30	20	10
甲	癸	壬	辛	庚	己	戊
子	亥	戌	酉	申	未	午

　　一樣先看本命，天干丁壬合為七殺合傷官，旁邊的戊土會給壬水壓力，在這個本命合的關係中，我們便得知壬水弱但丁火強，這代表何意呢？其實不難理解，天干為表象，為人正經八百不苟言笑，但千萬別將丁、壬拆開，它們仍然合在一個金鐘罩裡。

　　地支呢？兩火生兩土為官印相生，加上生於初夏，綜合天干來看，即可理解為官印型的八字，亦屬於被動的性格。OK！本命的解說告一段落。

　　現在，我們將動態的五行加進來與本命攪拌一下，大運辛金進來，稍洩了戊土之氣；酉金合走日支辰土，辰土力量歸0。由此可知，此大運印星已呈現偏弱。流年庚子進來，庚金洩了戊土更多的氣；官殺生偏印剋食神，因為官殺而出現了心思異動，意即想轉換工作，但內心其實並無安全感，你覺得命主適不適合轉換跑道呢？

　　剛才說過，此大運印星已弱，加上庚子年的子水並不穩定。是故，我建議命主待在原公司比較好。

　　客戶經由我這麼一說，頓時豁然開朗，彼此互相握手，感謝我為他指引一個方向，這個選擇不一定為百分之百，但可以肯定的是，比起不確定因子，留在原公司顯得更穩定踏實。

《文堡老師的叮嚀》五行八字卜卦法，適合預測近期發生之事，與奇門卜卦有異曲同工之妙，但內心需有真正的疑惑，天地間才能生太極與之共鳴，斷事方能更精準。人若心中無極隨興而之，最終必將失之交臂，無從得知應驗之事。

6-21 纏綿悱惻的一夜情

你相信一夜情嗎？別懷疑！它可能隨時發生在你我的現實生活……

說個小故事……

2020 庚子年甲申月，某天約莫下午四點，一位老顧客從台南直奔到高雄找我。

客戶：「老師！請問現在有空嗎？」

文堡老師：「四點半有空，五點會外出運動。」

客戶：「好！我現在過去。」

文堡老師：「OK！」

等了約十分鐘，客戶的車已停泊在店門口。

接過命盤後仔細推敲，心中已有底。

客戶：「老師！可否幫我看一下，最近的運勢？」

文堡老師：「你是否要問我工作或感情的事？」

客戶：「對！打從夏季以來，生意門可羅雀。」

文堡老師：「生意不佳是因為季節問題，秋季後即可漸漸好轉。」

客戶：「嗯嗯！攤位合約到明年結束，可否轉換其他的生意呢？」

文堡老師：「此段時間可再學習其他的技能，邊做邊學，轉換工作的問題不大。」

客戶：「哦！所以老師覺得不應該放棄現在的生意是嗎？」

文堡老師：「沒錯！我覺得最大的問題，在於感情問題影響你現在的工作。」

客戶：「哇！老師怎會知道？」

文堡老師：「命盤已透露訊息給我了，這個月要小心因女生而惹禍。」

客戶：「老師！真的如你所言，幾個月前認識了一位女大生，她會固定來攤位捧我的場，時間一久，感覺跟她很聊得來，於是……我們……就在昨晚……發生了超友誼關係。」

文堡老師：「激情過後，你的內心十分焦慮，三不五時感到罪惡感，對嗎？」

客戶：「是的！對方有男友，深怕禍出不測。」

文堡老師：「這你倒不用擔心，對方不會找你麻煩，下次別再重蹈覆轍即可。」

客戶：「好的！感謝老師的指點，我一定會小心謹慎。」

話說，發生一夜情的時間，當天正好是丙戌日，八字如下：

時	元男	月	年	大運	流年	流月	流日
甲	乙	壬	辛	己	庚	甲	丙
申	卯	辰	未	丑	子	申	戌

問題

命主在丙戌日可能發生何事？

八字解析

本命：天干七殺生正印生劫財，地支土生金剋木 (財生官剋比)，日主受剋也。可解釋命主個性內向保守，不善於交際，說話急促，情緒時好時壞。

己丑大運：天干甲己合，偏財合劫財；地支多一顆偏財，卯木有如在傷口上灑鹽。代表比劫更弱，朋友不多，容易因父親或感情問題，影響自身的情緒。

庚子年：天干庚金進氣為官印相生；地支子丑合，財的力量雖減

弱但仍論為旺，主要問題出在申金洩子水，卯木相對會變好。故斷此年命主易廣結人脈，沒錯！他於庚子年在台南開了炸雞店。

甲申月：天干甲己再合，代表女友有競爭對手；申金洩了土氣，正官再度讓日主出現壓力。

丙戌日：流日丙辛合，即傷官合七殺；地支戌土進位合住卯木，日主總算暫時脫困了。

總結

為何命主在丙戌時，與女友發生超友誼關係呢？道理不難懂！我曾說過，一個人若出現日主脫困，會做出平常不敢做的事。你瞧！戌土不就是代表女友嗎？當戌土進到城牆時，與本命的卯木，發生了一場驚心動魄的「超友誼」關係，代表命主的膽量以及自我意識充足。換句話說，因為戌土女友的出現，瞬間轉化了天生保守的性格。於是，他勇於「放手一搏」，一夜情就這麼應事發生了。

翌日，命主為何會對自己的行為感到後悔、亦擔心前男友來報復呢？簡單！當戌土走完之時，立馬又回復到日主受困，別忘了申金正官仍關注著日主，卯申亦有暗合之意，對吧！

如何？運用邏輯推理思考，許多問題皆可應刃而解。

《文堡老師的叮嚀》一夜情，隨時可能發生在你我身邊，別因一時衝動失去理智而後悔莫及。

大運篇自我挑戰

問題一

日主為甲木，運用你的邏輯思考，以下的選項何者為真？（複選題）

時	日主	月	年	大運
己	甲	丙	庚	壬

(1) 本命丙火必剋庚金。

(2) 五行流通為：丙火生己土生庚金生壬水。

(3) 庚金的力量為 1 分。

(4) 己土在大運的力量比本命來得弱。

(5) 丙火在大運的力量比本命來得強。

(6) 壬水在大運的力量須論弱。

（延伸題）寫出你認為最強的五行為何？

解答一

正確答案是 (3)、(4)、(6)，其餘皆為錯誤。

(1) 本命庚金有己土小橋通關，丙火只能關注庚金，但庚金並不會受

傷。

(2) 陽和陽須優先作用，丙火必定受傷，己土為龍頭，正確流通為：
己土生庚金洩壬水剋丙火。

(3) 己土 1 分生給庚金 2 分共得 3 分，然後生洩大運壬水 2 分，故庚
金只剩下 1 分。

(4) 因丙火受傷之故，己土失去 2 分來源，且己土為大運 1 分的龍頭，
比起本命 3 分還要來得弱。

(5) 丙火 2 分受到壬水 3 分重剋，最後丙火變成 -1 分，比本命的 2 分
來得更弱。

(6) 壬水 3 分剋丙火後剩下 1 分，大運出現的壬水須維持在 2 分以上
才能論平或強。

(延伸題) 沒有任何五行變強，所有五行全弱。

文堡老師補充

　　大運壬水進來造成了天干五行全軍覆沒，起因點為己土正財，問
題點為丙火食神。

問題二

(1) 請計算子大運干支五行的個別分數。

(2) 請寫出子大運最弱的五行。

(延伸題) 假設日主為戊土，你覺得子大運七殺的力量有改變嗎？

時	日	月	年	大運
申	子	寅	亥	子

解答二

(1) 子大運五行的力量

金 (0 分)：申金洩子水 (2-2)，剩下 0 分。

水 (4.5 分)：日支子水 (2 分)+ 大運子水 (2 分)+ 年支亥水 (0.5 分)=4.5 分

木 (5.5 分)：水的總分 (4.5 分)+ 月支寅木 (1 分) ＝ 5.5 分

(2) 最弱五行為申金，本命 2 分，大運變成 0 分。

(延伸題) 七殺並沒有改變，與本命的力量相同。

文堡老師補充

此題須留意「一連順生」的生洩邏輯，本命為一個陽申金生子亥水，大運走子水，不過是將申金的力量過給子水，但其實水的力量並無改變，當水不變時，木的力量也不會改變。

問題三

(1) 計算壬戌大運干支五行的個別分數。

(2) 請寫出壬戌大運最強的五行。

(3) 比對出本命與大運五行力量強弱。

(延伸題) 戌土可否得到巳火的力量？

時	元男	月	年	大運
壬	乙	丁	戊	壬
午	酉	巳	申	戌

解答三

(1) 壬戌大運五行的力量

木 (0 分)：天干 (0 分)+ 地支 (0 分)

火 (1 分)：天干 (0.5 分)+ 地支 (0.5 分)

土 (1.5 分)：天干 (-1 分)+ 地支 (2.5 分)

金 (4.5 分)：天干 (0 分)+ 地支 (4.5 分)

水 (1 分)：天干 (1 分)+ 地支 (0 分)

(2) 最強五行為金，本命 -0.5 分，大運變成 4.5 分。

(3) 如下圖所示

力量比對	木	火	土	金	水
本命	0	1	2	-0.5	1
壬戌大運	0	1	1.5	4.5	1
本命與大運比對	平	平	弱	強	平

(延伸題) 可以！午火可將巳火的半分帶出來，一起生洩給大運戌土，故戌土力量為 2.5 分。

文堡老師補充

(1) 壬戌大運可觀察出，最強的金無法得到其他五行的控制，故壬戌

475

大運須留意人際關係經營，與家人的身體狀況。

(2) 實證：壬寅年戊申月，哥哥因長輩生病到醫院照顧，但最後自己也病倒了，長輩及家裡的事糾成一團，導致命主身心俱疲、壓力煩躁，好在己酉月中秋節前找到了看護，壓力才得以緩解。

問題四

(1) 計算丁卯大運干支五行的個別分數。

(2) 請寫出丁卯大運最強的五行。

(3) 比對出本命與大運五行力量強弱。

(延伸題) 本命戌土被大運卯木合走，請問酉金可否得到辰土的力量而變強？

時	元女	月	年	大運
壬	癸	癸	甲	丁
戌	酉	酉	辰	卯

解答四

(1) 丁卯大運五行的力量

木 (3.5 分)：天干 (3 分)+ 地支 (0.5 分)

火 (3.5 分)：天干 (3.5 分)+ 地支 (0 分)

土 (2 分)：天干 (0 分)+ 地支 (2 分)

金 (1.5 分)：天干 (0 分)+ 地支 (1.5 分)

水 (2 分)：天干 (2 分)+ 地支 (0 分)

(2) 最強五行為丁火，本命 0 分，大運變成 3.5 分。

(3) 如下圖所示

力量比對	木	火	土	金	水
本命	5	0	3	4.5	3
丁卯大運	3.5	3.5	2	1.5	2
強弱	弱	強	弱	弱	弱

(延伸題) 不能！戊土被卯木合走，代表酉金的「橋」被截斷了，故酉金得不到土的力量而變弱。

文堡老師補充

計分後得知丁火進來須 1 分為平，但力量卻提高到 3.5 分，代表偏財過強且八字弱了，故丁卯大運，與之前的大運落差很大，可謂豬羊變色。

問題五

(1) 請計算辛大運五行的個別力量。

(2) 走辛大運，對天干整體運勢是否有提升？

(延伸題) 老師您好！請問下例天干火的力量，辛金為大運所來，是從後面加力量進去，能增加壬水力量＋ 1 分，亦能增加乙木力量也能＋ 1 分，但壬不是會監視丁嗎？壬水力量不是只能給乙不能給丁？丁力量還是能＋ 1 分嗎？

時	日主	月	年	大運
丁	乙	乙	壬	辛

解答五

(1) 辛大運五行的個別力量

辛金 (1 分)：非由本命土生洩而出，屬於外來的私生子。

壬水 (3 分)：得到大運辛金 1 分之助。

乙木 (4 分)：得到壬水 3 分之助。

丁火 (3 分)：得到辛金的 1 分來源。

(2) Yes！辛大運對天干整體運勢有所提升。

(延伸題) 丁火力量可以 +1。

文堡老師補充

此題為大運橋的監視計分邏輯，丁火可獲得乙木力量，是因為辛金給了壬水，壬水再過給乙木，所以丁火的力量會增加。但假如大運是走癸水，則力量就過不到丁火，讀者必須視五行的龍頭為何，來決定丁火的力量增減。

問題六

(1) 請計算酉大運五行的個別力量。

(2) 大運走酉金，請問哪個五行最弱？

(延伸題) 為什麼不論丑土生酉金剋卯木？

時	日	月	年	大運
卯	丑	卯	丑	酉

解答六

(1) 酉大運五行的個別力量

　　木 (0 分)：丑土洩酉金剋卯木為 0 分

　　土 (0 分)：丑土洩 1 分給酉金，一個酉金剋兩個卯木，不夠扣的部份，必須從丑土身上拿取。

　　金 (0 分)：酉金得到丑土 2 分，再去剋兩個卯木，最後力量仍為 0 分。

(2) 酉金最弱

　　(延伸題) 丑土洩酉金剋卯木的邏輯是正確的，但卯木為當令之氣，即使本命的卯木為 0 分，但先天上卯木仍佔優勢，丑土只有挨打的份。原局卯剋丑，丑土被卯木關注，大運走酉金時，丑土從原本被關注 (被剋) 變成消耗 (生洩)，但酉金吃力不討好且自不力量，跑去剋卯木，導致力量歸 0 變弱。是故在這個大運中，最弱的五行必為酉金，其他的丑土及卯木力量均不變，卯木雖然從原本的剋別人，最後變成被剋者，但其實力量仍不弱。

文堡老師補充

　　本題為大運生洩反剋心法，丑土請出酉金幫忙打倒卯木，最後均

全軍覆沒，丑土是事件的源頭，卯木是事件的龍尾，但其實受傷最重的應為酉金（進來必須維持在1分），故大運須論酉金十神所對應的事件。若用五行四時來看，土和金都死，大運走金，土會強一點，木會弱一點，但金卻是無三小路用。假如日主為乙木，先天破財，代表物質慾望較低，重視人脈交際。酉金大運，形成偏財生七殺剋比肩，可論斷靠自己工作賺錢，且能存下一筆積蓄，雖然與朋友互動的時間減少了，但人也會相對的沉穩許多。

問題七

(1) 請計算壬辰大運五行的個別力量。

(2) 與本命比對，哪兩個五行力量最強？

（延伸題）壬辰大運有機會買到房子嗎？財運為何？

時	元女	月	年	大運
戊	壬	戊	乙	壬
申	寅	子	丑	辰

解答七

(1) 壬辰大運五行的個別力量

木（-3.5分）：天干-1，地支-2.5，力量-3.5分為弱。

火（0分）：未出現在大運裡，故0分為平。

土（3.5分）：天干1，地支2.5，力量3.5分為平。

金（2.5分）：申金2分，再得到辰丑土2.5分共4.5分，剋去寅木2分，

最後力量為 2.5 分為強。

水 (2.5 分)：申金剋寅木後仍有剩餘 2.5 分，可加給子丑合中的子水，故地支水 +3.5 分，天干 -1 分，比本命的 1 分力量多出 1.5 分，所以水的總力量為 2.5 分須論強。

(2) 金與水的力量最強。

(延伸題) 壬辰大運，財平，七殺平，食傷稍弱，印星強，留意申金餘下的 2.5 分，可生助子水，等於地支水加了 2.5 分，天干減 1，代表比劫力量為強，我們便可發現這個大運為身強，印比為主導神，並可剋財。身強印生比劫破財，可得意外收穫，並買到心中裡想的房子，因為命主能在身強的情況下破除恐懼而勇於投資，故斷財運亨通，亦能約束老公的行動，算是不錯的大運。

問題八

(1) 請計算乙丑大運五行的個別力量。

(2) 乙丑大運，請問比劫是強還是弱？

(延伸題) 運用邏輯思考，寫出財剋比劫的性格及類象。

時	元男	月	年	大運
己	乙	戊	己	乙
卯	卯	辰	未	丑

解答八

(1) 乙丑大運五行的個別力量

木 (-5 分)：天干 -3 分，地支 -2 分，力量 -5 分比本命 -1 分更弱。

火 (0 分)：未出現在大運裡，故 0 分為平。

土 (5 分)：天干 3 分，地支 2 分，力量 5 分與本命相同為平。

金 (0 分)：未出現在大運裡，故 0 分為平。

水 (0 分)：未出現在大運裡，故 0 分為平。

(2) 乙丑大運，財星的力量不變，但比劫更弱了。

(延伸題) 木弱土不變，這也是很多讀者無法理解之處，我曾經說過，必須以本命的 DNA 來觀察此大運的變化，**所謂財剋比劫，即用名利駕馭身邊的人，讓他人可為自己所用。或者說，運用影響力達成自我的慾望。**此命主的道上「結拜兄弟」不少，但骨子裡其實很實際，如意算盤打得精。

換句話說，他是帶著財剋比劫的基因來到這個世界，當大運的比劫更弱且財不變的時候，只會讓人脈更能為他所用，命主之所以能在江湖上行走賺錢，靠的就是「空手套白狼」的伎倆。

以財來控制弱的比劫，大運呈現四平一弱，命主根本不在乎最弱的部份，只要印星不受傷，其實皆能相安無事，反而更容易因為人脈賺到錢。

行筆至此，相信你應能瞭解，文堡老師所要陳述的思維邏輯，讀者必須從他原本的 DNA，去瞭解先天是一個什麼樣的人，唯有如此，你才能在論命過程中，將一個人的心性脾氣看得更清楚。

你要知道，命主本來的比劫已弱，現在大運更弱，對他的性格來

說，根本不足為奇；就好比天生日主受剋的人，但某個大運加重日主受剋，雖然會增加一點壓力，但對命主來說，其實是無感的。為什麼？因為出生的時候，此人早已習慣日主受剋的「感覺」，這段話假如你能看懂，代表你已通曉八字一大半。

文堡老師補充

記住這句話：「江山易改，本性難移，無論你的動態如何改變，本命最原始的 DNA，以及深藏在內心的個性，是很難被改變的。」

乙丑大運，只要印不受傷，財的力量平，即使比劫弱，命主也能控制更多的比劫為他所用，包括自己的朋友或家人，甚至有更多的人會找他合作，然後賺到更多的錢。財剋比劫的命格，一樣可以賺到錢，只是過程和手腕不同。

其實，命主只享受賺錢的感覺，所以最大的優勢，在於可以運用人脈賺錢，這樣的人適合走業務或傳銷。財剋比劫亦能代表重色輕友，另外桃花雖多，但不見得會認真。

學習的最高境界，是學思維而不是學方法，請讀者用心去感受八字，而不是用腦，慢慢就能打開你的高我，覺察八字人性的最高境界。

問題九

(1) 計算本命五行的力量。

(2) 計算大運五行的力量。

(3) 寫出庚戌大運每個五行的強弱為何？

(4) 地支走戌大運，土的力量增加了幾分？

（延伸題）你覺得命主在此大運最大的問題是什麼？

時	元女	月	年	大運
丁	癸	甲	戊	庚
巳	丑	寅	午	戌

解答九

(1) 本命五行的力量

木 (4分)：天干2分，地支2分，力量加總為4分。

火 (8分)：天干3分，地支5分，力量加總為8分。

土 (9分)：天干3分，地支6分，力量加總為9分。

金 (0分)：未出現在本命裡，故0分為平。

水 (0分)：未出現在本命裡，故0分為平。

(2) 大運五行的力量

木 (1分)：天干-1分，地支2分，力量1分比本命4分弱。

火 (4分)：天干1分，地支3分，力量4分比本命8分弱。

土 (7分)：天干1分，地支6分，力量7分比本命9分弱。

金 (1分)：天干1分，地支0分，力量1分比基準點2分來得弱。

水 (0分)：未出現在本命大運，故0分為平。

(3) 如以下圖所示

力量比對	木	火	土	金	水
本命	4	8	9	0	0
庚戌大運	1	4	7	1	0
強弱	弱	弱	弱	弱	平

(4) 戌土是被巳午火生洩而出，火的前面有龍頭寅木，寅木生巳午火的力量，可以整個過給戌土，故戌土得到 5 分，加上丑土 1 分，與本命的力量相同，故地支土的力量並沒有增加。

(延伸題) 由以上的計分結果，可得知五行為四弱一平，天干食神受傷，已婚者可能為子女操心，且情緒不穩定。地支財洩官，工作、感情的付出不成正比，抑或留不住錢，父緣淡薄，因比劫為平，故不可斷身弱，用神可為木或火。

問題十

批命練習：比較 13 歲庚戌大運與 43 歲丁未大運的運勢優缺點？命主可能會發生何事？

時	元女	月	年	大運
辛	丙	壬	壬	丁
卯	子	子	子	未

參考解說

丁未大運，子水生卯木剋未土，傷官受剋，可解釋女命生不出小孩，或者生的小孩不成材，容易因教育問題與孩子出現摩擦。辛丑流年，地支丑土合子水，讓正印不至於剋傷官太重，但這樣一來，反而讓傷官氣焰更強了，於是傷官就能反制印星，小孩就會胡作非為，當事人的情緒也會變得不穩定，但好在傷官的特性，願意將心裡的話吐露出來，懂得找人幫忙解決問題；但假如是正印剋傷官的情況，容易將苦水往肚裡吞，不會輕易找人訴苦。

丁未大運與庚戌大運完全是判若兩人，學生時代是標準的人氣校花，身邊的桃花很旺，但她懂得以不變應萬變。換句話說，男人是什麼咖，她就給對方什麼臉色。

庚戌大運，你也許會吐槽文堡老師：「老師！庚戌大運日主受剋不是加重嗎？地支卯木印星被戌土合走，照道理說會悽慘落魄，不是嗎？」

時	元女	月	年	大運
辛	丙	壬	壬	庚
卯	子	子	子	戌

沒錯！日主的確是加重了受剋，那又如何呢？誰規定日主受剋鐵定倒大霉，抑或面臨生離死別？你得瞭解這個女命本身就是日主受剋的「帶原者」，你為什麼不換個角度思考：「不過是跟爸爸緣份淡薄而已，何須大驚小怪！同八字又豈有同命的道理？」

而且，卯木根本未曾消失過，被戌土綁架又死不了，你在擔什麼

心？

請靜下心來洗耳恭聽，23 歲前日主受剋雖加重，且桃花多也懂得挑男人，但最終仍是得不償失，因為遇到男人不是太爛，要不就是沒責任感。

我所以為官生印的女人，並非皆能享受榮華富貴，只要將官與或印其中一個十神收買，婚姻可能從此陷入萬劫不復。

你看到了嗎？丁未大運，印星、比劫、官殺均弱，且傷官也是不堪一擊，唯一不變的就是辛金正財，主宰了大運印星的發展，除了容易為小孩操心，肝膽、筋胳也可能出現微恙，嚴重時易罹患憂鬱症。故當務之急，應強化印星及比劫的力量生扶日主。

《文堡老師的叮嚀》以上十道精選試題，為文堡老師提供給讀者大運的生剋合洩練習，記得本書仍是屬於初階的邏輯思維，盼讀者能從更多的實務案例中，瞭解更多動靜態五行的變化，分析十神力量之強弱，得知命主當下的問題點，從而建議其治療用神。

跋：

比起當神算，我更在乎心理建設

恭喜你！又看完了一本書，也學到了超過 2,000 美元價值的八字學術……

相信你一定開悟了「五行流通」與「動靜態生洩計算」的邏輯。且慢！這不過是我作品系列的第二本，接下來還有更精彩的好戲在後頭，請你稍安勿躁，並耐心等候下一本書上市。

如果，你問我為什麼要出書，將畢生的絕學分享出來？我會說是為了自己。為了什麼？為了自己的成長，為了自己的使命，為了自己的夢想，慶幸自己仍活在這個美麗世界。假如出書是為了賺錢，我可能會寫不下去，因為我會變成錢的奴隸。

再假設，你的生命即將在 5 秒後結束，如果用一句成語，或者用一個詞，來給自己這一生做一個評論，你會留給自己什麼樣的詞呢？我看到很多人都會給自己寫四個字：「庸庸碌碌」，碌碌無為悔恨，終生平平淡淡，懵懵懂懂。

你知道文堡老師，會給自己寫下一個評論，你認為會是什麼呢？

「自信平生無愧事，死後方敢對青天。」

文堡老師的十神教室
身強殺印順生
自信平生無愧事
死後方敢對青天

　　沒錯！真的就是這種感覺，為什麼文堡老師喜歡王陽明的「心學」，就是因為他看待人生的態度，跟自己看待人生的態度如出一轍，我只想用心過好餘生的每一天。

　　我還是那句話，死亡不可怕，疾病才可怕，比起生病更糟糕的是，你壓根兒沒有認真活過，當你一生庸庸碌碌活著的時候，其實不叫活著，而是行屍走肉。

　　我跟普通人一樣，會迷茫、會發慌、會恐懼，也會覺得生命的意義到底是什麼？所謂的迷惘，就是清醒看著自己不斷沉淪。然而，我找到了可以不迷惘的方法，那就是唯有讓自己忙碌起來，才能感受到生命的真諦。是故，我要透過不停的看書、不停的學習、不停的輸出、不停的分享，讓成長從不間斷。

　　這些年下來，我找到了一個比看書、學習成長更快的方法，那就是去教別人，所謂教就是最好的學，比起自學，教會別人才是最快的學習方法。

我不喝酒、不抽菸、不上夜店，平常也沒有什麼娛樂活動，就是喜歡看書、喜歡學習、熱愛分享。聽聽音樂、看場電影，偶爾出去看看這個世界。去旅遊、看電影、聽首歌，也是希望能從裡面悟道出人生的哲理，對我來說，這才是生而為人最大的意義。

　　我所寫的每一篇文章、每一本書籍、錄製的每一部影片，只要持續上架到社群平台，這些作品可以永遠留存在網路上。後人再過 3 年、5 年、10 年、30 年、50 年、100 年、200 年，他們都可能再看到我的作品。這麼做是為了什麼？就是為了想幫助更多的人，協助無數人改變命運，讓生命過得更有意義，僅此而已！

　　而你，想為這個社會留下點什麼呢？怎麼做並不重要，為什麼做卻很重要！當你一旦解決了為什麼的問題、解決動力源頭的時候，你就能找出 100 種方法來成就你。

　　你相信嗎？人在走衰運的時候，總是期盼好運的到來……

　　身為一個職業命理師，我們的確要根據命主的命盤，當下看到什麼就得據以實說，沒錯！當事人的運勢雖處於低谷，然而重話請小心輕說、狠話也必須柔說。

　　為何我會如此認為呢？

　　因為絕大多數的人，在深陷低潮時，他們總希望能從命理師口中，得到一盞希望的明燈，我所以為的算命師，它就像是一位「中式心理醫生」，能夠批出命主心中的「痛點」，接著找出當下的行為用

神，適時地拉他們一把，進而釐清當下的問題，這才是批命的當務之急。因為，比起當神算，心理建設更為重要。

然而，在實務經驗中，有些人因為性格使然，忠言總是逆耳，更多時候他們是聽不進去的，他們總是急迫的想知道，何時才能出現好運，能否快速致富、享受美好的人生……

事實上人生不可能完美，隨著時間的轉變，動態環境與本命八字互動，必定會出現好運和壞運，走好運你會感到事事如意；走壞運你會感到挫敗無望，但其實好運與壞運只是一線之隔，若你能運用「環境」做出適時的改變，壞運一定能獲得控制。

這裡說的環境不是指風水，而是更高層次的「徹底改變」，老實講這絕非易事，也非放個風水開運物，短時間即能立竿見影，這得經過長時間反覆的淬鍊，才能轉衰為旺。

我舉個例子，有一天當你發現，用積分換來的現金券不翼而飛，這些積分是你花了很多時間儲值而來，你一定會感到十分失落，覺得自己怎麼如此倒霉。到了第二天，你卻無意中在口袋裡，尋回了那張令你耿耿於懷的現金券，此時你會感到興奮雀躍，直覺今天就是我的lucky day，沒錯吧！

換另一個角度思考，我們能否將壞運的節點，轉化成再普通不過的平凡日呢？當然可以！以上述的例子來看，你要做的就是穩若泰山、靜思冷靜、細心尋找，現金券一定能找出來，遺憾的事瞬間就會變得平凡無奇，沒什麼大不了。同樣一件事，用不同的心態去思維，

得出的結果必定是截然不同。

人若能活在當下、處於臨在，才是人生最重要的功課，而不是去問何時出現好運，如果大家都抱持如此的心態，好運尚未到，自己恐怕早已鬱卒先衰。你得學會瞭解自己的罩門弱點，然後改變思維，防範未然，你會發現生活漸漸順暢起來，因為在不知不覺中，一些倒霉日已變成了平凡日，而一些平凡日也變成幸運日了。

歡迎掃描以下的 QR 碼收聽 Podcast。

八字聽書 EP189：神算不如心理建設

你一定碰過這樣的情境……

「請問老師！您覺得我未來嫁的老公如何？能夠幸福一輩子，還是曇花一現？」

關於我未來的老公有兩種說法，一是有錢人，一是沒錢人，我想知道為什麼這麼說？嫁的老公相貌如何？做什麼職業？

這段問命話語，是源自某個 FB 命理社團，類似這樣的問法和答

案，老實說我無法給你百分百的答案，因為在我看來，這不是在批八字，只是在套八字而已。假如真能準確批出來的話，應該就不會有上面的兩種說法了，更何況一般人都把八字當萬能神算，能將老公的相貌跟職業都算出來，究竟是八字厲害還是人有特異功能？

我對八字的看法，不在於八字算得有多麼仔細，能算到你家周圍的環境，你家前面有大樹，旁邊有小河流……對我來說，這樣的論斷是不切實際的，婚姻是兩個人的事，在沒見到對方之前，就如此妄下結論，這是不負責任的批命，再者，八字對一個人的影響，不過是加分或減分的效果，而非泛指人生的全部，你永遠不能取代任何一個人的八字，否則相同八字的人何其多，為何卻找不到一模一樣的命運。

影響人的命運，除了時間還有空間外，如何擁有正向思維，讓自己每天保持在高能量，這是你通往好運方向的必備條件，也是算八字的真正目的，即使命理師能將你算得神準，這一切將無三小路用，因為你不懂如何幫助自己抑或拉一把身邊的人，會有這麼多奇怪的八字問題，其實只是迎合心中想要的需求罷了。你會對八字產生莫大的幻想，以為能把自己的一生算得一清二楚，才會有這些光怪陸離的問題出現。

當你真的懂了、通了、瞭解八字之後，才會知道這些根本只是幻想罷了。是故，學習八字一定不能被八字所困惑，而是從生活去體驗八字，或許你就能有所頓悟，如何透過八字讓自己及他人變得更好，這才是學習八字真正的目的，這也是我不喜歡追求神算的原因，因為

太難了，也不切實際。

邁入這行 23 年，我所以為命理師與心理醫師的距離，一直有著深厚的感觸。

「師者，所以傳道、授業、解惑也！」，除了正統收費的心理醫師，命理老師所扮演的角色，亦帶有社會責任的心靈導師，為人解決內心的疑難雜症，引導當局者走出陰霾迎向光明，而非在人失魂落魄時趁火打劫。

上面這一段話，不論過去抑或未來，都是身為命理師的神聖使命。

命理師是人不是神，摸骨、看相、通靈亦如是，也有食傷不好、判斷錯誤的時候，我認為除了只是一份工作，更重要的角色莫過於「當一個為人們解惑的心理醫師」。

這句話一點也不含糊：「命理師其實是心理醫師，而非展現功力當神算。」

請不要以異樣的眼光來看待這份工作，我不過比你們多瞭解一點點的陰陽五行，以及累積了幾年的實務經驗，真的是如此而已。

一個人命的好壞，決定在於時間及空間，八字姓名或紫微，只是人生的一個代號，影響命運的因素，包括住家、環境、教育和性格，絕非只有從生辰八字即可鐵口直斷，同時辰出生的小孩，未來的運勢可謂截然不同，雙胞胎仍舊是八字學術最大的盲點。

然而，算命的真正目的，在於為你打開命運的一扇窗，進一步瞭解自己的性格，知道過去有什麼缺點和壞習慣，當你試圖去做一點改變，人生也許就會漸入佳境。

當你面對人生的關卡低潮，你需要上知天文、下知地理的「神算」，還是找一個能幫助你解惑的「心理醫師」呢？

「環境決定意識，意識決定行為，行為決定命運。」

你覺得呢？

寫這本書最大的宗旨，在於升級你對五行八字的認知，同時也希望改變你的迴路、訓練你的邏輯，並推演你的實證能力。

這本著作，歷經了 3 年多的時光完成。說句真心話，想要寫出一本十六萬字的書，這絕非一件易事，在此衷心感謝紅螞蟻圖書公司的李總，以及辛苦的編輯，與幕後排版的人員，讓我有再一次出書的機會，將新穎的八字觀念，傳承給後代子孫。

與此同時，亦要感恩我的學生，挪用自己寶貴的時間，日以繼夜、不辭辛勞的校稿，讓一本書能更完美的呈現。真的！感謝你們！

最後，再次獻上熱吻給我的內人鳳瑜，沒有妳幫忙洗衣、煮飯、分擔家事，這本書不可能出版，妳是我今生最好的賢內助。

感恩人生這條路上，始終有貴人傾囊相助，文堡老師謹以這本著作，誠摯的回饋給世人，也讓生命的旅途，從此不再徒留遺憾。

再一次感謝你的購買與支持，若有緣，殷切期盼下一本著作的問世。

下課！

《文堡老師的叮嚀》一個人的運勢好壞跟能量有關，能量的背後是情緒，情緒的背後是慾望，慾望的背後是思維，思維的背後是環境。是故，環境會影響一個人的運勢，意識會創造事物的結果。

附錄

真正的高手，才不怕你偷學

你相信嗎？打從 2019 年收了第一個學生，教學相長四年來，我從未罵過一個學生，這一點我能對天發誓，不是我刻意巴結學生，而是大家都是成年人，完全沒必要以緊迫盯人，或採取填鴨式來教導學生，而且每個人都該享有自尊，也不該隨便展露情緒。認真來說，能結為師生緣需要有一點緣份。哦！不是一點，而是全部。

即便，只是購買一小單元的課程，你依舊是我的學生，一天當中，我必定會抽空回覆你的問題，這是我的教學原則，但不代表我有多好、有多厲害，我只想盡好當一個老師應有的本分，因為學生就是代表我，只要他們願意付費學習，我從不會藏私留一手，一有體悟心得，第一時間會立馬上傳影片讓學生學更多。

老實說，我真的不怕你學，只怕你不想學。而且要知道，你學到的東西只是知識，你悟到的才是真正屬於你的智慧，光說不練或紙上談兵，你永遠只能成為八字的「追隨者」，而不是「智者」，老師經年累月的實務經驗，勝過於學生的行萬里路、讀萬卷書。

還記得嗎？一個「身強食傷好」的大師，即使智慧被盜走或掏空，改天他一定還能生出更多的東西，讓你始終無法迎頭趕上，甚至感到措手不及。

497

五行八字，它是一門學無止境的學術，在你瞬間茅塞頓開之時，當下的那一刻，絕對會令你感到驚嘆、雀躍不已！

　　敲打這篇文章的目的，只想跟大家說清楚講明白，這不是一篇行銷文，很多人會將自己當成消費者，擔心花出去的錢猶如石沉大海，而非把重點放在學術的價值上。當然，學過其他派別的人，也許根本不認同這門新學術，但無論結果如何，對我來說都無所謂，我仍會做好自己該做的事。當有這麼一天，學生真正感受到，從我身上所獲得的價值，早已大過當初所付出的學費，如此用心的老師，才值得受到學生的敬重。

　　我猜你一定會這樣吐槽文堡老師：「老師！若真的不怕人學，為何不把所有的影片免費開放讓人學習？」

　　我的邏輯簡單明瞭：「對那些已繳交學費的學生來說，免費公開課程的行徑，是一種削凱子的詐騙行為，亦有失公平的違合感！」

　　若你看完這本書仍覺得意猶未盡，現在，你將有更多的機會，學會更深入的五行八字技能，請你翻至最後一頁，我們線上見囉！

　　《文堡老師的叮嚀》我真的不怕你們學，也不擔心挖走所有智慧，我只怕你只想快速走捷徑，然後告訴我八字其實好簡單，假如八字這麼容易上手，那些學了十幾二十年的人，為何依舊無法茅塞頓開？

線上教學分享

《文堡老師的線上教室》

學會八字的第一門課

《FB 粉絲頁》

科學八字FB粉絲頁

《文堡老師官網》

文堡老師官方網站

《FB 輕鬆學會科學八字推理》

FB 輕鬆學會科學八字推理

《我的博客》

文堡老師的部落格

《FB 傳統五行八字》

FB 傳統五行八字

儒溢命理印鑑坊

鄭文堡老師

實體店面 23 年

（1）Line ID：wenpao6629

（2）微信 ID：wenpao6628

（3）手機：0938617837 / 0910058404

（4）信箱：wenpao.chang@gmail.com

（5）營業時間：

星期一至星期五：上午 9:00 ～晚上 8:00

星期六：上午 10:00 ～下午 4:00

星期日及例假日公休

地址：高雄市三民區明誠一路 401 號（實體店面）

國家圖書館出版品預行編目資料

輕鬆學會科學八字推理／鄭文堡著.
－－第一版－－臺北市：知青頻道出版；
紅螞蟻圖書發行，2023.08
面 ； 公分－－（Easy Quick；202）
ISBN 978-986-488-247-2（平裝）

1.CST: 命書 2.CST: 生辰八字

293.12　　　　　　　　　　112012047

Easy Quick 202

輕鬆學會科學八字推理

作　　者／鄭文堡
發 行 人／賴秀珍
總 編 輯／何南輝
校　　對／周英嬌、鄭文堡
美術構成／沙海潛行
封面設計／引子設計
出　　版／知青頻道出版有限公司
發　　行／紅螞蟻圖書有限公司
地　　址／台北市內湖區舊宗路二段121巷19號（紅螞蟻資訊大樓）
網　　站／www.e-redant.com
郵撥帳號／1604621-1　紅螞蟻圖書有限公司
電　　話／(02)2795-3656（代表號）
傳　　真／(02)2795-4100
登 記 證／局版北市業字第796號
法律顧問／許晏賓律師
印 刷 廠／卡樂彩色製版印刷有限公司
出版日期／2023年 8月　第一版第一刷

定價 420 元　港幣 140 元

ISBN　978-986-488-247-2　　　　　**Printed in Taiwan**